南京大学人文基金资助集刊

中文社会科学引文索引（CSSCI）来源集刊

民 国 研 究
STUDIES ON REPUBLICAN CHINA

2021 年春季号　总第 39 辑

主　编／朱庆葆

社会科学文献出版社

SOCIAL SCIENCES ACADEMIC PRESS (CHINA)

民国研究

2021 年春季号　总第 39 辑

目　录

Studies on Republican China

Spring 2021   No. 39

Contents

Republican China's Politics

Republican China's Economy

辛亥革命南京光复始末及其意义

——纪念辛亥革命 110 周年

经盛鸿[*]

提　要　1911 年 10 月 10 日武昌起义爆发。当时南京的革命力量主要秘密集中在新军第九镇。在同盟会中部总会的策动与领导下，该镇官兵在武汉革命军失守汉口的危急时刻，于 11 月 8 日在南京郊区秣陵关毅然起义，北攻南京城，争夺雨花台炮垒，虽最终失败，但他们揭开了南京光复的序幕。同盟会中部总会联络江苏、浙江、上海各光复地区的力量，组建"江浙联军"，推举原第九镇统制徐绍桢为总司令，于 1911 年 11 月 24 日再次向南京发动猛攻，12 月 2 日光复南京。江苏全省不仅基本光复，而且稳定了革命大局，使全国革命重心由武汉转移到南京，为 1912 年 1 月 1 日在南京建立中华民国临时政府奠定了坚实基础。

关键词　辛亥革命　新军第九镇　秣陵关起义　江浙联军　南京光复

一　武昌起义后的形势与驻南京新军第九镇

1911 年 10 月 10 日武昌起义爆发。在武昌起义的鼓舞下，湖南、江西、广东等省革命党人迅速行动起来，发动起义与独立。但是，1911 年 10 月底 11 月初，武汉战场形势逆转。1911 年 10 月 27 日，清廷任命袁世凯为钦差大臣，到湖北前线督师。北洋军对武汉起义军猛攻，于 11 月 2 日占

---

*　经盛鸿，南京师范大学历史系教授。

领汉口。革命军被迫退向汉阳与武昌，形势危急。1911 年 11 月 1 日，皇族内阁辞职，清廷任命袁世凯为内阁总理大臣。全国革命与反革命的斗争呈现出前所未有的激烈与复杂形势。

以上海为中心的东南各省，是革命党人力量较强、活动频繁的地区。设在上海的中国同盟会中部总会成为长江中下游地区革命的领导核心，领导人陈其美、宋教仁、于右任、范鸿仙等多次召开会议，研究商讨策动上海、南京等地的光复，响应与支持武昌起义。南京，当时称江宁，地处长江下游，连接吴楚，地接南北，虎踞龙盘，形势险要，是中国东南地区的军事重镇和政治中心，历来为兵家必争之地。如果光复此城，必将造成极大的政治、军事影响，是其他城市所无法比拟的。

但清廷在南京的力量很强，也是其他城市所无法比拟的。清廷长期以两江总督、江宁将军、江宁布政使等军政大员率重兵驻节于此。1911 年 10 月 10 日武昌起义发生时，江宁城内外驻扎着 4 支军队。

（1）两江总督直辖的江南巡防营（由淮军改编）与总督署卫队，共2000 多人，由王有宏、赵会鹏统领。

（2）江宁将军铁良辖制的一支旗营，约 1000 人。

（3）江南提督张勋率领的江防军，共计 18 营，内分步兵 14 营、炮兵2 营、骑兵 1 营、探访 1 营，除分驻安徽、苏州两地各 2 营外，余 14 营皆驻南京，计有张文生统带 5 营，驻城内鼓楼；周干臣、殷恭先、李绍臣、陈德修、李辅亭各带 1 营，驻江北的浦口；炮兵 2 营、探访 1 营，分驻城内外；骑兵营，由管带苏锡麟率领，驻城内，守护粮台；共 10000 多人，战斗力较强。① 张勋出身行伍，思想顽固，极端忠于清王朝，是一个凶残的悍将，"驭下有恩，且皆功名利禄之徒，不易为力"。②

以上 3 支部队，共约 20000 人，统称旧军，大多无革命意识，盲目效忠清廷。

（4）新军第九镇。该镇司令部与直属部队以及所辖第十七协，共近10000 人，由统制徐绍桢率领，驻南京。

1900 年庚子事变后，清廷被迫推行新政，有一项重要的内容，即军事改革，按西方欧美国家的军制与装备，创建新式陆军。江苏驻军的军事改革，起始于 1904 年，两江总督周馥在江宁设立督练公所，作为军事改革的

---

① 苏锡麟：《辛亥南京战役前后的张勋江防营》，中国人民政治协商会议全国委员会文史资料研究委员会编《辛亥革命回忆录》第 6 集，文史资料出版社，1981，第 396 页。

② 柏文蔚笔记，王坦夫整理《从辛亥革命到护国讨袁》，中国人民政治协商会议江苏省委员会文史资料研究委员会编《江苏文史资料选辑》第 6 辑，江苏人民出版社，1981，第 3 页。

指挥与参谋机构，拟在江苏地区编练新军 3 镇（师）：驻江宁、镇江的新军第九镇，驻苏州的第十二镇，驻江北清江的第七镇。结果，只有第九镇按计划顺利编成。第九镇，相当于现在的师的规模，下辖步兵第十七、十八两协（旅），马队 1 标（团），炮队 1 标（团），工程队 1 营，辎重队 1 营，宪兵队 3 营，共近 20000 人。第九镇司令部与步兵第十七协及所辖第三十三、三十四标，以及马标、炮标、工程营、辎重营、宪兵队，均驻江宁（南京）城内；步兵第十八协及所辖第三十五标驻镇江，第三十六标驻江阴。清廷任命徐绍桢为第九镇统制（师长）。清廷当局对第九镇分外重视，精选官兵，严格操练，士兵多为征兵而来，多是新式知识青年；中下级军官多从军校毕业，或留学归国；装备大量购自西方的新式武器，在全国新军各部队中，仅次于北洋六镇。新军第九镇成为江苏地区最有战斗力的军队。

　　清廷没有想到的是，他们编练的新军，竟成为革命的温床。因为军事改革的前提是政体的改革。自八国联军侵华、清政府签订《辛丑条约》后，清政府的专制丑恶与腐败无能暴露无遗，反清革命与民主共和思想在江苏地区广泛传播。第九镇征兵时，江苏、安徽、福建等省很多有革命思想倾向的知识青年报名从军。一些革命党人为了取得军权，纷纷加入。他们在新军里开展活动，揭露清廷罪恶历史，宣传民主革命思想，发展官兵加入革命党组织，其核心人物就是驻南京的第九镇第十七协第三十三标标统（团长）赵声。1905 年冬，他由黄兴介绍，秘密加入同盟会。他在本标成立官长与正副目（班长）讲堂，开设阅书报社，进行革命宣传；还常常率领部下官兵到南京明孝陵，痛叙朱明兴亡故事，揭露清军入关残杀汉人的罪行，"言至痛心处，常放声大哭，闻者无不堕泪。于是兵士皆知祖国之仇，恨异族窃据，切齿攘臂"，决心誓死跟从赵声报仇雪恨，"不半年，军人革命思想即普及全镇"。①赵声先后吸收第九镇中下层军官及南京江南陆师学堂等校的师生柏文蔚、冷遹、陶骏保、倪映典、熊成基、李竟成、伍崇仁、林述庆、林之夏、孙麟、韩金声、何遂等人加入同盟会，吸收的士兵更多。柏文蔚说，在第九镇，"学生、士兵闻风加入者，千人以上，构成后来革命之良好基础"。② 大家公推赵声为盟主。赵声在江宁城内鼓楼以东的一个地方设立秘密机关，成立同盟会江宁支部（亦称同盟会江淮分会），后在第三十三标本部设俱乐部，选定玄武湖内神庙为会议地点，派

---

① 佚名：《赵烈士事略》，祁龙威、周新国主编《辛亥革命江苏地区史料合集》，江苏人民出版社，2011，第 68 页。

② 柏文蔚：《五十年经历》，中国社会科学院近代史研究所近代史资料编辑组编《近代史资料》1979 年第 3 期，中华书局，1979，第 13 页。

遣卢镜寰、吴君等人为联络员，与同盟会总部孙中山联系，互通消息，接受同盟会总部与孙中山的领导与指示，得到同盟会总部颁发的印信及委任状等。他们颁发了本组织的会章，公布了本组织的革命纲领为"驱逐鞑虏，恢复中华，建立民国，平均地权"，与同盟会总部的思想与纲领保持高度一致。① 1906 年 10 月 9 日，孙中山乘法国兵轮，从越南西贡前往日本，途经上海，派遣同情中国革命的法国武官布加卑与乔宜斋到南京，联络新军中的革命党人。孙中山说："在南京有赵伯先（即赵声）接洽，约同营长以上各官相见，秘密会议，策划进行。"②

但是清廷在 1906 年 12 月镇压萍浏醴起义后，于 22 日发布上谕，严令两江总督端方等加强对革命党人的防范与镇压。端方在第九镇清查革命党人，形势严峻，赵声不得不离开部队，前往广东，柏文蔚则前往吉林，其他人或云流星散，或隐身部队中。但第九镇中的革命火种一直没有熄灭，革命的潜在力量日益增长。"第九镇军官兵士，最崇拜者为伯先（赵声），次则御秋（冷遹）、烈武（柏文蔚）。"③ 赵声南下广东后，一直没有中断与第九镇中革命党人的联系。林述庆回忆说："己酉（1909）冬，伯先以事得旋镇江，遂来江宁，约同志十余人痛饮青溪卢君沼田家。翌早，伯先别去，慨然曰：'成败不可知，吾到粤，仍尽力，所能为者当为之，此间同志惟君与凉生（林之夏）数人在耳！无论如何艰危，君等必不可去。'此后得伯先书曰：'时至矣，将有所为。'未几，以元旦事败闻，嗣复得书曰：'谋再大举。'而三月二十九噩耗又至，予惟隐自心伤而已。"1909 年 11 月，林述庆调任第九镇（师）第十八协（旅）第三十六标（团）第一营管带（营长），他"常购各种书报，使各标营官长饱阅以审时局也"。④ 潜伏在其他各标营的革命党人，也都积极稳妥地开展各种革命活动。第九镇官兵的民主倾向和革命思想，不但被驻防南京的张勋江防军忌恨，也为清廷陆军部猜疑。陆军部曾企图以授予第九镇将佐的军职来笼络军心，而第九镇许多官佐"不以补授军职为意"。⑤

---

① 林述庆：《江左用兵记》，祁龙威、周新国主编《辛亥革命江苏地区史料合集》，第 180 页。
② 孙中山：《建国方略》，广东省社会科学院历史研究所等合编《孙中山全集》第 6 卷，中华书局，1985，第 237～238 页。
③ 范鸿仙：《宋先生遗事（一）》，《民立报》（上海）1913 年 3 月 27 日，"专纪"栏。
④ 林述庆：《江左用兵记》，祁龙威、周新国主编《辛亥革命江苏地区史料合集》，第 180～181 页。
⑤ 茅乃登、茅乃封：《江浙联军光复南京》，祁龙威、周新国主编《辛亥革命江苏地区史料合集》，第 290 页。

武昌起义爆发后，第九镇中的革命党人与中下层官兵军心振奋，跃跃欲试，也图起事响应，但苦于无人领导。这时，两江总督张人骏大力加强南京城的防务，下令原驻防浦口的张勋江防军，从 10 月 16 日开始，全部过江入城，驻防南京城内。张人骏不放心的，是新军第九镇部队。他对这支部队官兵的革命倾向与活动早有所闻，疑忌很深，此时更害怕这支部队会像武昌的新军第八镇那样，爆发反清起义，遂下令收缴了该镇官兵的弹药，每人只留下卫戍勤务及射击训练用的 3～5 颗子弹。徐绍桢三赴督署，请领弹药，均遭拒绝。张人骏对驻南京新军第九镇部队的防范与控制，给新军官兵起义造成很大的困难。

二　同盟会中部总会对南京新军起义的发动

同盟会中部总会为策动南京武装起义多次召开会议。1911 年 10 月 24 日，黄兴从香港到达上海。此前，柏文蔚已于 10 月 22 日从东北来到上海。可惜此时赵声已不幸病故。10 月 25 日，黄兴、陈其美、宋教仁、柏文蔚、范鸿仙、郑赞丞等人在陈其美家召开紧急会议，决定由陈其美负责领导上海武装起义，"克强（黄兴）担任武汉，柏文蔚担任南京"，[①] 宋教仁随黄兴去武汉，范鸿仙则协助柏文蔚策动南京新军第九镇起义。10 月 25 日晚，黄兴、宋教仁乘江轮离开上海，前往武汉；柏文蔚、范鸿仙搭乘沪宁客车，前往南京。

柏文蔚、范鸿仙到达南京后，利用柏文蔚旧日的老关系，与新军第九镇中受革命思想影响的官兵联系，"第九镇下级官及头目来会者数十人，气甚旺，而主持大计者为凌毅、李华侬诸人。研究军队内容，皆以新军有枪无弹为虑"。[②] 柏文蔚与范鸿仙立即回到上海，和陈其美等人协商，在上海牯岭路设立秘密机关，在 3 天内制成炸弹 1200 颗，购得手枪 300 支，运往南京。

柏文蔚与第九镇官兵制定了起义军事计划，准备在 10 月 31 日举行起义："军事计划决定：先以巡防营二千人发难，先攻铁良，夺取械弹；三十三标在三牌楼回应，抢清凉山之火药库。命令于九月初八日（10 月 29 日）夜十二时发出，定于初十日（10 月 31 日）午后十点开始动作。"[③] 但

---

① 柏文蔚：《五十年经历》，《近代史资料》1979 年第 3 期，第 14 页。

② 柏文蔚笔记，王坦夫整理《从辛亥革命到护国讨袁》，《江苏文史资料选辑》第 6 辑，第 3 页。

③ 柏文蔚笔记，王坦夫整理《从辛亥革命到护国讨袁》，《江苏文史资料选辑》第 6 辑，第 3～4 页。

就在这时，两江总督张人骏突然下令：第九镇于 10 月 29 日全部开拔出城，到南京城南 60 多里的秣陵关驻扎。第九镇统制徐绍桢既无法制止军中革命情绪的蔓延，又恐在城内与张勋的军队发生冲突，只得将驻宁各标营除留少部分在城内，主力编成一个战时混成协，共 7000 多人，于 10 月 28 日晚出城南聚宝门，经孝陵卫、马群、白水桥、小白龙山，于 10 月 29 日正午抵达秣陵关扎营。柏文蔚的起义计划破灭了。

第九镇移驻秣陵关后，官兵的反清革命情绪不仅没有被压制，反而更加高涨，"初级军官们不等待上级命令，即下令所部把刺刀、马刀一律开口，准备肉搏冲杀，夺取雨花台炮台，以为进攻南京之据点"，军营里一片磨刀霍霍的声音与阵阵马嘶声，"激发了战士们的杀敌精神，士气旺盛，恨不得立即奔赴战场，一显身手"。①

11 月 2 日汉口失守后，在武昌的宋教仁连电上海的同盟会中部总会，要求上海与江苏、浙江地区尽快举义，以解武昌之危。同盟会中部总会连续派遣陶逊、范鸿仙、柏文蔚等到第九镇，对徐绍桢等高级军官开展工作。第九镇官兵也不断派代表到镇司令部，要求徐绍桢"请速举事"。他们向徐绍桢进言说："今日是我汉族自立之一大好机会，统制万不可拘守臣节，盖种族之关系甚大，拘守臣节者，反为汉族之蟊贼也。武昌根据既立，吾人自必赞助，成功则为汉族之忠臣，不幸而失败，亦不失为汉族之志士！此次革命不成，则四万万同为奴隶之奴隶，而何有于功名富贵乎！"②

徐绍桢虽为清廷将领，但也早受到革命风气的影响，曾做过一些维护革命的工作；后见武昌义旗一举，全国响应，心早为之动。他在日本明治大学留学的儿子徐承庶写信给他说："中国者，四万万人之中国，非一姓之中国也。与其忠于一姓一人，何如忠于四万万人。古之忠臣烈士，有杀身成仁者，其志在救国救民也，初非专为一姓计也。"儿子的信使徐绍桢受到强烈的震动，徐绍桢"颇韪其言"。③ 在这时，第九镇遭到清廷当局的排挤与歧视，他更加心怀不满；再听到范鸿仙与部下官兵的劝说，遂决心

---

① 徐森、谌秉直：《辛亥年第九镇新军秣陵关起义和江浙联军光复南京》，中国人民政治协商会议江苏省委员会文史资料研究委员会编《江苏文史资料选辑》第 1 辑，江苏人民出版社，1981，第 8 页。

② 《南京新军起义记》，《民立报》（上海）1911 年 11 月 13 日，转引自祁龙威、周新国主编《辛亥革命江苏地区史料合集》，第 288 页。

③ 徐绍桢：《共和论》，1917，第 7 页，转引自沈晓敏、梅子《寒儒将军徐绍桢传》，中国文史出版社，2013，第 100 页。

起义。第九镇官兵被进一步发动起来。

11月3日晨,第九镇炮标排长侯成、辎重营正目李朝栋由秣陵关进南京城,邀请柏文蔚前往新军驻地。当日晚6时,柏文蔚与侯成、李朝栋乘小船,顶着月光,前往秣陵关,"舟至上方桥,见两岸已有多人来接,……全镇正副目均代表士兵在此欢迎也"。第二天,柏文蔚被徐绍桢约见。在群情激愤、大势所趋的情况下,徐绍桢在镇司令部召开标以上军官会议,议决起义计划:"以第九镇主兵力,经马家桥,袭取雨花台炮台;使(十八协协统)孙铭先占领镇江,分遣三十五标,经龙潭,夹攻朝阳门;粮秣之购自里下河者,由下蜀、句容河道运送;购自芜湖者,由大胜关起陆;弹药则俟上海民军领有制造局后,由宁沪铁道,越汤水,密运补充。并约不得劫商民,不得侵外人,不得伤将军、总督;防营旗兵不为抵抗者,不得大肆杀戮。令既下,军中为之肃然,无敢有异言者。"①

11月4日、5日,上海、苏州、杭州相继光复。徐绍桢加紧部署起义,一面派遣第三十三标第三营队官华彦云等人赴上海,找沪军都督陈其美,请求接济子弹;一面派人化装进入南京城,秘密联络旧军中的友人,动员他们做好内应,约期11月8日夜间起义。11月6日,传来驻防镇江的第九镇第十八协官兵将于11月7日起义的消息,徐绍桢感到"事急矣,机不可逸,不则守军将逆击我",乃命令沈同午率混成协,于11月7日午后1时下移营命令,11月8日"移屯曹家桥南方高地,乘夜袭取雨花台",各部任务划分如下:以步兵第三十六标第三营(缺一队)、马队第九标第一营(缺一队)为右路纵队,朱元岳指挥之,经曹家桥向通济门进击,进城后占领督署;以步队第三十三标第三营、马队第九标第三营为左路纵队,傅鑫指挥之,经铁心桥、安德门向汉西门进击,进城后驱逐清凉山守兵,占领饷械局;以步兵第三十四标为核心及第三十三标等一部,组成中央纵队,由沈同午亲自指挥,经姑娘桥、花神庙进击雨花台,进城后即分军,由下关渡江,占领浦口。另约镇江第十八协统领孙铭派步队第三十五标进攻朝阳门,进城后占领将军署。②

---

① 茅乃登、茅乃封:《江浙联军光复南京》,祁龙威、周新国主编《辛亥革命江苏地区史料合集》,第295页。

② 茅乃登、茅乃封:《江浙联军光复南京》,祁龙威、周新国主编《辛亥革命江苏地区史料合集》,第298页。

三　南京新军起义攻城虽败犹荣

就在第九镇官兵决定于 11 月 8 日夜起义的前一天，11 月 7 日夜，南京城内蓦然发生了苏良斌等人发动的起义，打乱了他们的计划。

苏良斌原是第九镇马标的一个排长，因故被撤职，后投奔武昌。武昌起义爆发后，他作为武昌革命军政府的联络员，于 11 月 3 日被派来南京，联络巡防营与督署卫队的一部分人，准备在 11 月 7 日晚上起义。这天下午，他派人送了一封信给城外秣陵关的第九镇新军，"云十七日晚三钟，伊等在城起（事），望大军即行开往，以便开城迎接"。第九镇官兵接到苏良斌函后，知事不好，"即着原人回信，约十八（11 月 8 日）夜方起事"。然而，回信人当夜未能进城，无法通知苏良斌。于是，在苏良斌的指挥下，城中起义照常在 7 日夜进行。张勋已得到密报，指挥江防军做了准备与部署，迅速镇压了苏良斌的起义；并下令紧闭各城门，增兵各要塞，加强南京的戒备。

第九镇官兵不知南京城中风云突变，仍按原计划，于 11 月 7 日午后 1 时开始移营行动；11 月 8 日黎明，在秣陵誓师，口号为"兴汉灭满"；8 日午前 11 时，各路进攻部队均到达雨花台南部的无名纬河南岸高地，第十七协司令部到达石马村。8 日午后，中路军先遣骑兵队在队长李铎率领下到达花神庙北端，遇从城里起义被击溃退出之督辕卫队，误以为内应军队已成功，即令扬起白旗，由大路一直北进，为张勋江防营雨花台守军发现，立遭重炮轰击，幸好敌射手将炮弹打到了牛首山，未造成重大伤亡。骑兵队退至花神庙西侧高地。但第三十三、三十四标官兵继续前进，从三面包围了雨花台清军炮台，展开战斗队形，各自为战，发动猛烈进攻。

雨花台位于南京城南聚宝门（1931 年后改称中华门）的正南方，是一片面积不大、起伏不平的高地，周长约 3500 米，由 3 个紧紧相依的山岗组成，最高处海拔约 100 米。① 清末，清军在这里建筑了坚固的炮台等防守阵地，其对南京城南的防卫有着极为重要的作用。新军从秣陵关出发攻打南京城，必须先占领雨花台。当时，"江防军率队据守雨花台的统领张文生，是个久经战阵的宿将。他先是以静待动，不作理会，等到徐军往前冲锋，前哨就要接触的时候，突然下令集中炮火，作正面射击，两侧又以机

---

① 参见《南京地方志》《南京简志》等。

关枪左右扫射，密如雨点"，① 给起义军官兵造成很大的伤亡。

8日午后5时，沈同午才得到城内已先发难和内应各防营溃亡的消息，即传令进行夜袭，将各标营所有枪弹全部集中给中路军第三十四标，发给敢死队每人8颗子弹，战斗队每人5颗子弹，各路军集中攻击雨花台制高点清军炮台。起义官兵进至花神庙时，天色已暮。起义官兵们整天只吃了一餐，但饥饿全忘。入夜，中路军进抵雨花台下，发起冲击，遭清军猛烈炮火压制，伤亡惨重，在弹尽援绝、牺牲严重的情况下，誓死不退，以血肉之躯，奋夺炮台。前敌指挥官朱履先，挥动指挥刀，多次率众冲锋拼杀，均未成功。至9日凌晨1时30分，第三十四标敢死队100多人，持手掷弹，由金陵义冢匍匐绕过敌堡后方；2时30分，至雨花台南麓200米处，"顿发喊声，令不能禁"，遭守军机枪猛烈扫射，只好退伏在田埂隐蔽，"稍事整顿，复使强进"，如此反复三次，先锋队队长唐有泰中弹牺牲。最后，第三十四标左翼之一部韩恢等官兵，"尽脱装具，袒而前，攀登东雨花台，徒手夺其机关枪二门，辄以友军失联络，不能守。队官汉铭等四十七人死之"。至9日凌晨5时30分，天将拂晓，中央纵队官兵已疲乏至极，不堪再战。总指挥沈同午见此情形，"不可为矣！弹药愆期，中必有变。兵力已不堪近战，久伏突击阵地，天明必陷于全灭，不如背进镇江以图再举"。② 于是，第十七协司令部与中央纵队官兵在大雾的掩护下，向后转移，退至曹家桥，中午退至秣陵关。第九镇司令部与各路官兵退往已光复的镇江，与原驻防镇江、现已起义的第九镇第十八协官兵会合。镇军都督林述庆委派柏文蔚收容南京起义官兵，整编为镇军第二支队，柏文蔚为司令。徐绍桢即前往上海寻求支持。

第九镇官兵起义进攻南京之战，由于没有形成强有力的领导核心，各部缺乏配合协同，也由于轻敌，仅凭官兵血性仓促起事，弹药等严重不足，最终失败。上海《民立报》1911年11月13日报道说："计是役，马队伤亡十余名，三十四标死百余名，三十三标廿余名，炮标十余名，连工程、辎重，共计不下二百余名。而防军亦死亡一百余名。"第九镇起义虽然失败，但是他们高举义旗、拥护共和、敢于斗争的精神，揭开了南京光复的序幕，振奋了全国人心。

---

① 苏锡麟：《辛亥南京战役前后的张勋江防营》，《辛亥革命回忆录》第6集，第397页。

② 茅乃登、茅乃封：《江浙联军光复南京》，祁龙威、周新国主编《辛亥革命江苏地区史料合集》，第299页。

四　同盟会中部总会组织"江浙联军"，
兵分四路，进攻南京

南京第九镇新军起义的失败，对刚光复的上海和杭州、苏州震动很大。同盟会中部总会立即于 11 月 11 日在上海长园召开紧急会议，会议认为，"南京之得失，关系民族之存亡，非攻克南京不足以完成江苏革命之任务，且无以挽回武汉革命之颓势"，而强攻南京，仅凭第九镇新军的兵力，包括镇江林述庆的兵力，也不能和敌军抗衡。会议决定，联络江苏、浙江、上海各光复地区的力量，组建"江浙联军"，举徐绍桢为联军总司令，再次进攻南京。会后，陈其美就此分电苏州的苏军都督程德全、杭州的浙江都督汤寿潜。程德全、汤寿潜迅即复电赞同。徐绍桢在兵败之际，蒙各部如此信任，十分感动，"毅然接受，并誓以收复南京为己任"。① 当日，他赶赴镇江，组建"江浙联军"总司令部，以陶骏保为联军参谋部长，后又由陈其美推举，增加顾忠琛同为参谋部长，林之夏为副参谋部长，沈同午、史久光、于右任、范光启、陶逊、周应时、龚维疆、游捷、沈清、邓质彝、伍崇仁等为顾问，孙毓筠为军事参议，并设经理、外交、执法、交通等各部，筹划一切，以陈懋修为经理部部长，马良（即马相伯）为外交部部长，吴忠信为执法部部长，郑赞丞为交通部部长，沈缦云、于右任为特别筹款，范鸿仙任特别交通及筹款。范鸿仙等人奔走于上海、苏州、镇江之间，联络各地起义军队，协调各部关系。

"江浙联军"所辖各军，先后开往镇江集中，加入战斗序列的有：镇军支队，约 3000 人，支队司令官林述庆；浙军支队，约 3000 人，支队长朱瑞；苏军支队，约 3000 人，支队长刘之洁；淞军支队，约 600 人，司令官黎天才；沪军先锋队，稍后开到，约 1000 人，司令官洪承典；另有扬军徐宝山部及松江、江阴等地的巡防营。总兵力 10000 余人。

11 月 15 日，江浙联军总司令部从镇江西移至高资。11 月 16 日、20日，徐绍桢两次召集各军将校开会，筹商、制定了进攻南京的计划，决定兵分四路进攻南京。

中路：以镇军、浙军为主力，右翼镇军攻打天堡城、太平门，左翼浙军由东阳镇向麒麟门方面攻击，镇军一部与之同进，进占紫金山，再从孝

---

① 谌秉直：《南京光复记事》，祁龙威、周新国主编《辛亥革命江苏地区史料合集》，第350 页。

陵卫攻朝阳门（今中山门）。

南路：苏军从汤水镇出发，进攻雨花台、聚宝门（今中华门），"佯攻以牵敌势"。

北路：淞军进攻沿长江南岸的军事要塞乌龙山、幕府山等各炮台。

江北：由镇军、扬军等组成江北支队，李竟成任支队长，下辖镇江巡防营张振发部1500人，扬军徐宝山部800人等，沿长江北岸，经六合，进攻浦口；后柏文蔚率先锋两营及学生队300余人，从镇江渡江来援，经六合县葛塘集，会攻浦口。

沪军，因要稍后到，为总预备队。

业已起义的南洋海军舰艇，游弋高资一带长江中，"陆军兵力所到之处，海军随同前进"。①

11月19日开始，江浙联军所辖各军，陆续越过高资前哨。

上海、江苏、浙江各界踊跃捐献，除驰电慰问外，还派出慰问团慰劳各军；上海制造局日夜赶造枪弹，支援前方；上海总兵站赶购之军械，也已运赴前线。

11月21日，原江苏省谘议局议长张謇赶到苏州，以议长的身份，召集70余名前江苏谘议局议员，在拙政园举行会议，宣布成立江苏临时议会，以原江苏谘议局议员充任议员，仍推张謇为议长。这是脱离了清政府后建立的江苏省第一届议会，是江苏省的第一个共和立法机构。他们宣布全力支持江浙联军光复南京。11月22日、23日，苏军都督程德全经丹阳、镇江，到达高资前线，视察部队，慰劳各军，发表誓师词。民军士气为之鼓舞。

1911年11月23日，天气骤冷，秋雨寒气袭人。江浙联军进攻南京的战役全面展开。南京城内外民众热烈欢迎革命军的到来，说："公等不至，我辈万无生理。"② 他们以各种方式支持革命军。11月24日下午，江浙联军总司令部从高资进一步西移至龙潭。

1911年11月24日夜，北路淞军首先打响，向乌龙山、幕府山两炮台进攻。乌龙山要塞炮台位于南京城之东的长江下游处，监控着长江航运与宁沪铁路的龙潭段。黎天才指挥淞军600余人及浙军一营，在长江上起义海军舰艇的支持和炮台守军内应官成鲲等人的配合下，先进攻乌龙山炮

---

① 茅乃登、茅乃封：《辛亥光复南京记事》，祁龙威、周新国主编《辛亥革命江苏地区史料合集》，第302～303页。

② 庄唔：《淞军攻宁略记》，祁龙威、周新国主编《辛亥革命江苏地区史料合集》，第370页。

台。他们乘坐兵舰直抵乌龙山麓，涉达山巅，台兵竖起白旗，开栅欢迎。接着，淞军乘胜前进，连夜攻占幕府山炮台。

11月25日晨，朱瑞率浙军主力，由东阳镇出发，越麒麟门西向，进攻孝陵卫，在马群高地，与清军遭遇。清军巡防军缉私营统领王有宏率部300多人，驰出通济门，与联军恶战。王有宏"是记名的提督，赏穿黄马褂，平时红顶花翎黄马褂永不离身，战时也是这样打扮，不料成了敌军射击的目标"。浙军以望远镜观察，测知王有宏所在地点，乃集中火力，击中王有宏的左腹。王有宏中弹，很快死去。"张勋痛惜王有宏阵亡，捶胸大哭，张文生、殷恭先等骁将无不气沮。"① 经数小时激战，浙军终于突破清军防线，毙伤清军千余人，俘虏数百人，于当日下午，进占紫金山与孝陵卫一带高地，进薄朝阳门。当日日暮时分，徐绍桢率江浙联军总司令部从龙潭移至麒麟门。

南路苏军，由刘之洁指挥，扫清自淳化镇至上坊门之敌，占领了上坊镇；11月27日，占领七桥瓮，与浙军成掎角之势，向雨花台、聚宝门进逼。11月27日，林述庆率镇军后续部队进抵迈皋桥、尧化门、麒麟门一线，投入战斗。至此，对南京城形成了合围之势。

但进攻天堡城的镇军、浙军，因城堡险峻，连日屡攻不下，伤亡甚重。

11月28日，江浙联军总司令部决定对南京发动总攻。当晚至29日凌晨，浙军埋炸药，爆破朝阳门不成，仰攻失败；苏军进攻雨花台也失利；尤其是防守南京城外东部制高点天堡城的清军，居高临下，炮火狂烈，给江浙联军造成很大杀伤。联军苦战一昼夜，伤亡惨重，被迫后撤。

恰在这时，徐绍桢得到汉阳于11月27日失守求援的消息，顿时晕倒在地。

他撑持着病体，会商各军，总结了这次总攻失败的教训，决定集中兵力，先取城外制高点天堡城，然后俯攻南京。

天堡城雄踞朝阳门与太平门外的紫金山第三峰半山腰，紧靠城墙，建有坚固的城堡与工事，居高临下，俯瞰南京城内，与城墙内富贵山的地堡城互为犄角，城堡下全为悬崖峭壁，地势险峻，易守难攻。此城堡是太平天国运动时期构筑，太平军以此为护卫天京城最重要的堡垒，曾国藩湘军进攻这里，数年而不可得。近代以来，南京地区一直流传着"要得南京城，先打天堡城"的兵谚。张人骏、铁良、张勋知道天堡城对防守南京的

---

① 苏锡麟：《辛亥南京战役前后的张勋江防营》，《辛亥革命回忆录》第6集，第398页。

极端重要性，在这里部署重兵把守，计有张勋江防军 3 营，旗兵 1 营，由成文均统率指挥，装备机枪 60 挺、大炮 20 余门，[1] 并装配了电话线，与城内张勋司令部直通信息。

江浙联军总司令部经会议谋划，下令，以镇军从紫金山北坡，浙军从紫金山南坡，夹攻天堡城；新开到的沪军先锋队 1000 多人，由司令洪承典指挥，也投入战斗；另由淞军从幕府山、海军舰艇从长江上，发炮轰击，支援进攻部队。

11 月 29 日下午 2 时，镇军各部领到大批枪弹后，进抵尧化门；是夜，在一座寺庙里，镇军司令部召开军事会议，议决了进攻天堡城的军事方案。浙军也进行了动员与谋划，浙军司令朱瑞接受队官张兆辰的建议，从各部队中挑选出约 200 人，组织敢死队，以张兆辰为指挥官，叶仰高为参谋官，分为两队，准备一队由张兆辰率领，从紫金山背后，攻击天堡城侧方，另一队由叶仰高率领，从紫金山主峰攻击天堡城东端。

11 月 30 日中午 12 时，进攻天堡城的战斗正式打响。首先在前沿发生小规模的战斗。下午 3 时许，浙军敢死队先行出发，主力随后跟上。约在同时，镇军第三标各营从尧化门越过沪宁铁路，向天堡城逼近。天堡城与南京城内清军开炮轰击。这时，沪军先锋队的炮兵赶到，与敌军展开激烈的炮战，掩护浙军、镇军进攻。联军分数路。依照计划，镇军第二标从紫金山北坡，浙军敢死队从紫金山南坡，夹攻天堡城。沪军先锋队也投入战斗。"中华存亡，在此一役""为共和而战"的喊声此起彼伏。在激战中，浙军敢死队参谋官、光复会会员叶仰高与官兵多人中弹阵亡，负伤者更多。夜 11 时，张勋派兵出太平门来援，被联军埋伏在太平门外的便衣队袭击，复退入城。夜 12 时后，突然刮起大风，继降雨雪。江浙联军司令部即令长江上的海军军舰以探照灯打来多条光柱照明，协助联军官兵进攻。[2] 联军官兵向清军阵地猛力冲锋，至 12 月 1 日凌晨 5 时许，天堡城内的残余清军竖起白旗，派人至联军阵地诈降，镇军第三标第三营管带杨韵珂不知其计，率数十人，入清营接洽，遭伏兵猝起围攻。杨韵珂受伤十余处，后枪中要害，当场牺牲，临终时高呼"不夺此要塞，不要收殓我尸"；同时还有排长两人、士兵十余人壮烈牺牲。镇军第三标第三营及浙军敢死队两排，死战不退。"连长季遇春极其痛恨，高叫冲锋，各士兵莫不愤恨，奋

---

① 苏锡麟：《辛亥南京战役前后的张勋江防营》，《辛亥革命回忆录》第 6 集，第 398 页。

② 程家模：《南京陆军第九镇起义始末》，祁龙威、周新国主编《辛亥革命江苏地区史料合集》，第 595 页。

勇冲杀，清兵不支，向龙脖子溃退。"① 季遇春第一个冲进天堡城，12 月 1 日晨 6 时 45 分，联军终于完全占领了天堡城。

天堡城之战，是江浙联军攻下南京最为关键、最为激烈的一场战斗。是役，击毙清方守军统领成文均及各级官长 10 多人，全歼 700 多名守敌；联军伤亡 160 多人。

在天堡城酣战之际，雨花台已为苏军攻克。其他各路革命军也都进逼南京城下。

五　1911 年 12 月 2 日光复南京及其意义

天堡城一失，南京城全部暴露在革命军炮口之下，革命军从天堡城居高临下，向城内清军重要据点发炮轰击：先对太平门内富贵山清军炮台连发 20 余炮，均告命中，炮台营房先后塌倒，炮台之兵，纷纷溃奔下山；接着，又向北极阁张勋指挥所发炮，击中起火；然后，炮火延伸，向两江总督衙门等处轰击，皆击中目标。

张人骏、铁良、张勋眼看南京无法据守，遂于 12 月 1 日，派人分别向江浙联军总司令徐绍桢、镇军都督林述庆求和，但联军态度强硬，议和无望，便于 12 月 1 日晚，乘着混乱，逃出南京。张人骏、铁良乘日本军舰，转往上海；张勋则率 1000 多名残兵，出汉西门，至大胜关渡江，到达浦口，受到柏文蔚率领的镇军先锋营和徐宝山扬军的截击，狼狈逃往徐州。

留在南京城内的残余清军，全部投降，打开各城门，欢迎联军进城。

12 月 2 日，江浙联军各部分别由太平门、聚宝门、仪凤门进入南京城。南京绅民各界"组织了欢迎团，手执白旗，出城迎接联军入城。城内各处都悬挂白旗表示欢迎。群情激昂，呈现了一片兴高采烈的气象"。② 南京宣告光复。

这时，武汉的形势发生了急剧的变化：清廷北洋军继 1911 年 11 月 2 日攻占汉口后，又于 11 月 27 日攻占汉阳。武汉的革命军被迫退据武昌。"汉阳既失，武汉人心悲痛异常，甚至车夫舟子，皆相视对泣。"③ 北洋军向武昌革命军猛烈轰击。黎元洪等武昌军政府领导人一度弃城出逃，躲避

---

① 许崇灏：《镇军起义会攻南京亲历记》，祁龙威、周新国主编《辛亥革命江苏地区史料合集》，第 604 页。
② 林子硕：《南京光复前后的各界动态》，《江苏文史资料选辑》第 6 辑，第 120～121 页。
③ 曹亚伯：《武昌革命真史》（中），上海书店 1982 年按中华书局 1930 年版原本影印，正编，第 357 页。

到武昌下游90里的葛店，形势危急。作为首义之地的武昌一旦失守，必将给全国的革命党人以沉重的打击，甚至可能使全国的革命形势发生逆转。南京在血与火中的光复，革命军占据了东南军事重镇，这鼓舞了武昌与全国革命党人的士气，打击了北洋军的嚣张气焰，将垂危的清廷进一步推向覆灭。孙中山说："后汉阳一失，吾党又得南京以抵之，革命之大局因以益振。"①

　　江浙联军攻克南京后，除徐州外，江苏全省光复。1911年12月7日，江苏都督府经改组充实，在南京宣告成立，设在原两江总督衙门。同时，张謇领导的江苏省临时议会随之也迁往南京，仍设在湖南路原址。"江苏财赋甲天下，形胜亦足控东南"，② 南京的光复和江苏都督府的诞生，不仅稳定了革命大局，而且使全国革命重心由武汉转移到南京，为1912年1月1日在南京建立中华民国临时政府奠定了坚实基础。

---

① 孙中山：《建国方略》，《孙中山全集》第6卷，第244页。

② 尚秉和：《辛壬春秋江苏篇》，祁龙威、周新国主编《辛亥革命江苏地区史料合集》，第40页。

国际秘密会社的内迁
与抗战：重庆共济会研究*

马建凯**

提　要　共济会是极具神秘色彩的知名跨国社团。二战期间，日军对共济会员的打压致使在华会员不得不大规模内迁。在国民政府的扶持下，重庆共济分会得以草创。分会必须经总会批准方可成立。重庆分会展开了寻求菲律宾总会批准的请愿。虽然菲方总会历来亲华，但太平洋战争的爆发与菲律宾的沦陷导致该分会无法与菲方联系。无奈之下，重庆分会开始了向美国总会的请愿。在共同抗日的旗帜下，尽管美方两番拒绝后批准了重庆的请求，但由于民族主义的历史纠葛，美方在以华人为主体的重庆分会内部安插了监察员，使该分会陷入了表里不一的桎梏。以重庆分会为引，回归史实，可以管窥国际民间会社的抗战史，有助于商榷中国共济会的"污名化"陈说。

关键词　共济会　重庆　菲律宾　美国　抗战

共济会（Free and Accepted Masons）被称为全球规模最大的国际秘密社团。近代意义上的共济会起源于 1717 年的英国，之后成为遍布全球的极具神秘主义色彩的联谊组织。世界范围内的共济会没有统一的中心，仅有总会与分会之别，总会一般代表一个司法管辖区，负责本区内的各分会管理事务。① 20 世纪上半叶，从历史渊源与国家实力来说，英格兰总会

＊　本文系江苏省研究生科研创新项目"北洋政府与英、美政府的联合'反赤'（1917 – 1927）"（KYCX220058）与国家社会科学基金青年项目"费吴生与 20 世纪共济会在华活动研究"（19CGJ038）的阶段性成果。

＊＊　马建凯，南京大学历史学院博士研究生。

①　同理，分会的成立与废除皆应受到相关总会的批准。

（England Grand Lodge）、苏格兰总会（Scotland Grand Lodge）、爱尔兰总会（Ireland Grand Lodge）、美国部分总会（the United States Grand Lodge）等是影响范围较广的几大总会。共济会会所于19世纪中后期大量涌入中国，但皆是隶属于英格兰、苏格兰等总会的分会，这些组织的成员多为外籍人士。华人广泛参与的共济会会所始于1930年的上海友谊分会（Amity Lodge），"于1931年5月25日由菲律宾总会（Philippine Grand Lodge）批准"。之后，在菲律宾总会的支持下，华人主导的南京分会（Nanking Lodge）、珠江分会（Pearl River Lodge）、四川分会（Szechwan Lodge）、杭州西湖分会（Westlake Lodge）、上海太阳分会（Sun Lodge）相继获准成立。①

关于中国近代共济会会所的研究，前人成果多是会员对相关基本史实的梳理，② 且侧重于对19世纪中后期共济会早期来华历史的探讨，梳理对象基本是虽在中国境内却极少有华人参与的会所。③ 少有的非会员著作中，房建昌、鬼塚五十一、德本荣一郎等依据日军海军大佐犬塚惟重对中国共济会的查抄报告，还原了近代中国共济会的相关发展历程，虽然也是侧重于对以外国人为主体的会所的探讨，但史料翔实，为本文的写作提供了借鉴。④ 总而言之，学界已取得了开创性的成果，或许因为缺乏进一步的史料支撑，在近代各历史时期、各地区共济会相关活动方面，尤其是在对20世纪华人共济会史的梳理方面，仍留下不少的学术空白。⑤

① Party in Shanghai, 1946. File 11 - 2, Files of George Ashmore Fitch, Harvard - Yenching Library, Harvard University, Cambridge, Massachusetts.

② 具有代表性的有：Mark MacAlpine, "Early Freemasonry in Hong Kong: Joseph Emanuel and the Formation of Lodge," *Journal of the Royal Asiatic Society Hong Kong Branch*, Vol. 51, 2011, pp. 77 - 102; Herbert A. Giles, *Freemasonry in China*, (Information of publication unknown), 1880.

③ 如葡萄牙第80号分会会员 A. M. A. Gonçalves 的 *Freemasons in China: the Portuguese Link*，认为中国境内最早的共济会会所并非英国在鸦片战争后带来的，而是葡萄牙人在澳门建立的会所，并由此追溯了共济会的初期在华历史（共济会图书馆官网：www. freemasons - freemasonry. com/freemasons_ china. html，2020年6月4日）；英籍共济会会员 Frederick M. Gratton 的 *Freemasonry in Shanghai and Northern China*，介绍了19世纪中后期长江流域及长江流域以北相关共济会会所的基本史实（Shanghai: "North - China Herald" office, 1900）。

④ 房建昌：《鸦片战争后西方秘密结社共济会的传入中国及组织的发展》，《"西学与清代文化"国际学术研讨会论文集》，中国人民大学清史研究所、国家清史编纂委员会，2006，第9～20页；鬼塚五十一『フリーメーソンとアジア大激震：密かに進行する対日・亜極秘戦略の全貌』廣済堂出版、1997；德本栄一郎『1945日本占領：フリーメイスン機密文書が明かす対日戦略』新潮社、2011。

⑤ 本文将华人广泛参与的共济会会所简称为华人共济会。

　　就研究视野而言，现有国外对于中国共济会乃至世界范围内共济会的研究，重点强调了共济会对现行统治秩序的颠覆性。这种研究往往立足于反抗国家政权的叙事来论述共济会的社会活动，颇具阴谋论的色彩。其中，日本方面尤为突出，当代日本人眼中的东亚共济会形象存在一种"妖魔化"的取向。部分研究从反思二战的角度出发，认为中外共济会会员联合国民政府，密谋操纵国际秩序，一定程度上导致日本战败。[①] 欧美方面，虽然对于共济会种种阴谋的推论，是西方学者的传统说法，在诸多著作中，共济会仍是阴谋的存在，但是当今欧美学界对共济会的学术研究早已走出"被污名化的记忆场所"。[②] 那么，中国境内的共济会会所是否存在颠覆国际秩序与国家政权的阴谋，日本相关研究的论断是否属实？作为 20 世纪 40 年代初中国战时陪都的共济会会所，重庆共济会的成立正处于太平洋战争爆发前后、国际秩序剧烈动荡的反法西斯战争时期。该分会成立的背后，体现了中国共济会与日本政府、国民政府、外国共济会的多维关系。本文立足于对中、日、美多方史料的爬梳，[③] 尝试以时间先后为序阐述多维关系下重庆共济会成立的前因后果，揭示一段国际民间社会领域的抗战史。

一　日军侵华与共济会会员的内迁

　　19 世纪 60 年代，美国海军打开日本国门后，共济会也随之传入了日本。在 1862 年至 1865 年间，日本境内的第一个共济会组织，"爱尔兰共济会体系下的斯芬克斯分会（Sphinx Lodge）成立"。近代以来，共济会在日本境内共成立了 15 个分会所。[④] 自共济会传入日本相当长的一段时间内，日本政府并未干涉共济会组织的发展。直至日本政府内的军国主义势力膨

---

① 如久保田政男『フリーメーソンとは何か』日本工業新聞社、1981、85‐117 頁；犬塚きよ子『フリーメーソンのアジア管理：蒋、周国共野合の真相』新国民社、1985。

② 周小兰：《记忆与历史——基于法国共济会历史编纂学的考察》，《中山大学学报》（社会科学版）2018 年第 5 期。

③ 其中，哈佛大学哈佛燕京图书馆藏费吴生档案，是本文所运用的核心史料。费吴生（George Ashmore Fitch，1883‐1979），美国人，在华基督教领袖、人道主义者，生于苏州，定居上海，长年生活在中国，对中国人民充满同情，曾因南京大屠杀期间留守南京而为世人所知。他是 20 世纪华人共济会的核心人物之一，曾任上海友谊分会、重庆坚韧分会会长，台湾共济会总会长。哈佛大学哈佛燕京图书馆藏费吴生档案有大量菲律宾体系下华人共济分会的资料，为还原重庆共济会成立的前因后果提供了必要的史料支撑。

④ Leo L. Noel「日本のメイスンリーの歴史」，日本共济会官网，http://www.grandlodgeofjapan.org/history.html，2020 年 6 月 3 日。

胀，伴随着针对犹太人政策的出台，日本政府才对国内及东亚范围内的共济会组织有所行动。

　　20 世纪 30 年代，日本军国主义者独霸东亚的野心越发明显。负责犹太人事务的日本军界专家认为，共济会是犹太人主导的组织，而犹太人"因两千年来的亡国流浪，备受屈辱，及其排他性的宗教信仰，对于其他民族，具有极强的报复心理与制霸心理"。更进一步，日本军方认为，在国内，共济会在策反日本精英，部分日本上层精英已被共济会蛊惑。铲除共济会组织，也是在进行一场思想战。在东亚，共济会成员是所谓的"世界反日大会"的重要成员，是中国人反日的盟友，对于共济会，"必须事先有所准备，采取必要的手段"。① 究其实质，日本军方对于共济会的种种反对，虽因犹太人与共济会的关系而起，但深层次方面是源于其极端民族主义的野心与共济会所崇尚的国际主义、神秘主义发生了激烈的冲突。② 因此，日本政府为防范共济会影响其"民族事业"，很早便有了铲除共济会组织的决心。③

　　吊诡的是，在太平洋战争爆发前，日本政府并未对共济会进行大规模的清除。这是受日本政府对犹政策影响的结果。日本政府虽然认为犹太人具有国际阴谋，会影响日本的前途，但为了发展经济及考虑到与美国的关系，在欧洲激烈"排犹"的同时，日本政府选择了援助犹太人。这一方针后来演变成了著名的"河豚计划"。④ 对于犹太人主导的秘密结社共济会也是一样，日本政府对之深恶痛绝，但顾及政府对外关系，所采取的行动仅

---

① 「思想戦講習会講義速記　第 3 集/フリーメーソンリーに就て　犬塚惟重（1）」、JACAR（アジア歴史資料センター）『情報思想戦講習会講義速記』第 1 ~ 4 輯、Ref. C14010450700、蔵防衛省防衛研究所。

② 本文无意深究民族主义的概念，姑且将文中出现的"民族"一词定义为"一种想象的政治共同体"（〔美〕本尼迪克特·安德森：《想象的共同体：民族主义的起源与散布》，吴叡人译，上海人民出版社，2003，第 5 页），"民族主义"则指的是追求这种政治共同体共同利益的主张。另外，本文对共济会国际主义事业的定义是，试图建立社员之间跨国界、跨民族的兄弟情谊，形成一种利益共同体。

③ 「思想戦講習会講義速記　第 3 集/フリーメーソンリーに就て　犬塚惟重（2）」、JACAR（アジア歴史資料センター）『情報思想戦講習会講義速記』第 1 ~ 4 輯、Ref. C14010450800、蔵防衛省防衛研究所。

④ 〔美〕马文·托克耶、玛丽·斯沃茨：《河豚鱼计划——第二次世界大战期间日本人与犹太人的秘密交往史》，龚方震、张乐天、卢海生译，三联书店，1992，第 29 ~ 34 页。

是警惕、压制及秘密调查。①

太平洋战争爆发不久，日军即展开对共济会的大规模清除活动。日本驻上海的海军大佐、犹太问题专家犬塚惟重带队查抄了上海共济会。紧接着，中国厦门和朝鲜等地的共济会分别被查抄，相关共济会会员遭到了日军的大肆搜捕。② 对于自己国内的共济会会所，日本政府虽早已不断打压，但直至太平洋战争爆发，才彻底进行查封。③

伴随着日军全面侵华的进程与中国沿海城市的沦陷，在日军前期隐秘的打压和后期正式的搜捕行动之下，中国沿海地区的共济会会员进行了大规模的迁移。起初，中国沿海共济会会员迁徙的终点是香港。如华人体系共济会的开拓者、上海著名的帮会分子李元信，"和其他成千上万的难民一起"逃到了香港，"失去了他的家园和事业"。④ 然而，1941 年底，香港的沦陷又使得大批无法外逃的共济会会员不得不迁往中国内地。其最重要的聚点便是中国的战时首都重庆。正如国民政府外交官王宠惠在致美国共济会的信中所描绘的，"那里大量的共济会弟兄们具有痛苦的遭遇，其中大多数是最近从香港逃出来的，因此处于赤贫状态……显然，香港所有的分会都以中国内地为终点"。⑤ 又如著名翻译家邝富灼的侄子、华人共济会

---

① 一方面，对于日本"势力范围"内的共济会，1936 年 9 月，日本驻朝鲜的军方颁布秘密命令，调查朝鲜、中国东北地区等地的共济会组织，"等到时机成熟，将之一网打尽"［「京城に於けるフリーメーソン状況に関する件」JACAR（アジア歴史資料センター）『密大日記』第 12 冊、Ref. C14010450800、藏防衛省防衛研究所］。就日本国内而言，"早在 1937 年七七事变爆发之时，日本政府就已经开始了一场施压运动"（Leo L. Noel「日本のメイスンリーの歴史」）。另一方面，"日本秘密警察严加侦察的名单可能还要添加访问日本的共济会会员，当得知共济会具有颠覆性国际阴谋的危险后，日本秘密警察陷入了疯狂的警惕状态"［"How Thought Control in Japan Has Created a 'Dwarf Tree' Mentality," *The China Weekly Review* (1923－1950), 12 Dec 1936, p. 48］。日本秘密警察非常警惕来访的外国共济会会员，对其进行了紧密的监视。不仅如此，日本政府还试图教育民众防范共济会方面的国际间谍。1938 年 3 月，"东京宣传展吸引数千人参观'外国间谍方法'"，其中重点提出的国际组织便是共济会［"Propaganda Exhibition In Tokyo Draws Thousands to See 'Foreign Spy Methods'," *The China Press* (1925－1938), 08 Mar 1938, p. 3］。

② 房建昌：《鸦片战争后西方秘密结社共济会的传入中国及组织的发展》，《"西学与清代文化"国际学术研讨会论文集》，第 9～20 页。

③ Leo L. Noel「日本のメイスンリーの歴史」日本共济会官网，http://www. grandlodgeofjapan. org/history. html，2020 年 6 月 3 日。

④ A Brief Biographical Sketch of Yinson Lee, File 11－7, Files of George Ashmore Fitch, Harvard－Yenching Library, Harvard University, Cambridge, Massachusetts.

⑤ A Letter of Wang Chong－hui to Sirand Illustrious Brother, December 24, 1942. File 11－3, Files of George Ashmore Fitch, Harvard－Yenching Library, Harvard University, Cambridge, Massachusetts.

成员邝永光的遭遇，在日军的迫害下，他由香港逃出，来到重庆时极其狼狈，"几乎一贫如洗"。①

后来成为重庆共济会首任会长的费吴生，是这样记述重庆分会的会员来源的："我（费吴生）在离开前夕感到欣慰的另一个原因是共济会会员人数的不断增长。它现在的成员包括来自美国的、英国的，还有来自军队的，当然，也有来自中国的……他们中的大多数人都是和家人一起从沿海城市逃过来的，通常到达西部地区时都极其缺乏资金。"② 日军全面侵华与其对共济会会员的打压政策，使得大量共济会会员迁往重庆，为重庆共济分会的成立奠定了人事基础。

二　重庆共济会的草创及其向菲方总会的请愿

1941 年 2 月 10 日，14 位共济会大师③在重庆会面，"其中 13 位来自菲律宾体系下的分会"④，即"费吴生，来自第 106 和 108 号分会；大卫·基昂（David Kiang），来自第 106 和 108 号分会；阿尔弗雷德·欧文（Alfred E. Owen），来自第 112 号分会；韦敬周，来自第 106 号分会；汤德臣，来自第 108 和 112 号分会；约翰·霍克（John C. Hawk），来自美国弗吉尼亚州第 227 号分会；麦克库迪（W. A. Mccurdy），来自第 112 号分会；林忱（Chen Lin），来自第 112 号分会；林亨利（Henry H. Lin），来自第 108 和 109 号分会；范和民（Herman P. Fan），来自第 108 号分会；周卢汉（L. H. Chou），来自第 108 号分会；约翰·马西森（John Matheson），来自第 112 号分会；戈登·琼斯（Gordon Jones），来自第 112 号分会，彼得·基昂（Peter Kiang），来自第 108 分会"。在此次"麦克库迪（W. A. Mccurdy）兄弟住所"举行的非正式会议，一致通过了在重庆成立一个共济会分会所的决定。⑤ 之后，这 14 位大师号召在重庆的共济会会员踊跃参与此会所，并签署相关基本信息，准备向菲律宾总会发起请愿。

---

①　A Letter to Wilford, December 31, 1942. File 11 - 3, Files of George Ashmore Fitch, Harvard - Yenching Library, Harvard University, Cambridge, Massachusetts.

②　My 80 Years in China, File 21 - 1, Files of George Ashmore Fitch, Harvard - Yenching Library, Harvard University, Cambridge, Massachusetts.

③　大师是共济会中地位较高的会员。

④　History of Fortitude, Chungking, February, 1941. File 11 - 3, Files of George Ashmore Fitch, Harvard - Yenching Library, Harvard University, Cambridge, Massachusetts.

⑤　A Letter of George Ashmore Fitch, February 12, 1941. File 11 - 2, Files of George Ashmore Fitch, Harvard - Yenching Library, Harvard University, Cambridge, Massachusetts.

　　由于分会必须隶属于一个总会，只有获得了总会的认可，分会才算正式成立，所以重庆的共济会会员必须签署请愿书与会员卡，以向相关总会请示，获取相关总会的批准。但是，在总会批准之前，距离较远的准分会往往已具备正式会所的人事、组织，并陆续开展了分会的活动。重庆共济会便是典型。表 1 大致是签署请愿书和会员卡的人员名单，也是重庆共济会成立初期的成员名单。

表 1　重庆共济会初期成员名单

姓名	国籍	原会所	职业
M. B. DePass	美	北平分会	美国驻华军事助理
Kuang Huang	中	第 114 号上海太阳分会	某银行经理
Li Boon Tin	中	维多利亚分会	未知
David Kiang	未知	第 106 号上海友谊分会；第 108 号南京分会	未知
周元成	中	西湖分会	未知
韦敬周	中	第 106 号上海友谊分会	曾任中央造币厂副厂长
关颂声	中	第 108 号南京分会	建筑师，曾任南京首都建设委员会工程组委员
韦颂冠	中	未知	国民政府财税委员，曾任财政部湖北省印花烟酒税局局长
Peter Kiang	未知	第 108 号南京分会	银行职员
汤德臣	中	第 108 号南京分会；第 112 号四川分会	任职国民政府中央新闻通讯社
L. J. Mead	美	美国共济会	银行职员
Norman Soong	中	第 108 号南京分会	任职国民政府中央新闻通讯社
C. Y. Wu	中	第 108 号南京分会	银行职员
Gordon R. Jones	加拿大	第 112 号四川分会	商人
H. D. Findlay	英	苏格兰体系共济会	商人
Palmer Sze	美	第 106 号上海友谊分会	银行职员
Henry H. Lin	中	第 109 号珠江分会；第 108 号南京分会	银行职员
John C. Mathieson	加拿大	第 112 号四川分会	商人
John S. Service（谢伟思）	美	第 114 号上海太阳分会	外交官

续表

姓名	国籍	原会所	职业
Craig W. Carter	美	美国共济会	银行职员
T. G. Ling	中	第 114 号上海太阳分会	未知
Y. Dung	美	第 114 号上海太阳分会	大商人，保险业大亨
L. H. Chou	中	第 108 号南京分会	未知
F. Russell Fette	美	美国共济会	未知
D. K. Wei	中	第 114 号上海太阳分会	曾任职国民政府财政部
C. H. Lo	中	第 112 号四川分会	商人
H. M. Chen	中	第 114 号上海太阳分会	银行职员
George W. Chen	中	未知	未知
E. L. Pan	中	第 106 号上海友谊分会	曾任中国旅行社社长
Richard H. Wu	中	第 109 号珠江分会	银行职员
Whilliam L. Hsu	中	第 112 号四川分会	国民政府职员，曾任新生活运动的负责人
Anselm Chuh	未知	第 106 号上海友谊分会	银行职员
Chen Lin	中	第 112 号四川分会	未知
M. H. Pai	中	第 108 号南京分会	未知
S. F. Chang	中	第 108 号南京分会	未知
C. D. Su	中	第 108 号南京分会	未知
W. K. Au	美	第 108 号南京分会；第 109 号珠江分会	酒店经理
Jamoo K. Shen	中	第 108 号南京分会	任职国民政府卫生部门
王宠惠	中	未知	外交官
王正廷	中	第 106 号上海友谊分会	外交官
M. H. Chao	中	第 108 号南京分会	未知
Kanyo Nieh	美	第 106 号上海友谊分会	工程师
Jafferson D. H. Lamb	美	第 108 号南京分会	未知
L. T. Chen	中	第 106 号上海友谊分会	国民政府外汇委员会成员
A. Baggott	未知	未知	银行职员
Herman P. Fan	中	第 108 号南京分会	中国"联合保险"股份有限公司经理
John F. Bradley	美	美国加州共济会	军人
W. A. McCurdy	未知	第 112 号四川分会	未知

续表

姓名	国籍	原会所	职业
费吴生	美	第 106 号上海友谊分会；第 108 号南京分会	在华基督教领袖，人道主义者
A. E. Owen	未知	第 112 号四川分会	未知
John C. Hawk	美	美国弗吉尼亚州第 227 号分会	未知

注：由于史料有限，中国会员的原中文姓名多难以考证，暂未标注。

资料来源：History of Fortitude, Chungking, File 11 - 3, Files of George Ashmore Fitch, Harvard - Yenching Library, Harvard University, Cambridge, Massachusetts。

重庆共济会草创时期共有 51 名会员，其中大概有 29 位华人、13 位美国人。由此观之，重庆共济会是一个以华人为主体的会所。更进一步，参与该组织的中国人之中，约有 7 位是国民政府的职员，尤其是时任外交部部长与曾任外交部部长的外交官王宠惠、王正廷均赫然在列。这可以从一个侧面反映出国民政府对重庆共济会进行了大力的扶持，也是某种程度上的"渗透"。最为要者，是高层外交官的参与体现了国民政府视该组织为发展政府对外关系的外交平台。[①] 诚如费吴生所言，"重庆政府对共济会十分欢迎，共济会受到了首都人民的高度评价"。[②] 另外，此名单中仅有 8 位是来自四川地方分会的成员，可以证明内迁的共济会会员是组建重庆共济会的主力。

1941 年 4 月 17 日，以上会员向菲律宾共济总会提出了申请，"他们向菲律宾总会请愿，请求准许他们在那个城市（重庆）组织一个名为'坚韧'的分会"。[③] 分会人员的出身是会所择取请愿总会的决定性因素，准备组建坚韧分会（Fortitude Lodge）的共济会会员与菲律宾总会之间的渊源关系决定了坚韧分会率先向菲律宾总会提出申请。就高层而言，发起请愿的 14 位大师中，有 13 位隶属于菲律宾共济会；就整体而言，坚韧分会的预备成员有 40 位来自菲律宾体系，占总人数的绝大多数。更重要的是，就国籍而言，坚韧分会明显以华人为主体。由于华人会员在菲律宾共济会内部占有主导性的比重，菲律宾总会"显然是由菲律宾人和中国人主导的"，

---

① 中国第二历史档案馆暂未开放国民政府管理共济会等跨国社团的档案全宗，故无法深入分析国民政府对共济会的具体政策。

② A Letter of George Ashmore Fitch to Lloyd E. Wilson, March 25, 1943. File 11 - 4, Files of George Ashmore Fitch, Harvard - Yenching Library, Harvard University, Cambridge, Massachusetts.

③ A Letter of George Ashmore Fitch to Harvey A. Shermen, June 2, 1943. File 11 - 4, Files of George Ashmore Fitch, Harvard - Yenching Library, Harvard University, Cambridge, Massachusetts.

并热衷于推动中国境内华人分会的发展。① 如表 2 对 1939 年菲律宾体系中国分会成员的统计所示，菲律宾体系下的中国共济会所显而易见地是以华人为主体的，并在其他人员构成方面与坚韧分会十分相像。

表 2　1939 年中国境内菲律宾体系共济会各会所成员构成统计

单位：人

	菲律宾籍	美国籍	中国籍	其他国籍	总计
第 106 号友谊分会（上海）	3	25	83	11	122
第 108 号南京分会	1	17	39	4	61
第 109 号珠江分会	1	16	47	2	66
第 112 号四川分会	0	8	26	14	48
第 113 号西湖分会	0	12	21	5	38
第 114 号太阳分会（上海）	2	16	43	5	66
总　计	7	94	259	41	401

资料来源：Party in the Pearl River, 1940. File 11 – 11, Files of George Ashmore Fitch, Harvard – Yenching Library, Harvard University, Cambridge, Massachusetts。

因此，菲律宾共济总会是坚韧分会的首要选择。1941 年 9 月，坚韧分会的请愿书和会员卡正式寄往菲律宾。然而，不幸的是，"大部分兄弟的会员卡在向菲律宾邮寄时丢失了，本应该随同请愿书一同到达的会员卡是无法呈上了"。加之，"由于战争的紧急情况，大多数请愿者不可能向他们的母会支付本年度的会费"。② 菲律宾共济会未能在 1941 年批准坚韧分会的成立。更为糟糕的是，在 1941 年底太平洋战争爆发后，1942 年初菲律宾全境即被日军攻陷。于是，"中国和菲律宾之间的联系被切断，使得这些兄弟陷入了孤立无援的境地"。③ 坚韧分会失去了再向菲律宾总会提交申请材料的机会，依托于菲律宾总会的努力是不可能成功了。但是，在各地内迁会员的不懈努力及国民政府的支持下，事实上重庆坚韧分会已然成立，并开始了身为会所的定期活动。④

---

① "Trouble in the Far Eastern Masonic Lodges," *The China Weekly Review* (1923 – 1950), 09 June 1934, p. 8.

② A Letter to Frank Smith, October 17, 1942. File 11 – 3, Files of George Ashmore Fitch, Harvard – Yenching Library, Harvard University, Cambridge, Massachusetts.

③ Grand Lodge Bulletin, June, 1943. File 11 – 11, Files of George Ashmore Fitch, Harvard – Yenching Library, Harvard University, Cambridge, Massachusetts.

④ Party in Chongqing, December 1, 1941. File 11 – 3, Files of George Ashmore Fitch, Harvard – Yenching Library, Harvard University, Cambridge, Massachusetts; Party in Chongqing, October 9, 1942. File 11 – 3, Files of George Ashmore Fitch, Harvard – Yenching Library, Harvard University, Cambridge, Massachusetts.

三　坚韧分会寻求美国总会核准的一波三折

1942 年，在申请菲律宾总会无望的情况下，重庆共济会的成员们不得不为分会另谋出路。由表 2 可知，除了中国人，美国人占初期重庆共济会人员构成的比例最高。因此，坚韧分会通过会内美国人的关系，向美国方面的总会提出申请成为其谋求正式被认可的必然选择。然而，由于历史问题，坚韧分会向美国总会的请愿走上了一条周折反复的路。

1942 年 10 月 1 日，重庆共济会成员向美国加州共济总会（California Grand Lodge）发出了申请，并承诺"如果请求被批准"，"在任何事情上都严格遵守大师的命令，不偏离总会的规章制度"。① 10 月 17 日，作为坚韧分会的准会长及中美宗教界的知名人士，美国人费吴生单独向加州共济总会的大秘书②弗兰克·史密斯（Frank Smith）发出了申请，"兹证明下列请愿人已在随附的请愿书上签了名，请求在重庆成立一个正规分会"。③ 面对重庆众多共济会会员及会长费吴生的请愿书，加州共济会方面并未认可在重庆设立一个以中国人为主、美国人为辅的分会的想法。该总会大秘书弗兰克·史密斯以"电报上的信息不足"回绝了重庆方面的请求。④

在太平洋战争爆发后，中美同盟形势一片大好的氛围下，初次尝试的失败并未打消坚韧分会会员向美国总会请愿的念头。1943 年，费吴生决定亲自回美国申请，对象仍然是加州共济会。2 月 11 日费吴生飞抵华盛顿。⑤ 紧接着，费吴生与加州总会的大师和大秘书进行了面对面的交流。坚韧分会的问题"被重新提起"，费吴生再次提出了在重庆建立分会的想法。⑥ 然

---

① A Letter to Frank Smith, October 1, 1942. File 11 – 3, Files of George Ashmore Fitch, Harvard – Yenching Library, Harvard University, Cambridge, Massachusetts.

② 大秘书是会所中负责日常事务的行政人员。

③ A Letter of George Ashmore Fitch to Frank Smith, October 17, 1942. File 11 – 3, Files of George Ashmore Fitch, Harvard – Yenching Library, Harvard University, Cambridge, Massachusetts.

④ Grand Lodge Bulletin, June, 1943. File 11 – 11, Files of George Ashmore Fitch, Harvard – Yenching Library, Harvard University, Cambridge, Massachusetts.

⑤ My 80 Years in China, File 21 – 1, Files of George Ashmore Fitch, Harvard – Yenching Library, Harvard University, Cambridge, Massachusetts.

⑥ Grand Lodge Bulletin, June, 1943. File 11 – 11, Files of George Ashmore Fitch, Harvard – Yenching Library, Harvard University, Cambridge, Massachusetts.

而，纵然是当面的请求，会谈的结果仍然是"加州拒绝提供帮助"。① 当然，与前者不同的是，"他们答应在回去之后进一步考虑这件事"。② 两次失败足以证明美国加州共济总会对重庆共济会的成立持有相当强烈的反对意见，表面缘由自然是"他们不了解重庆的情况"。然而，若深究其因，这种"不了解"背后的抵触情结是源于华人共济会在发展过程中与美国共济会方面产生了剧烈冲突。历史纠葛导致美国加州共济总会一再拒绝以华人为主体的坚韧分会。

早在 1927 年 3 月，以李元信为代表的一批华人共济会会员便决定在上海"组织一个国际分会，在这个分会中，有实力的中国候选人可以被考虑加入共济会组织，而不会因为种族问题受到歧视"。但是，"由于美国共济会'顽固派'的敌意，在拖延了两年之后，请愿书被拒绝了。同样的请愿人后来向菲律宾总会提出申请，并获准成立友谊分会"。③ 同坚韧分会的碰壁一样，第一所华人主导的分会遭到了美国方面的一再拖延与拒绝。幸运的是，其在菲律宾共济会方面得到了认可。之后，如表 2 所示，在菲律宾总会的大力帮助下，以华人为主体的珠江分会、南京分会、西湖分会等陆续建立。菲律宾共济会会长还赴中国各地进行"视察"，并与国民政府"外部代表"建立了良好的关系。④ 由此，相比于美国总会的反对与封锁，菲律宾共济会与华人共济会乃至国民政府建立了一个稳定的友好关系，在这个友好关系的作用下，华人在中国境内共济会组织中的话语权越来越大。

当时，无论是菲律宾共济会组织还是中国大陆的共济会组织，很多都是由美国共济总会建立的。特别是菲律宾共济会，"1898 年，美国占领菲律宾后，菲律宾成立了第一个共济会"，之后菲律宾境内陆续成立的分会大多由美国人建立，这些会所的"会员资格虽然从外国人的角度来看是国际平等的，但这种平等的参与机会并未授予东方人"。菲律宾共济会内华裔众多，援助以华人为主体的分会在中国境内发展，是菲律宾共济会内菲律宾人与华人民族意识崛起的表现。然而，这遭到了以美国共济会为"先

---

① A Letter of George Ashmore Fitch to Minnie E. Keyes, March 9, 1943. File 11 – 4, Files of George Ashmore Fitch, Harvard – Yenching Library, Harvard University, Cambridge, Massachusetts.

② A Letter of George Ashmore Fitch to John H. Cowles, March 27, 1943. File 11 – 4, Files of George Ashmore Fitch, Harvard – Yenching Library, Harvard University, Cambridge, Massachusetts.

③ A Brief Biographical Sketch of Yinson Lee, File 11 – 7, Files of George Ashmore Fitch, Harvard – Yenching Library, Harvard University, Cambridge, Massachusetts.

④ 《菲共济会长霍伊抵京》，《申报》1935 年 9 月 30 日，第 2 版。

锋"的西方共济会的强烈反对，引发了 20 世纪 30 年代世界范围内共济会组织的一场大分裂。"其中的一方是美国马萨诸塞州、英国苏格兰和英格兰共济会，另一方是菲律宾共济会"。① 虽然最后双方进行了和解，西方共济会默许了华人分会的发展，但是"中国与菲律宾民族主义势力崛起所造成的"隔阂明显地横亘在了美国共济会体系与菲律宾体系之间。正如当时共济会会员在《大陆报》（*The China Press*）上对美国方面不认可友谊分会缘由的分析：

> 　　菲律宾总会会长宣布，他和分会的使命是将友谊传播到东方的各个地区，并没有放弃成立一个中华总会的目标。这一重要的事件揭示了整个冲突的症结所在，因为它包含了为什么马萨诸塞州总会拒绝批准友谊分会。②

同样的道理，美国加州总会两番拒绝重庆共济会的请求，也缘于其与菲律宾体系下华人共济会组织的隔膜，及其对华人会员或多或少的种族歧视。共济会虽然是一个以国际主义为原则的跨国社团，但其国际化的努力始终逃不过民族主义的桎梏。坚韧分会明显以华人为主体，而美国加州共济总会正是抵触这一点。美国方面以共济会的所谓普遍价值——"无论种族、信仰或肤色如何，成为共济会的资格是平等的"为旗帜，但在 20 世纪上半叶汹涌的民族主义大潮中，其不由自主地会强调种族、信仰或肤色，以维护本民族与本种族的固有利益。相反，近代以来民族自尊心饱受践踏的华人会员，恰是极力渴望与西方平等对话，建立自己的共济会集团。因此，在战争的蔓延下，坚韧分会在得不到亲华的菲律宾共济会认可后，投向美国加州共济总会的道路势必充满坎坷。

四　美国体系下坚韧分会的正式成立

重庆共济会与日军侵华、搜捕共济会会员相伴而生，其最终获得批准也与世界范围内的联合抗日休戚相关。面对费吴生反复的请求，加州共济会大师在第二次拒绝时，为请愿之事留下了转机，答应费吴生回去之后继

---

① "Trouble in the Far Eastern Masonic Lodges," *The China Weekly Review*（*1923 – 1950*），9 June 1934，p. 1.

② "Masonic Split to Be Aired at Meet Tonight: Allman, Lee Called to Answer Membership in Two Opposing Lodges Lodge Organ Confirms Far East Mason Tiff," *The China Press*（*1925 – 1938*），23 Aug. 1934，p. 2.

续考虑他们的请愿。与此同时，费吴生展开了多方位的动员，充分动用其个人关系，冀望在中美共同抗战的氛围下，推动加州共济会对坚韧分会态度的好转。

历经两次失败，费吴生并未气馁，依旧留在美国为重庆共济会发声。在得到加州共济会大师有望回去继续考虑的言语之后，费吴生从两个渠道向加州总会等美国共济会组织展开了友谊攻势，费氏欲通过宣扬重庆共济会会员艰苦卓绝的事迹，来博取以加州共济总会为代表的美国共济会对盟友的认可。

其一，费吴生被拒后不久便同重庆共济会成员汤德臣、上海友谊分会会长林藻桓等一道参与了纽约共济会的活动。该活动的主题是"向中国——我们的盟国致敬"。这是中国共济会会员"第一次在美国展示这种话题"。费吴生带着华人共济会成员首次在共济会领域向美国人展示了中国的抗战事业，为美国共济会大规模了解、支持盟友中国的抗日战争发出了先声。[①]　其间，费吴生进行了"雄辩且内容丰富的讲话"，为中美共济会成员建立盟友之谊迈出了第一步。[②]　费吴生的努力，给美国共济会成员尤其是加州共济会成员传递了一种信息，即在抗日的背景下，中国共济会会员是美国共济会会员的盟友，"真正的共济会精神从来没有像这样在这个遥远的地方得到过如此多的证明"，中国会员的艰苦奋斗是值得美国会员的同情与支持的。正如之后加州共济会的官方刊物《总会公报》（*Grand Lodge Bulletin*）对重庆共济会会员奋斗精神的评价，"我们的一些会员应该向他们在中国的同行学习"。[③]

毋庸置疑，加州总会方面接收到了来自费吴生等的感召，一个彰明较著的例子是，在正式批准坚韧分会之前，加州方面已开始对重庆共济会进行资金援助。1943 年 3 月 4 日，费吴生在致朋友的信中称，"加州最令人崇敬的总会捐赠了 2500 美元"，这笔资金用于援助日军枪炮下落难的重庆

①　A Letter of A. Y. Cowen to George Ashmore Fitch, February 1, 1943. File 11 – 4, Files of George Ashmore Fitch, Harvard – Yenching Library, Harvard University, Cambridge, Massachusetts.

②　A Letter of A. Y. Cowen to George Ashmore Fitch, February 27, 1943. File 11 – 4, Files of George Ashmore Fitch, Harvard – Yenching Library, Harvard University, Cambridge, Massachusetts.

③　Grand Lodge Bulletin, June, 1943. File 11 – 11, Files of George Ashmore Fitch, Harvard – Yenching Library, Harvard University, Cambridge, Massachusetts.

共济会会员。① 加州总会的资金援助表明了他们对共同抗日的盟友重庆共济会的同情和认可。虽然加州方面未直接批准坚韧分会的成立，但是在中美共济会共同抗日的大环境中，加上费吴生不懈的坚持与动员，坚韧分会获得加州的批准已是情理之中的事。

其二，目的性较强的是，费吴生分别动员了两位同情中国抗战的共济会好友为其当说客，即美国女性共济会组织东方之星（Eastern Star）的高层人士敏尼·凯斯（Minnie E. Keyes）和地位较高的华盛顿共济会大师约翰·考尔斯（John H. Cowles）。在此之前，敏尼·凯斯与费吴生夫妇私交甚好，并在费氏夫妇的鼓动下，长期在美国为中国抗战募捐。② 费吴生被拒绝后便拜访了老友敏尼·凯斯，希望她能为重庆共济会的获准提供帮助。敏尼·凯斯未能说动加州方面同意费吴生的申请，但是，她为坚韧分会打通了依托于肯塔基共济会（Kentucky Grand Lodge）的门路。敏尼·凯斯在 3 月 9 日致费吴生的信中说道，"肯塔基州共济会的大师、大秘书都来到了我的办公室。我告诉他们你们的努力……他们说，希望你能问问肯塔基州。所以，如果你回去后仍然觉得想在那里组织一个分会，你最好联系这些优秀的人"。③

约翰·考尔斯也是同情中国抗战，为援助中国奔波不停的共济会会员。早在 1942 年 12 月 24 日，王宠惠致信约翰·考尔斯，请求其呼吁援助中国抗战，"赈济中国南方贫困的兄弟们"。约翰·考尔斯为此做出了很大的贡献。④ 之后费吴生请求他为加州方面批准坚韧分会说情，他也发挥了关键性的作用。约翰·考尔斯致费吴生的回信中言，"我写信给贾奇·赫维（Judge Hervey），他是我们在加州的代表，也是加州共济会外交关系委员会的主席。他是过去的大师，我想他大概是加州方面最有影响力的人物。我告诉了他你和重庆弟兄们的事，说他们要在那里办一个临时的分

---

① A Letter of George Ashmore Fitch to Charles H. Johnson, March 4, 1943. File 11 - 4, Files of George Ashmore Fitch, Harvard - Yenching Library, Harvard University, Cambridge, Massachusetts.

② A Letter of Minnie E. Keyes to Geraltine T. Fitch, April 9, 1942. File 35 - 3, Files of George Ashmore Fitch, Harvard - Yenching Library, Harvard University, Cambridge, Massachusetts.

③ A Letter of Minnie E. Keyes to George Ashmore Fitch, March 9, 1943. File 11 - 4, Files of George Ashmore Fitch, Harvard - Yenching Library, Harvard University, Cambridge, Massachusetts.

④ A Letter of Wang Chong - hui to Sirand Illustrious Brother, December 24, 1942. File 11 - 3, Files of George Ashmore Fitch, Harvard - Yenching Library, Harvard University, Cambridge, Massachusetts.

会。他写信给我说他已经和大师商量好了，他认为大师会这么做的"。① 约翰·考尔斯通过加州共济会内的核心人物贾奇·赫维，直接促成了加州方面同意批准坚韧分会。这是费吴生、王宠惠等重庆共济会骨干与约翰·考尔斯之间友谊的彰显，亦是约翰·考尔斯认同中国为盟友的表现，是他长期以来援华行动的延续。

伴随着美国共济会对中国盟友抗战事迹的深入了解，"加州共济会在3月份创造了历史"，接受了一个以华人为主体的本应属于菲律宾体系的共济会分会。② 正如约翰·考尔斯所言，根据费吴生的记述，1943年3月23日，"加利福尼亚州的秘书劳埃德·威廉姆斯（Lloyd Willaims）从旧金山打长途电话给我，使我深感宽慰。他告诉我，大师终于决定批准我们的请求"。③ 与此同时，美国共济会对重庆的捐款仍在继续，纽约、华盛顿等地共济会组织的捐助活动一直持续到日本战败。④ 自从在纽约共济会发表演讲后，1943年，费吴生又在新泽西州共济会陆续进行了两场演讲，加之其他中美会员的交际，重庆共济会会员的抗战精神得到了广泛的关注和认同。⑤ 由此看来，批准坚韧分会成立只是中美共济会共同抗日潮流下的一件小事。

另一方面，加之上文所述重庆政府对坚韧分会的支持态度与分会内部所存在的政府职员，重庆共济会的最终获准表明了国民政府、美国共济会、华人共济会在共同抗日的旗帜下达成了某种程度上的联结。于是，在联合抗战的热烈氛围下，似乎美方两次拒绝的不愉快经历和华人共济会与美国方面的历史症结，已完全湮没在了同仇敌忾的情绪之中。然而，事实并非如此简单。

---

① A Letter of John H. Cowles to George Ashmore Fitch, March 24, 1943. File 11 – 4, Files of George Ashmore Fitch, Harvard – Yenching Library, Harvard University, Cambridge, Massachusetts.

② Grand Lodge Bulletin, June, 1943. File 11 – 11, Files of George Ashmore Fitch, Harvard – Yenching Library, Harvard University, Cambridge, Massachusetts.

③ A Letter of George Ashmore Fitch to David Kiang and Lott Wei, March 24, 1943. File 11 – 4, Files of George Ashmore Fitch, Harvard – Yenching Library, Harvard University, Cambridge, Massachusetts.

④ A Letter of John H. Cowles to Wang Chong – hui, June 12, 1944. File 11 – 4, Files of George Ashmore Fitch, Harvard – Yenching Library, Harvard University, Cambridge, Massachusetts.

⑤ A Letter of M. Elting Gore to George Ashmore Fitch, March 30, 1943. File 11 – 4, Files of George Ashmore Fitch, Harvard – Yenching Library, Harvard University, Cambridge, Massachusetts; Party in New Jersey, November 23, 1943. File 11 – 4, Files of George Ashmore Fitch, Harvard – Yenching Library, Harvard University, Cambridge, Massachusetts.

无论是加州方面对坚韧分会的正式批准，还是美国共济会整体对重庆的捐助，都带有一定的附加条件。此类附带的准则成为美国共济会与华人共济会乃至国民政府共同抗日下的间隙，也造成了坚韧分会于内、于外的尴尬地位。

首先，加州总会在批准重庆共济分会的正式函电中，选任了一名"自己人"作为监察员，并赋予其极大的管理权力。"兹授权贵分会通知重庆方面的有关人士"，大师莱斯利·伍德（Leslie Wood）"授权"坚韧分会于1943年3月成立，"德帕斯（Depass）任监察员"。① 这是批准重庆共济会的正式通知，表面上监察员的任命并无特别值得关注之处，然而其背后则暗涛汹涌。几乎与正式批准同时发生，加州总会给费吴生开出了一个获准条件，"他们觉得重庆一定要有他们自己的人"，② "有必要为这样一个分会设置一个监察员"，③ 即设置一个美国方面的督导人员。费吴生一开始想要推荐成都地区的美国会员，加州方面又要求监察员"应该是一个身在重庆的人"。④ 既要是"忠心耿耿"的美国共济会会员，又要是身在重庆的人，几经反复，费吴生以此为标准与加州总会的秘书"商讨了很多个人，最终确定了德帕斯"。⑤ 德帕斯是原美国体系下的北平分会会员，时任美国驻重庆的军事助理，是一位上校。他是极为符合加州方面"自己人"标准的会员，既长期身在重庆，又因为驻华武官的军人职务，会忠于美国总会与美国政府。

更为束缚的条件还在后面。1943年4月3日，加州共济会大师又亲自为监察员德帕斯发放了任命信。此任命信并非寥寥数语的公文，其中强调了德帕斯身为监察员的所谓职责与权力：

---

① A Letter of Lloyd E. Wilson to George Ashmore Fitch, March 24, 1943. File 11 - 4, Files of George Ashmore Fitch, Harvard - Yenching Library, Harvard University, Cambridge, Massachusetts.

② A Letter of George Ashmore Fitch to David Kiang and Lott Wei, March 24, 1943. File 11 - 4, Files of George Ashmore Fitch, Harvard - Yenching Library, Harvard University, Cambridge, Massachusetts.

③ A Letter of Depass, April 3, 1943. File 11 - 4, Files of George Ashmore Fitch, Harvard - Yenching Library, Harvard University, Cambridge, Massachusetts.

④ A Letter of George Ashmore Fitch to David Kiang and Lott Wei, March 24, 1943. File 11 - 4, Files of George Ashmore Fitch, Harvard - Yenching Library, Harvard University, Cambridge, Massachusetts.

⑤ A Letter of George Ashmore Fitch to J. Moroh - Hansen, March 27, 1943. File 11 - 4, Files of George Ashmore Fitch, Harvard - Yenching Library, Harvard University, Cambridge, Massachusetts.

监察员负责分会各方面的一般事务；监督资产管理与分配；确保分会
按照总会书面及非书面的规章运行；确保分会在所有不需要大师亲自指导
的情况下，都严格遵守相关仪式，并表现出对大师及总会的遵从。①

按照此信的规划，似乎从各方面的基础事务到会所运营资金的管制，都
是监察员的权力范围，分会会长俨然有被架空之势。更遑论其中处处强调对
总会的忠诚，加州方面生怕重庆共济会会"离经叛道"，不服从"管教"。

其次，上升到实践的层面，重庆共济会的资金确实未能由会长费吴生
支配，而是由美国方面与监察员德帕斯监管。这是坚韧分会完全由美国援
建的性质决定的，也体现了美国势力对重庆共济会的主导及其与中国方面
的隔阂。由于费吴生等人的努力和中美关系正值热络的影响，坚韧分会在
正式获准后不久便筹集了大量的会所资金。这些资金除了用于援助会员
的，仍有不少剩余。1943 年 6 月 25 日，费吴生写信给加州共济会，并向
德帕斯请示，他想要"把钱用在会员以外的人身上"，即用重庆共济会的
空闲资金来援助战争中的中国人民。②"我们现在有足够的（资金）。但我
不建议试图为一般救济争取更多的援助。首先，它永远不会满足所有的要
求……这也会在非共济会的圈子里造成一种印象，即我们是富有经济来源
的……我们能得到的任何资金都最好用于满足共济会的需要。"以此为理
由，德帕斯与加州共济会否决了费吴生的意见，重庆共济会的资金最终未
能用于大规模地援助普通中国人。③

当然，共济会的资金只用于援助共济会是世界范围内共济会的传统，
本无可厚非。但恰恰与此相反的是，太平洋战争爆发后，加州共济会成立
了"战争救济基金"，用于支持美国红十字会对本国民众与士兵的救济活
动。④ 如此双重标准之下，可以看出，民族主义情绪使得加州共济会更专
注于为本国人民谋福利，与重庆共济会、中国人民之间，有着若隐若现的
间隙。这也导致设在中国且以华人为主体的坚韧分会陷入尴尬境地。

对内，重庆共济会是华人居多的会所，却事事要听命于美国方面和美

---

① A Letter of Depass, April 3, 1943. File 11 - 4, Files of George Ashmore Fitch, Harvard -
Yenching Library, Harvard University, Cambridge, Massachusetts.

② A Letter of George Ashmore Fitch to M. B. DePass, June 25, 1943. File 11 - 4, Files of George
Ashmore Fitch, Harvard - Yenching Library, Harvard University, Cambridge, Massachusetts.

③ A Letter of George Ashmore Fitch, September 27, 1943. File 11 - 4, Files of George Ashmore
Fitch, Harvard - Yenching Library, Harvard University, Cambridge, Massachusetts.

④ Grand Lodge Bulletin, June, 1943. File 11 - 11, Files of George Ashmore Fitch, Harvard -
Yenching Library, Harvard University, Cambridge, Massachusetts.

方任命的监察员；对外，坚韧会所虽然是加州方面的分会，但其人事结构
更倾向于菲律宾体系，总有伺机"叛逃"的嫌疑。重庆共济会对内、对外
都是一个矛盾体。解决矛盾的根本办法或许就是彻底倒向其中一方。因为
重庆共济会本应是菲律宾体系下的一员，在华人一言堂之下，其形象才不
会首尾乖互，但事与愿违，它被迫投入了美国的"怀抱"。

结　语

重庆共济会与日本侵略者、菲律宾总会、美国总会、国民政府的多维
关系，是该会所成立始末的关键线索，亦是呈现国际民间社会领域抗战史
的透镜。日本政府对东亚范围内共济会会员的打压政策，导致了中国沿海
沦陷后共济会会员大规模的内迁行动，中国战时首都重庆因此聚集了大量
的共济会会员。国民政府对于共济会的扶持与渗透，王宠惠、王正廷等政
府要员对重庆分会的直接参与，使得共济会能够在重庆落地生根。而菲律
宾总会对华人共济会会所一贯的支持态度，使该总会成为重庆分会草创后
首选的请愿对象。然而，事与愿违，依附于菲律宾体系的努力在菲律宾沦
陷后化为泡影，美国总会又成为重庆方面申请批准的不二选择。但是，华
人共济会与美方的历史纠葛导致重庆分会向加州的请愿两度受挫，尽管在
共同对日的旗帜下重庆分会最终获准，监察员与加州总会却过于强势，导
致重庆分会陷入了表里不一的生存窘状。

回到文首"去污名化"的发问，通过对中外关系网络下重庆共济会成
立前因后果的还原，日本部分研究所言的中外共济会会员联合国民政府密
谋操纵国际局势导致日本战败，是值得商榷的。[①] 首先，需要肯定的是，
在日军对共济会的打压下，中外共济会会员的确被迫联合起来，与国民政
府结成统一战线。日本相关研究根据日军对在华共济会的调查，认识到了
这一层面上的史实，是值得认可的。其次，日军对共济会的反感是缘于其
极端民族主义思想对国际主义秘密结社的排斥。同样，因为民族主义问
题，华人共济会与美国共济会之间也蓄积着深刻的矛盾。共济会的国际主
义联谊与反法西斯同盟间的国际联合都难以与民族主义的冲击相匹敌。中
外共济会并非铁板一块，其合作仅限于捐款救济会员与开展民间外交领

---

① 如文首所提，具有代表性的作品有：犬塚きよ子『フリーメーソンのアジア管理：蒋、
　周国共合の真相』；德本栄一郎『1945 日本占領：フリーメイスン機密文書が明かす対
　日戦略』。

域，谈不上存在密谋攻击日本、策反日本高层等实质性的战略。日本相关研究具有重要的参考价值，但部分观点显然过于夸大史实，落入了阴谋论的罗网。

通过考察重庆共济会成立的曲折过程，以及与相关日本著作的对话，可以发现，共济会作为极具神秘色彩、纪律严明的国际民间会社，其对国际主义的强调，仍难以与各地分会、各会员的民族主义精神相抗衡。在日军的进逼下，即使中外共济会逐步走向联合抗日，也是民族利益使然。中外共济会之间依旧存在根深蒂固的民族隔阂。无独有偶，二战中国际民间组织的国际理念普遍遭遇了一定的打击，红十字会、红卍字会、扶轮社等的国际主义事业皆受到民族主义的影响，陷入了不同程度上的困境。[①] 在二战前后中外共有的近现代历史中，国际民间组织的国际主义诉求是无法抵御民族主义的汹涌浪潮的，国际民间组织所欲实现的全球共同体理想道阻且跻。

---

① 众所周知，国际红十字会致力于全球范围内的战争救护工作。池子华、阎智海指出，全面抗战时期，国际红十字会的对华援助普遍受到各国外交政策、民族诉求的影响（池子华、阎智海：《全面抗战时期国际红十字组织对华人道援助述论》，《史学月刊》2016年第1期）。红卍字会是以促进世界和平为宗旨的国际组织。孙江指出，受民族主义、帝国主义思想的影响，在伪满统治下，红卍字会沦为政治工具，遭到了巨大的打击（孙江：《救赎宗教的困境——伪满统治下的红卍字会》，《学术月刊》2013年第8期）。扶轮社是一个以服务社会、维系世界和平为宗旨的国际联谊组织。二战爆发前后，日本扶轮社受国内极端民族主义思想的影响，在国际上为日本的侵略行为辩护，违背了国际扶轮社的原则，于二战中被迫解散（《谓并无侵略野心？》，《申报》1930年6月28日，第9版；My 80 Years in China, File 21 - 1, Files of George Ashmore Fitch, Harvard - Yenching Library, Harvard University, Cambridge, Massachusetts）。

战时国民党军队的伤兵生产[*]

李　翔[**]

提　要　为缓解财政压力，并借鉴中国古代军屯和西方伤兵生产经验，国民政府动员各种社会力量，组织伤兵从事农业、手工业、工业等生产服务活动。全面抗战时期的伤兵生产改善了一些教养院或临教院伤残官兵的生活条件，对繁荣当地市场、适当平抑物价发挥了一定作用，伤兵的情绪得到了稳定。不过，因各类医院为数很多，对伤兵生产的落实状况也不一致，伤兵生产存在许多不利于持续发展的因素。由于优抚安置组织机构不健全，役政腐败，战时物价不断上涨以及国民政府财政极度困难等，到 1947 年，国民政府优抚安置制度运转失灵，特别是到 1948 年 8 月后，法币崩溃，许多省份无力负担抚恤金，伤兵生产也大受影响。直至在大陆统治结束，国民党政权没有也不可能改革其优抚安置制度，从而根本上解决伤兵生产安置问题。

关键词　全面抗战时期　国民党军队　伤兵生产

全面抗战时期，中国军队的伤兵日益增多。国民政府从伤兵医疗救治、伤兵优待抚恤、伤兵政治工作、伤兵生产等多个层面，进行较为积极的干预，并收到明显效果。目前学术界对战时国民党军队伤兵问题的探究，主要围绕物质层面的优抚安置、精神方面的政治工作、身体上的医疗救护加以推演，[①]较少涉及战时的伤兵生产。

---

　*　本文是国家社科基金项目"全面抗战时期国民政府优抚安置研究"（17BZS020）的阶段性成果。

**　李翔，哈尔滨工业大学（深圳）马克思主义学院教授，湖北师范大学历史文化学院楚天学者。

①　参见李翔《抗战时期国民政府陆军抚恤机构初探》（《抗日战争研究》2008 年第 1 期）、《1927～1949 年国民政府军人抚恤观念之流变》（《军事历史研究》2008 年第 3 期）、《精神的慰藉、调治与管束——论战时国民党军队伤兵政治工作（1937～1945）》（《抗日战争研究》2012 年第 1 期）；姜迎春《由救恤到保障：抗战时期国民政府伤残军人的服务型抚恤探析——以国统区荣军教养院为中心》（《民国档案》2011 年第 1 期），围绕战时伤兵的物质抚恤问题、政治工作问题加以展开，并未涉及伤兵的生产劳作。

抗战时国民党军队中的伤兵加上家属，总数约占国统区总人口的3%。[1]本文从伤兵生产事项入手，目的是多方位地探究全面抗战时期国民党军队伤兵问题的复杂性并解析其缘由。同时以伤兵这一特殊群体为视窗，深入了解国民政府的战时运作。需要说明的是，本文的"伤兵"，专指在与日本侵略者斗争中负伤的国民党军队的军人。

为缓解财政压力，并借鉴中国古代军屯和西方伤兵生产经验，国民政府动员各种社会力量，组织伤兵从事农业、手工业、工业等生产服务活动，发起残而不废运动。伤兵生产中湖南靖县的荣誉军人垦区成为农业生产的典范，荣誉新村的组建甚至能够看到伤管官员建设大同社会的理想。其他非农产业也出现不少样板单位，改善了伤兵生活条件，使不少伤兵成了家，端正了军队风纪，稳定了社会秩序，对繁荣当地市场也起了积极作用，有利于缓解与周边民众的紧张关系。放在历史的长河中，与中国古代的军垦作一对比，结合抗战的严酷形势，伤兵的生产教养工作值得重视。

一 生产问题的缘起

伤兵生产既是财政困窘的必然应对策略，也是利用伤兵尚存的部分劳动能力，减少伤兵滋事，解决伤兵安置的积极举措。在第一次世界大战期间，欧美多国即积极引导伤兵从事生产事宜。政府为伤残将士开办技能培训学校，训练各种生产技巧，例如断腿的人，训练他们成为打字员；受伤过重丧失劳动能力的伤兵，由政府提供优抚安置金，按月给饷，使他们能安居乐业。[2]一战后欧美的伤兵生产成绩为国民政府解决伤兵问题提供了很好的借鉴，许多有识之士纷纷向政府建言献策，呼吁政府发动社会力量，组织伤兵从事各种生产服务活动，发起残而不废运动。

国民政府在全面抗战之前和之初，就已经编制残废军民工厂预算，组织因内战而受伤的军人从事生产。比如，1934 年，国民政府同意军政部在赣湘豫鄂皖陕 6 省设置残废军民工厂。为推进此项工作，军政部编送该项目年度临时概算，原列开办费各 2 万元，基金各 3 万元，共 30 万元。因1934 年度国家补助费类概算早经核定，此项经费又拟请在总概算第二预备费内动支，送经主计处核定。又因该年度第二预备费不敷支付，计划下年

---

① 姜迎春：《由救恤到保障：抗战时期国民政府伤残军人的服务型抚恤探析——以国统区荣军教养院为中心》，《民国档案》2011 年第 1 期。

② 刘良模：《伤兵的善后问题》，杨再思编《抗战中的伤兵问题》，（汉口）全民出版社，1938，第 61 页。

度再议。①军政部设置残废军民工厂的动机及其工作态度，顺应了伤残官兵的要求，具有一定的正面性，为全面抗战时期的伤兵生产积累了一定经验。

全面抗战爆发后，伤残军人数量急剧增多，许多治愈伤残军人流浪在社会上，归队重上战场已不可能，从事生产也无政府协调，伤残军人精神上感觉十分痛苦。政府如给伤兵提供生活保障，不但顾全人道，且足以使前线官兵安心。伤兵医院的许多伤残官兵情绪忧郁，常常挂念日后的生活问题，不免焦心和烦闷。这种情况下，利用伤残军人的幸存肢体，使其从事手工业、农业、工业等生产，可以避免休养院、教养院、临时教养院的伤残军人终日无所事事，减少其在地方滋生事端的机会，且与国家设院收容的本旨相符合。按照伤残轻重等级，分别授以伤残军人相应的生产技能，进行伤兵政治教育，培养民族意识，都是刻不容缓的事情。②

此外，全面抗战爆发后，随着伤亡官兵与遗族人数迅速增加，消极优抚安置，即单纯金钱抚恤的弊端日益明显，"如果只靠国家消极抚恤的恤金，那是既不够'养'，更无论'教'的"。③抚恤委员会的官员钻研西方优抚安置先进经验，比照自身优抚安置制度中的不足，提出一系列积极优抚安置即伤兵生产安置的思路。这不仅促进了国民政府优抚安置观念的更新，而且因提出者特殊的身份，也促进了优抚安置实施方法的转变，使国民政府的优抚安置增添了诸多近代优抚安置的特性。

特别是，随着沿海富庶地区相继沦陷，国民政府财政状况严重恶化，完全依靠国家财力救助伤残官兵越来越不现实。伤残军人不能再服兵役，如何使他们自给自足，减少财政负担，成为国民政府需要考虑的重要问题，而中国历史上的军屯和西方国家的军事生产给国民政府提供了可行借鉴。对于伤残军人而言，他们过去所学的是军事知识，其他的知识和技能基本不懂，所以要在后方参加服务社会的工作，需要灌输社会政治等常识；而要在后方从事生产工作，需要对伤残军人施以农工生产教育及技术训练。伤残军人生产教育问题，由此而生。④在这样的背景下，国民政府军事委员会政治部及其他伤兵管理机构迁移至重庆后，伤兵政治工作逐渐过

---

① 《国民政府训令·第 358 号》（1935 年 5 月 1 日），《国民政府公报》第 93 册第 1731 号，第 2 页。

② 叶溯中等执笔《伤兵问题与难民问题》，独立出版社，1938，第 19 页。

③ 何键：《关于军事抚恤答客问》，《陆军经理杂志》第 3 卷第 1 期，1942 年 1 月，第 112 页。

④ 曾涤非：《残废军人的教育》，《陆军经理杂志》第 4 卷第 3 期，1942 年 9 月，第 30 页。

渡到以生产技术教育及组织伤兵新村、倡导与推行国民精神总动员为主。

因国家财力匮乏，伤残官兵单纯依靠恤金难以养家糊口，而为每个伤残官兵寻找就业机会又有相当的难度。国民政府军事委员会抚恤委员会的官员为改善伤残官兵的生活境况，减少国家负担，主张集中不同情形的伤残军人，传授生产技术，本着"集体生产，合理分配，共同生活，自由发展"的原则，由国家供给或贷给必需的工具与原料，或由国家划拨未开垦或半开垦的土地，组织伤残官兵合作生产，并准予未婚官兵结婚，已婚者可以接眷入住，形成家庭的雏形，以使伤管单位家庭化。这既可积极发展社会生产事业，又能增强抗战建国力量。伤残军人生产的核心是"废人利用"，即利用伤残官兵剩余健全机能，分工合作，变消耗为生产。

蒋介石也支持对健愈伤兵实施生产教育。早在 20 世纪 30 年代初期，蒋即希望军队能学习德国军队，利用平时非军事时间，传授生产技能，以便转业后能适应新的情势。全面抗战时期，军政部部长何应钦提倡："至精神教育与技能训练，尤应并重，使伤愈者重为前线抗战之勇士，伤残者仍为后方生产之健者。人尽其力，各得其所，以达成必胜必成之任务。"[1]何的指示成为伤兵生产教育的重要依据。转变伤兵颓废心理，利用其健存机能，使其养成自力更生精神，参加后方建国工作，如垦殖、工业、荣誉服务等，既符合国民政府安置伤兵的本意，又能减少国家财政负担，增加生产，提高伤兵生活水平。伤兵安置以往完全依靠政府财力负担，要转变这一纯粹消耗的解决模式，使伤兵认识到自力更生的必要性和可行性，既需要转变其既定思维，也要有生产技能培训，这些都要求各种相关机构积极配合。

二　伤兵生产教育管理机构

国民政府军事委员会政治部是推行伤兵生产教育的重要机构。政治部门注意提高伤兵政治意识，并倡导生产技术教育及组织伤兵新村，1939 年上半年已经拟订实施计划。[2]同年 8 月，国民政府各军医院伤残官兵约计 6 万人，已于同年 3 月开始生产实验，成绩甚至比同等能力普通健壮人员为优。政治部划定以 1939 年上半年为实验时期，下半年为推广时期。在实验

---

[1] 何应钦：《荣管人员今后应有之努力》，《陆军经理杂志》第 4 卷第 3 期，1942 年 9 月，第 3 页。

[2] 《军事委员会政治部一厅自成立以来工作总报告》（1939 年 6 月），《政治部工作报告（1938～1944）》，中国第二历史档案馆藏，卷宗号：七七二/340。

期间，就士兵知识程度高低，鼓励其担任管理、文书、生产等各项适宜的工作。军事委员会政治部同时筹办各种短期职业技能训练，分派工作。5月，政治部联合有关各机关团体组织荣誉军人职业协导会，由蒋介石任名誉社长，负责指导伤残军人及为其介绍职业："希望全国行政及生产机关对于荣誉军人优先征用，以期本年6万荣誉军人，人人均有职业，以符领袖废人利用之教训。"①

荣誉军人职业协导会组织就绪后，自1939年5月起，挑选优秀健愈者200人，在重庆、桂林等地进行训练，期限为两个月，毕业后分发介绍到各部门工作。②为谋伤兵训练进一步发展，1939年6月，后勤部政治部成立伤兵教育委员会，聘任社教专家于6月18、19日举行第一次会议，决议组织办法及进行工作，计分基本教育、生产教育、编审三组。政治部成立伤官训练班，训练伤官提高其政治认识，训练后授以适当工作，为国家造才，为伤官谋就业。③政治部为积累经验，传授伤残官兵各种生产技术，探讨解决伤兵问题，特成立实验医院作为试验场地，长沙第一四四后方医院最早承担这一职责。军事委员会政治部迁渝后，为便利指导计，改以江北第十四陆军医院为实验医院。"最近复拟于第五、九残废院及十四陆军医院从事实验工作，以实验研究结果，分别推广，研究实验相辅相行。"④

荣誉军人管理处（以下简称"荣管处"）也是推行伤兵生产教育的重要部门。荣管处在所属教养院（专收一等伤残官兵）和临时教养院（专收二、三等伤残官兵）举办各种生产技术训练班，并策动社会团体协办如制鞋、缝纫、印刷、雕刻、染织、雨具、机械、农业、淘金、炼糖、酒精、土木工程、会计、文书、押运等项，到1942年先后卒业伤残员兵共1006人。因财力、人力、物力、时间等各种关系，尚未能达到预期目的，荣管处决定继续拟具训练计划，普遍推进，以期每人掌握一门生产技能。为求伤残员兵有深造的机会，经商同教育部，拟定伤兵免费就学办法，呈准行政院公布施行，以使伤残员兵可以就学中等以上学校，请求入学并经荣管处核准发给就学证书者为数不少。此外，荣管处委托民营工厂训练伤残员

---

① 《军事委员会政治部1939年2至8月工作报告》（提国民参政会第四次大会），《政治部工作报告（1938～1944）》，中国第二历史档案馆藏，卷宗号：七七二/340。

② 《总务厅工作报告（1938年11月～1939年7月）》，《政治部工作报告（1938～1944）》，中国第二历史档案馆藏，卷宗号：七七二/340。

③ 《军事委员会政治部1939年6月份业务报告》，《政治部工作报告（1938～1944）》，中国第二历史档案馆藏，卷宗号：七七二/340。

④ 《政治部第一厅工作报告》，《政治部工作报告（1938～1944）》，中国第二历史档案馆藏，卷宗号：七七二/340。

兵，或允其前往实习，但因种种限制，这一类型的伤兵为数尚少。[①]

教养院，尤其是临时教养院，是伤兵生产教育的主要执行机构。临教院附设各种生产部门，就伤兵个人志愿及经验分派工作种类。其中有愿服务社会者，尽力代为介绍工作；二、三等伤残官兵仍可以从事垦殖，一等伤残官兵允许回籍休养，照领薪饷。对于肢体无缺只是机能稍有障碍的伤兵，前方军事任务已经不便胜任，若担负后方团队任务，因其受过训练，且经验丰富，最为适宜在保安团队、监护大队、警察、护路、驿运、看护、运输等处工作。1942 年，除军政部所属各队厂院尽量选用此类轻度机能障碍伤兵外，荣管部门还致电各省政府转令所属广为选用，此举既可减轻国家消耗，又可替代壮丁。重度机能障碍伤兵不适宜团队工作，而宜从事农工矿业。1942 年春，军政部与农林部会同拟定，呈请行政院颁布《荣誉军人从垦暂行办法》。许多伤兵遵照指令，分批开往垦区从事农垦。收容二、三等伤残官兵的临教院，每院设有工艺股等相关生产部门，随伤兵志愿而选择习艺。除各院有从事农垦者外，另在湖南拨有两个临教院，开赴垦区。在社会各部门服务者，除在服务机构照常支薪外，还定有服务加给办法，由原院方另发加给金，以示鼓励。[②]

除了政治部门和荣管机构，还有一些官方与半官方的群团组织参与伤兵生产事业。《伤兵生产事业委员会组织概况》开列相关部门有新生活运动促进总会伤兵之友社总社、中国工业合作协会、农产促进委员会（农林部农业推广委员会）、荣誉军人职业协导会、中国红十字总会矫形外科中心等。各部门分工如下：伤兵之友社总社负责经费筹募、贷款、伤兵福利、组办合作社、办埋工厂农场；荣职会承担技能训练、职业介绍、接洽工作等；工合会负责工业技术训练和组织合作社；农进会负责农业技术训练、农场经营；红十字总会管理假肢安装、矫形医疗。[③]荣职会创办后，受训伤兵是由各教养院有志学习职业的伤兵，经过填写志愿和谈话，再依照个人伤残情况选拔而来的。历年依据个人志愿和伤残状况，办有多种职业训练班，毕业学员在荣职会负责时计为七期，人数达 925 人。服务各界或自谋生计的伤兵，多博得社会人士的好评。[④]

---

① 魏益三：《荣誉军人之管理》，《陆军经理杂志》第 4 卷第 3 期，1942 年 9 月，第 10 页。
② 汪广浚：《健愈归编与残障安置》，《陆军经理杂志》第 4 卷第 3 期，1942 年 9 月，第 28～29 页。
③ 《新生活运动促进总会伤兵之友社总社七年来工作简报》（自 1940 年 2 月至 1946 年 12 月 31 日），1947 年 1 月 1 日印，第 17 页。
④ 马溥荫：《伤兵职业训练的回顾》，《残不废月刊》第 1 卷第 6 期，1947 年 6 月，第 7 页。

为促进伤兵生产事业起见，国民政府发起虽残不废运动。1940年10月26日，伤兵生产事业委员会成立，开始组设生产合作社，并贷给资金。1944年3月，增聘农进会、工合会、红十字会矫形外科中心、荣职会等技能人士，先后在城固、宝鸡、靖县、富平、宜宾、重庆等地休养院、临教院屯垦处等办理贷款、训练、组社及指导调查伤兵生活等工作。各地工作均有周密计划，尤为重视经济支配和人事管理，以期收事半功倍之效。1945年6月抗战临近胜利之际，军医署鉴于伤兵之友社总社伤兵服务工作成绩优良，约请社主任秘书出掌军医署荣善司职务，继续策划生产事业。①在各相关机构的积极参与下，伤兵生产教育事业发展比较快捷，农业、工业、手工业、商业等都取得了一定成效，出现了一些成绩非常突出的教养院或临教院，一批荣誉新村也随之出现。

三　农业生产

伤残员兵多数来自田间，都有垦殖经历，容易接受农业生产。荣管部门集中不同情形的伤残军人，传授生产技术等。这既可积极发展社会生产事业，又能增加抗战建国力量。

在政府的倡导资助下，各地教养院和临教院组织各种生产事业。如第九临时教养院于1939年9月由宜昌迁来长寿，临教院的任务是收容二、三等伤残军人，并对他们进行品德教养、职业培训、职业安置，使之自食其力。院教育股负责荣誉军人职业培训、品德教育以及安置就业事务。工艺股负责技术培训，如教编背篼、筲箕、竹席等。

中央荣管处先后于江西兴国、湖南靖县、福建邵武、广西中渡等处，或由各临时教养院直接举办，或会同地方垦务机关，办理伤兵垦殖。走在前列的是江西第六临时教养院，1939年，第六临教院伤兵200多人在泰和沙村开辟第一农业新村，由军政部补助部分经费，作为新村建设费用。此后陆续举办的有第十临教院邵武垦区，从垦者300多人；第十二临教院中渡农业合作社，从垦者2000多人。规模最大的要算第十一、第十五两个临教院的靖县垦区，从垦者共5700多人。到1942年，从事垦殖员兵共计8976名，所垦荒地已据列报者共达29379亩。②荣管处计划日后从垦员兵计

---

① 《新生活运动促进总会伤兵之友社总社七年来工作简报》，第15页。
② 李德炳：《荣誉军人的福利》，《荣誉军人月刊》第1卷第2期，1942年12月，第7页。

口授田，以便得到永久安置。①

国民政府采纳抚恤委员会的建议，倡导各地伤兵教养院组织各种生产事业。1938 年 6 月成立的第四临时教养院，地处四川镇远。1940 年，该院响应国民政府的号召，利用伤残军人的健存官能，变消耗为生产。在垦殖方面，该院与镇远县政府洽商，划拨白云山麓等 50 余亩荒山，作为本院造林区域，实行造林，定名荣誉林场。计已栽种桐树 5000 株，杉树 13000 株，杨树 2000 株，树木茂盛。此外，又有伤兵自垦荒田 200 余亩，社员56 人，播种麦、棉、菜蔬等类，过去数年中，颇有收获。②

最有代表性的荣垦生产是湖南靖县的荣誉军人垦区，垦殖人员是军政部设在湖南郴州和芷江的临时伤残军人教养院的二、三等伤残官兵。当时因战事不断，伤号日趋增多，为减轻财政负担，政府规定轻度伤残官兵愈后遣散，自谋生活出路。第九战区伤兵管理处处长赵凌霄倡议创办伤兵屯垦区，集中伤兵垦荒生产，目标是自给自足。赵的倡议得到军政部核准，他集中芷江第十一临教院和郴州第十五临教院的轻伤官兵来靖县筹建伤残官兵屯垦区。1941 年初，两所临教院伤残官兵正式迁来靖县。1942 年，垦区筹备处更名为湖南荣誉军人生产事务处，伤残官兵及家眷共 5000 余人。生产事务处下设行政管理机构和生产管理机构两大部门，行政管理机构为：总务课、村政课、技术课、秘书室、视察室、副官室、特务连、驻新厂垦区办事处等。③生产管理机构为：生产合作联社、第一屯垦总队、第二屯垦总队 3 个单位。生产合作联社分财务、会计、审核、保管、出纳、采购等业务组。屯垦总队工作是屯垦生产，下设屯垦中队，中队下设分队，每分队由近 40 名伤兵组成。两个总队共有 16 个中队，80 个分队，官兵3000 余人，家眷 1000 余人。伤兵初来靖县时，一无工厂、二无土地、三无资金，生产事务处积极向社会各界募捐。各界人士捐助不少资金，地方富户也捐献出一批田地。处长赵凌霄与美国教会一个牧师相识，通过牧师关系，美国教会为伤兵捐助不少药品。赵还写信给陈嘉庚，请求其为伤兵垦区捐助，陈发动华侨捐资，募捐 100 万法币给屯垦区。此外，生产事务

---

① 魏益三：《荣誉军人之管理》，《陆军经理杂志》第 4 卷第 3 期，1942 年 9 月，第 10 ~14 页。

② 任鸿刚：《第四临时教养院工作摘要》，《陆军经理杂志·荣誉军人管理专号》第 4 卷第 3 期，1942 年 9 月，第 82 页。

③ 总务课掌理全处财经事务，村政课负责与地方政府的联系和伤兵教育工作，技术课主管技术咨询，秘书室承办文书档案，视察室统领各项工作视察，副官室管理士兵接待工作，特务连承担人员财产安全保卫事宜。

处还向中国农民银行靖县分理处贷款 100 万法币。生产事务处用捐资贷款买木材、建住房、买机器、办工厂、买田地、办垦区，开展生产活动。屯垦总队收入全部归己所得，伤兵生活来源较有保障，大多数安居乐业。总队伤兵还在各个乡村垦荒种田、兴修水利，在靖城附近和新厂一带荒坡上大面积种植油桐树。

　　在伤残军人垦殖过程中，逐渐产生许多问题。因国人乡土观念及伦理观念甚深，伤愈成残的荣誉军人思乡念亲之心尤切，心里不免有暂住之感，复因生活习惯隔膜，求偶艰难，劳作之余，无家室以自慰，自难安心乐业。[1]针对伤兵这一心理变化，抚恤委员会、中央伤兵管理处（1940 年后更名为荣誉军人管理处）等机构，建议设立残废新村或荣誉新村，由国家划拨未开垦或半开垦的土地，并提供或贷与必需的工具与原料，尽力为荣誉军人建立家庭，未婚者准予结婚，已婚者接眷入住，以使新村家庭化。[2]这一方案在湘西荣誉垦区得到较好贯彻。赵凌霄认识到婚姻问题对伤兵垦殖以及荣誉新村建设的重要性，规定凡已经订婚的即向处部登记，一律参加集团结婚；未订婚的可请亲友、地方人士为其介绍，迎来荣誉垦区结婚；凡属荣誉军人都有相互介绍配偶的义务；已经结婚的接来垦区居住，相互安慰。经过众人的齐心努力，湘西垦区相继举行三次集团结婚。其中 1942 年 4 月，一次就有新夫妇 14 对，三次合共有数十对举办集体婚礼。经过近两年时间，一般荣誉军人都能埋头苦干努力生产。[3]靖县荣垦取得的成绩，得到军政部部长何应钦的肯定："在农业方面，单只湘西荣誉军人垦区，现在就耕种着将近六万亩荒地，出产也十分丰富。"[4]

　　到 1943 年，国家财力更形拮据，更多的临教院和教养院在地方政府的支持下，动员伤残官兵开展残废福利事业，积极生产。如第十临时教养院伤残官兵 3000 名及家属 3000 多人，移驻到连城之后，由当地政府协助解决兵营住房问题，在院长领导下，由当地政府支持，开展教养活动。院方首先做好宣传工作，其次阐明教养意义，提出兴办残废福利事业事关伤残人员切身利益。全体官兵积极响应，以中队为单位，实行分片包干，保证

①　全国慰劳总会编印《后方各界如何尊敬与优待抗战将士及其家属》，第 54 页，南京图书馆古籍部藏，档案号：E225 - 5。

②　程树阴：《残废官兵的救济问题》，《陆军经理杂志》第 3 卷第 5 期，1942 年 5 月，第 58 页。

③　薛民任：《湘西荣誉垦区近貌》（续），《荣誉军人月刊》第 1 卷第 2 期，1942 年 12 月，第 41 ~ 42 页。

④　何应钦：《荣誉军人在抗战建国中的责任》，《荣誉军人月刊》第 1 卷第 1 期，1942 年 11 月，第 10 ~ 11 页。

种好、养好、管好。开荒地点在林坊、乱石、田心等地，根据土壤性质，分别选择小麦、稻谷、地瓜种植，坚持按劳分配，多劳多得，提高伤残官兵的积极性和创造性。①

屯垦对于许多伤兵来说就是轻车熟路，因为大部分伤兵来自田间，加之"内地各省县之公荒私荒亦在在皆是，可供荣誉军人之大量及普遍垦殖，故农垦应为安置荣誉军人之主要业务"。②方法是由屯垦队提供农具、薪饷、住地等，组织伤兵生产。由于投资不大，伤兵易进入角色，故规模日渐扩大。到抗战结束时，全国有9314名伤兵从事垦殖，垦地已达28000余亩。③国民政府感到应将"无恒产与无家室而有耕作能力者编为屯垦队与垦殖队……授予相当面积之荒地，并引导其开垦，以收人得其所、地尽其利之效"。④政府设想通过"授田"，使伤残官兵"薄有私产""有恒产，有恒心"而萌生希望感，政府再授予耕地农具，使伤残官兵能够眷养家室，"荣军精神和物质两方面都可以满足"，⑤从而达到"金蝉脱壳""化军为民"的最终目的。⑥

从上述实践中可以发现，伤管官员结合我国农业社会特征，普遍意识到土地是伤兵最好的保障源泉，并设计由国家划拨未开垦或半开垦的土地给伤残官兵。这一举措已经涉及土地的所有权问题，但在国民政府的政治体制内，大规模解决伤残官兵土地所有权或使用权的愿望难以落实，这与抗日根据地形成了鲜明对比，⑦不能不说与国民政府对土地问题的政治取向密不可分，也使伤兵生产在转换为实践及大规模推广的过程中困难重重。

四　非农产业生产

伤残员兵未入伍以前，原有工业技能者不在少数，而对于从事工业极有兴趣者也不乏其人。随着沿海富庶地区的沦陷，各种日常生活用品倍感

① 吴鸿猷：《第十临时教养院的见闻》，政协福建省连城县委员会文史资料委员会编《连城文史资料》第13辑，1990，第155～160页。
② 陆军：《军政部拟安置伤残军人办法史料一组》，《民国档案》2009年第4期，第46页。
③ 许高阳：《国防年鉴》，中美图书公司，1969，第268页。
④ 《民国档案》史料组：《抗战后期筹备军士计口授田史料一组》，《民国档案》2003年第3期，第26页。
⑤ 乔启明：《荣军与私有小农》，《残不废月刊》第1卷第1期，1947年1月，第1～2页。
⑥ 黄渭川、朱有光：《靖县荣军生产工作一瞥》，《国立师范学院旬刊》第88～89期合刊，1943年4月，第5页。
⑦ 参见李翔《陕甘宁及华北抗日根据地代耕问题初探》，《抗日战争研究》2005年第2期。

缺乏，第六临教院院长看到生产与消费的矛盾，率先发动本院伤残官兵从事工业生产。第六临教院于 1938 年在江西兴国成立，收容因抗战负伤成残的军人 3000 余名。伤断左臂的院长陈挹寰，认为采取消极办法教养伤兵，不仅坐食国家粮饷，而且不能解决终身生活问题。为利用伤兵幸存机能，谋求伤兵生活自给自足，减轻国家负担，陈挹寰倡导积极教养，举办伤兵农工生产事业。针对国内日用物品异常缺乏的情况，第六临教院特别订定以工业生产为主，农业生产为辅。经过七年实践，成立工业生产合作社 20 余处，并创设 2 处荣誉新村。①

国民政府采纳抚恤委员会的建议，倡导各地伤兵教养院组织各种生产事业。一些临教院的工业产品除满足内部消费外，还对外销售，如纸张、粗布、桐油等就远销周边省份。1938 年 6 月成立的第四临时教养院，地处四川镇远。1940 年，该院响应国民政府的号召，利用伤残军人的健存官能，变消耗为生产。在手工业方面，该院组织一所染织生产合作社，工作社员 30 人，制造线袜毛巾等项，每月出品计线袜 120 打、毛巾 60 打不等。此外，另有 10 所卷烟生产合作社，共计社员 114 人，每月出品：计纸烟 20 万支，土制雪茄烟共 75 万支有奇。产品质地优良，价格低廉，颇为一般人士所赞美，销路极广。②截至 1942 年，临教院以合作方式，组织各种工业生产合作社，如制造、纺织及日用化学物品等计 71 处，社员计 5035 名，均由各院独立经营，营业状况良好。荣管处认为循此途径，将来不难使伤残员兵实现自给自足，只因技术资金不够，有待于今后推进改善。③如第六临时教养院以合作方式，从事工业生产，从 1939 年到 1942 年已达 86 社，社员共 5712 人，但技术人才缺乏，资金困难。④

靖县生产事务处除了垦殖取得突出成绩，在工业、手工业领域也有不俗的表现。生产合作联社有 5 个小厂和 1 个服务手工业组，容纳伤残官兵 500 余人。5 个小厂即电厂、机械厂、纺织厂、造纸厂、印刷厂。电厂供给生产事务处机关和城内居民照明用电；机械厂生产农具、翻砂和加工机器配件；纺织厂纺织粗布；造纸厂生产纸张；印刷厂接洽内外印刷业务。

---

① 钟拔文：《第六临教院生产事业概况》，《残不废月刊》第 1 卷第 9 期，1947 年 9 月，第 1 页。
② 任鸿刚：《第四临时教养院工作摘要》，《陆军经理杂志·荣誉军人管理专号》第 4 卷第 3 期，1942 年 9 月，第 81 页。
③ 魏益三：《荣誉军人之管理》，《陆军经理杂志》第 4 卷第 3 期，1942 年 9 月，第 10～14 页。
④ 李德炳：《荣誉军人的福利》，《荣誉军人月刊》第 1 卷第 2 期，1942 年 12 月，第 8 页。

服务手工业组为官兵加工食品，供应百货，运输物资，为屯垦队伤兵加工生产工具，修建住房。生产合作联社和服务手工业组的收入，除上缴部分利润外，其余由生产者按劳分配。一般机关工作人员的工资，从工厂上缴的利润中支出。生产合作联社在城东门外修建 5 间洗澡堂，在城内办起消费合作社、小吃部、茶馆，在河街兴建碾米厂，还在濂溪宫内办了一个无声电影院，后改为京剧院。1942 年春节前后，剧院演出《打渔杀家》《群英会》等剧目，丰富了县城人民的文化生活。[①]

荣誉员兵身体虽有残疾，但服务社会志愿并不减于常人，荣管处拟具《荣誉军人服务计划纲要》，呈准行政院、军委会公布施行，嗣后拟订《荣誉军人服务加给办法及实施须知》，以资鼓励，同时策动社会人士组织荣誉军人职业协导会，调训伤残，介绍职业，以补政府力量所不及。到 1942 年，经荣职会介绍社会各部门服务者，据报共计 1232 名，短期在外服务者尚不在内，服务成绩均尚良好。[②]

除教养院与临教院外，其他伤兵医院也动员伤兵从事生产，缓解艰难的生活状况。1942 年 7 月，湖南泸溪军政部第四十七陆军医院，院方与政训室担心伤兵生活艰难，影响政教工作，为补救全院困苦生活，防止工作精神松懈，院方与政训室遵照中央合作社法，针对官兵需要，发动创立消费合作社。院方召开大会，讨论与营业有关问题，通过章程草案、业务计划，选举监理事各种事宜均已完备。11 月，在泸溪县城内西街，设立营业部开始营业。第四十七陆军医院为使合作事业有章可循，特颁布《有限责任军政部第四十七陆军医院官兵消费合作社章程》，指明合作社宗旨在促进团体生活，完成消费合作，以期平抑市面物价。院方还出台《有限责任军政部第四十七陆军医院官兵消费合作社业务计划》，抨击社会囤积居奇高抬物价等投机行为，指出尤以军人生活最为困苦，最低生活每难维持。医院合作事业分三个时期，第一是试验营业，第二为正式营业，第三为扩张营业。院合作事业所产物品，价格不能低廉，则难平抑市价获得信誉；而院合作事业供应不能统制，就难减轻社员由消费所负累赘；生产合作不能扩张，不足以供应社员生活必需品。第一时期，院方与各大规模合作社联络，互助合作行动一致，以收平抑物价之效。第二时期正式营业，广征社员，在总院分院驻地分设支店，使供应便利。第三时期推广营业，利用

①　屠昌寿、陈家禄：《抗日荣军在靖县》，政协靖县委员会文史资料研究委员会编《靖州文史资料》第 2 辑，1985，第 56～58 页。

②　魏益三：《荣誉军人之管理》，《陆军经理杂志》第 4 卷第 3 期，1942 年 9 月，第 10～14 页。

原有股本与盈余公积金余额，进而扩充生产合作；运用驻地环境开辟菜圃，饲养鸡鸭猪羊，租购青山，劈柴烧炭以图自给。第四十七陆军医院社员共 168 名，开会解决生产中出现的问题。如针对物价日益高涨，原有股本不敷周转的现状，第二次社员大会公决并一致通过：拟照原有股金，增加一倍。自常桃会战后，院伤患激增近千人，公益金为数甚少，补助负伤营养及春节劳军都感不足。为此，1944 年 3 月 15 日，院召开第三次大会，决议动用 1943 年公积金，将年度营业盈余项下所提公积金 2377 余元，悉数拨充重伤患营养所用。①

抗战期间各教养院通过国家拨款和银行贷款筹措资金，购买机器和工具，建设厂房。由工艺股负责，因地制宜，组织生产，解决当时日用品缺乏、救济困难的问题。生产卷烟、藤席、纱布、皮革、皮鞋、肥皂、雨伞、木器、纸张等日用品。在抗战结束时全国参加工艺制造的荣军有 5604 人，合作社有 73 所。②

五 发挥的作用

国民政府的伤兵政策由单纯的恤金抚恤向生产安置转变，注重精神宣慰和生存保障相结合，特别是各类教养院的设立顺应了国家、社会、个人的需要。

伤兵因生产而聚集居住，伤兵休养村既利于伤兵的管理，又能使伤兵和当地百姓加强互动。伤兵散居不易管理，城居则易滋事，江西荣管处提议省动员委员会，决定建筑伤兵休养村，专为驻扎医院用，经费由省政府与军政部分担。定于吉安、吉水、万安三县先行试办，其房屋大小、容量多寡，均有精确设计。规定每村以容纳 6000 人为原则，每村分 12 所，每所各容纳 500 人，纵横距离约 5 千米，3 村共计可容纳 18000 人。1939 年 2 月，3 个休养村先后建成，时值中央政府颁发伤兵分区管教计划草案，决定选择若干安全地点划为伤兵集中居住区，以期便于管教与办理拨编归队。其工程设计等项，恰与江西省休养村计划相符，于是调驻医院开始收容集中。办理以来，管训均比较便捷，江西省收容伤兵逾万人，而很少发

---

① 《军政部军医署第四十七、五十四陆军医院官兵消费合作社创立会议录》，中国第二历史档案馆藏，卷宗号：七七二/1837。

② 许高阳：《国防年鉴》，第 268 页。

生伤兵滋事，这与休养村建设大有关系。①位于湖南桃源的第六军人教养院，共有伤残军人1505人。其中，从二等兵到上尉有69人，分散在常德、芷江、桃源、吴县等处经营商业。②该院共收纳眷属1102人。③眷属的到来，虽增加了教养院的财务负担，但对伤残官兵的恤护和管理比较有利。大部分伤残官兵爱好名誉，触纪犯法者仅为少数。仍以第六军人教养院为例，该院犯纪者6月有13人，7月只有9人。④

伤兵从事生产，既可以改善生活条件，又能够缓解与周边民众的紧张关系，在一定程度上稳定了社会秩序。1942年，国民政府尽管发放眷粮代金，但因法币贬值物价飞涨，宝鸡第三临教院伤员因身体残损，体质羸弱，生活极为困苦，为生计所迫，致使一些伤兵风纪败坏，给群众造成一定危害。后来医院创导生产自救，大搞副业生产，增资添收，使伤员生活有所改善。住院伤员张赞臣由全体伤员推选，呈上级批准后担任院长。他结合社会需要，在全院发起集资，创办各种合作社厂，开展生产自救活动。由于经营有方，大大改善了伤兵生活，使不少伤兵成了家，端正了军风军纪，稳定了社会秩序。所办的社厂，很受群众欢迎，它网点多，分布广，货真价实，买卖公道，便利群众，对繁荣原本不景气的市场和促进宝鸡市的工商业发展起了积极作用。同时，也使伤残官兵得到实惠，提高了生活水准，稳定了情绪，安抚了抗日负伤将士的心灵。⑤据许高阳统计，从1937年到1946年，"教养院共收容了311723人，已办理归编人数为195306人，假革逃亡者43192人，到1946年11月底，尚留院队荣军73225人"⑥。把假革逃亡者和1946年产生的人数除开，教养院在整个抗战期间接纳25万左右伤残军人，如果按每个伤残军人3个家属计算，涉及人群约100万人。这100万荣军和家属身有所寄，心有所系，与之伴生的就业、犯罪等问题也就迎刃而解了。且他们在教养院从事生产劳动，一方面

---

①　谢溥福：《江西荣誉军人管理处五年来工作检讨》，《陆军经理杂志》第4卷第3期，1942年9月，第75页。

②　《营业人员统计表》，《军政部荣誉军人第六教养院概况》，1946年8月印于湘桃，南京图书馆古籍部藏，档案号：E261-5。

③　《眷属调查统计表》，《军政部荣誉军人第六教养院概况》，1946年8月印于湘桃，南京图书馆古籍部藏，档案号：E261-5。

④　《军政部荣誉军人第六教养院概况》，1946年8月印于湘桃，南京图书馆古籍部藏，档案号：E261-5。

⑤　武世勋：《抗日战争时期的宝鸡第三临时教养院》，政协陕西省宝鸡市委员会文史资料研究委员会编《宝鸡文史资料》第5辑，1987，第80~84页。

⑥　许高阳：《国防年鉴》，第268页。

为国家节约开支，创造财富，解决个人生存问题；另一方面让无数抗战的将士免除后顾之忧，鼓舞他们的抗战热情。这是简单的恤金抚恤难以做到的。

抗战胜利前夕，重庆卫戍总司令部和荣誉军人生产事业委员会相互配合，解决伤兵服务安置问题。1945 年 1 月 27 日，重庆卫戍总司令部训令，批准荣誉军人生产事业委员会检送的《荣誉军人生产辅导委员会简章》。简章规定委员 7 人，由卫戍总司令部与荣誉军人生产事业委员会双方推选，每月开 1 次会议，双方联合拟定《陪都荣誉军人生产辅导处计划大纲》，作为指导伤兵参加生产事业的准绳。①

正是在各方的努力与积极配合下，抗战时期的伤兵生产改善了一些教养院或临教院伤残官兵的生活条件，对繁荣当地市场、适当平抑物价发挥了一定作用，伤兵的情绪得到了稳定，与民众关系比较和谐。不过，因各类医院为数很多，对伤兵生产的落实状况也不一致，加之国民政府的政治取向，伤兵生产存在许多不利于持续发展的因素。

六　存在的问题

国民政府在土地制度方面的政治取向，决定军人优抚安置难以获得大面积的、标本兼治的长久成果。国民政府尽管采纳抚恤委员会的建议，在伤残官兵垦殖方面有所收获，但鉴于土地所有制的局限，大规模解决伤残官兵的土地问题一直未能提上日程。而且越临近抗战胜利，伤亡军人及其家属的生存状况越堪忧，民意越发认识到军人对抗战的巨大贡献："饮水思源，战士们的功劳至大无比，他们应该获得最高的崇敬，更应该获得最大的报称。"②社会舆论对军人优抚安置的呼吁日益强烈。为此，1943 年 1 月 30 日，地政署奉蒋介石手令，拟定《复员军士授田计划纲要草案》，规定每一位地主占有农地之最高限额，发行土地债券，强制征购地主逾额土地，以之授予具有耕作能力的退伍官兵与阵亡及伤残官兵家属。③

抗战胜利前，国民政府为平息民怨、安抚抗战将士、优抚伤亡军人、收揽民意，1945 年 6 月 12 日，国民党六全大会重申战后为伤亡将士及其家属实行授田的决议。为抗战伤亡军人及其家属授田方案，并社会安全与

---

① 《荣誉军人生产委员会组织》，中国第二历史档案馆藏，卷宗号：八〇一/205。
② 《论战士授田》，《大公报》（重庆），1945 年 5 月 27 日，社论。
③ 《复员军士授田计划纲要草案》，《民国档案》史料组：《抗战后期筹备军士计口授田史料一组》，《民国档案》2003 年第 3 期，第 19～20 页。

土地政策为一体，认真推进，可以避免战后土地集中于地主之手，实现平均地权的民生目标。类似于湖南靖县的荣誉新村，既是国民政府伤残军人优抚安置的样板，也为遗族优抚安置提供了重要参照。它除了具有社会保障意义，更在一定程度上展现了国民党对农村改造的远景规划，具有较强的政治试验的价值，值得加以认真审视。国民党方面认为，荣誉新村恪遵孙中山的民有、民治、民享的遗教，体现了蒋介石自觉、自动、自治的训示精神，既能积极解决伤兵生活困难，减少国家负担，免除伤兵与普通民众之间的纠纷，又能积极发展社会生产事业，增加抗战建国力量，通过对荣誉军人施以适当精神教育与技能训练，最终能够实现"集体生产，合理分配，共同生活，自由发展"的理想社会，以使孙中山理想中的大同社会早日到来。[①]可惜，抗战胜利不久，国民政府违背民意重起内战，六全大会决议完全沦为一纸空文。

授田决议固然能够体现政府对伤残军人的照顾，但如果不根据伤兵身体条件而全部加以推广，也会遭到部分伤兵的反对。1945 年国民党六全大会之后，第十四临教院全体伤残官兵向全国各教养院、各临时教养院、各陆军后方兵站医院、伤兵互助社、伤残同人发布《快邮代电》，响应重庆伤兵将校班电及第十六临教院伤残官兵电，反对荣誉军人善后司对伤兵问题的划一处理办法，要求考虑"以伤兵非尽出身农工，其程度不等，体质各殊，尤其伤残肢体对于农工，力难胜任……应视其学识程度及年龄高低能力所长……收复区甚广，更需大批基层工作人员，以伤兵现有数目，分任尚恐不敷"。[②]代电表明，伤兵中的中高级军官以及肢体伤残较重者，普遍反对农业安置政策，希望政府转从非农产业寻求解决之道。

鉴于战时的政治社会经济条件，这种以伤兵生产来保障优抚安置顺利实施的局限性也是显而易见的。经费严重不足，影响伤兵生产的效果。虽然教养院能够替国家节约大笔开支，并且创造一定财富，但由于国贫民弱，经济上的困窘使很多措施形同虚设，如政府所定副食标准，"按上列副食费营养费数字，与各地物价比较，以之维持最低之菜蔬尚且不够，何

---

① 全国慰劳总会编印《后方各界如何尊敬与优待抗战将士及其家属》，第 26 页，南京图书馆古籍部藏，藏号：E225 - 5。

② 《后勤部第十四后方医院全体荣誉军人因伤兵善后问题，通电呼吁社会舆论援助》，中国第二历史档案馆藏，卷宗号：七七二/988。

能谈及其他"。①教养院能节约开支，但前期的一次性投入仍然让国民政府感到难以支撑，这使教养院发展大受限制。长沙会战时，薛岳向陈嘉庚求援："抗战以来，伤兵残废者……全国计五万余人，在湖南有三万余人，数月前经觅定广西相当旷地安置，并可垦殖生产。然须经费二百万元。曾请准中央补助，迄今多月尚未接到，拟请南侨捐助一百万元，就有办法。"②伤兵从事工业生产，由于资金不足，也只能勉强支撑，不能扩大生产，如"西北毛产甲于天下，天水第十三临教院毛织业，已略具规模，仍以资金限制，不易发展"。③而从事屯垦的荣军薪饷第一年还能全给，第二年粮给 1/3、饷给 1/2，第三年粮给 1/3、饷给 1/2，前三年服装还照发，第四年粮、饷、服装全停发，这些都影响伤兵参加屯垦的积极性。④

因经济发展水准偏低，非农产业为伤残军人和遗族提供的就业机会并不多见。面对消极优抚安置的各种弊端，抚恤委员会的官员决定从社会性、积极性、自动性入手，提倡积极优抚安置，为有劳动能力的受恤人员提供充分就业的机会。1939 年秋，荣誉军人职业协导会筹备会成立，发起残废军人职业运动。1940 年，荣誉军人职业协导会职业训练所手工艺班雨伞组成立了第一个伤残军人生产合作社。稍后，江西兴国、陕西宝鸡、福建浦城、广西中渡等地都有数百伤兵参加生产合作社。到 1947 年，荣誉军人职业协导会共举办各种训练班 49 班，受训结业者 1000 多人，经该会介绍获得职业的伤兵共有 2000 多人。⑤从这组数据可以看出，由于我国是落后的农业国，非农产业提供的就业岗位与机会都非常有限，远不能像欧美发达国家那样大量吸纳伤残军人或遗族。

受恤人数有限。全面抗战期间究竟有多少伤兵需要生产安置？又有多少伤兵实际接受了生产安置？有两组在 1943 年统计的国民党军队负伤人数可以显示伤兵生产安置的真实状况。军政部统计从 1937 年 7 月至 1941 年 12 月负伤官兵共达 1379769 人，而抚恤委员会的统计却只有 557764 名，⑥

---

① 李斌：《五年来之荣管经理业务检讨》，《陆军经理杂志》第 4 卷第 3 期，1942 年 9 月，第 57 页。

② 《陈嘉庚回忆录》，山西古籍出版社，1996，第 280 页。

③ 许高阳：《国防年鉴》，第 269 页。

④ 行政院秘书处编印《农林、军政部调用荣誉军人从垦暂行办法》，《行政院公报》1942 年 5 月 11 日，第 8718 号。

⑤ 郁瘦梅：《荣誉军人职业协导会之过去及将来》，《残不废月刊》第 1 卷第 5 期，1947 年 5 月，第 1~2 页。

⑥ 韩放桐编著《中国对日战事损失之估计（1937~1943）》，台北：文海出版社，1974，第 15 页。

人数相差 1 倍多。逐期比较，同期人数之比达到 3∶1（除 1939 年、1940
年外），最高 1937 年达 13∶1。这个比例也是实际负伤人数与接受优抚安
置人数的比例，因为抚恤委员会提供的数据是根据实际受恤人数统计的。
这表明，整个优抚安置系统不能适应战争状况，导致约 2/3 的伤兵游离于
保障体系之外，生死未知。韩放桐通过抽样分析认为抗战中重伤人数应占
负伤人数的 1/4，[①]全面抗战时期国民党军队伤残总数为 1769299 人，按 1/4
的比例计算，有 442325 人重伤，而从 1937 年到 1946 年 11 月，即使包含
1946 年的人数，教养院也只收容了 311723 人，[②] 说明至少有 13 万重伤军
人流入社会，生死不明。如把家属也计算在内，大致有 52 万人应当享受优
抚安置，实际却没有享受。

结　语

全面抗战期间国民政府的伤兵生产，是因为战时经济贫弱，社会保障
事业不发达，不得不依靠国家力量来组织、安置。国民政府对伤残军人及
其家属施以就业等方面的服务，注重精神宣慰，维护人格尊严，客观上稳
定了社会秩序，保障了伤残军人的生存权和一定的发展权，为抗战的胜利
做出了有益的贡献。这种特殊条件下的保障经验和教训值得总结和探讨。

由于优抚安置组织机构不健全，役政腐败，战时物价不断上涨以及国
民政府财政极度困难等，到 1947 年，国民政府优抚安置制度运转失灵，特
别是到 1948 年 8 月后，法币崩溃，许多省份无力负担抚恤金，使战时抚恤
条例成为一纸空义，伤兵生产也大受影响。空军卜尉夏功权在《军事杂
志》上发文谈到，广东宝安有一位老太太，她唯一的爱子在抗战期间不幸
牺牲，老人家只能依靠九亩熟地的佃租维持生活。1946 年夏，她接到部队
通知，让她去广州领年恤金，于是她卖了两亩地，搭船到省城，好不容易
找到领年恤金的地方，办好手续，只领到一张米票。于是她将米票卖给米
店换成现款，而换来的钱结清旅馆费用，剩下的钱就只够买一张回家的
船票。[③]

在通货膨胀高企，伤兵生产同样难以为继的背景下，怎样才能解决伤
残军人的生存危机呢？夏功权建议以军人保险代替发放抚恤金，"只有采

---

① 韩放桐编著《中国对日战事损失之估计（1937~1943）》，第 19 页。
② 许高阳：《国防年鉴》，第 268 页。
③ 夏功权：《目前经济状况下，如何举办军人保险，以代替抚恤论》，《军事杂志》（南京）
　第 208 期，1948 年，第 75~76 页。

用军人人寿储蓄保险制，才能根本解决抚恤和退役的问题"。至于保险额，至少要足够维护一个家庭三五年的清苦生活，或者能购买一点最简薄的恒产，使得军人因公死亡时，家属有一定的保障，自己年老退役时，也有可观的储蓄。但保险手续要简便，保额要与物价同步增加。这就要求政府决定政策后，"指定一个中央组织健全，分支机构普遍各地的机关，来兼理这种业务，才能达到我们的目的"。他认为，一旦军人储蓄保险办法得以实行，不仅能弥补过去优抚安置制度中政府力所不能及的缺憾，而且可以凭借健全的组织和缜密的工作办法使之发挥作用。夏功权呼吁："只要政府果真有推动革新的决心，上述制度绝对行得通，所谓种种问题都可不成问题，深望政府勿负万千袍泽的渴望，而毅然决然地举办'军人人寿储蓄保险'。"①夏功权的主张颇具新意，符合时代发展的新潮流。但此时国民政府主要精力已经放在内战上，直至其在大陆统治结束，国民党政权没有也不可能改革其优抚安置制度，从而根本上解决伤兵生产安置问题。

---

① 夏功权：《目前经济状况下，如何举办军人保险，以代替抚恤论》，《军事杂志》（南京）第 208 期，1948 年，第 76~79 页。

战时日本对华海上封锁
及其国际法检视（1937～1941）[*]

王雪慧　殷昭鲁^{**}

提　要　全面抗战爆发后，日本大举侵犯中国，并公然宣布封锁中国海岸线及其港口，旨在彻底切断海外援华的战略物资输入以削弱中国的抗战能力。此时国民政府一方面谋求沿海工业内迁以寻求自给，另一方面通过外交折冲以图开辟新的援华路线以因应日军封锁。多方利益掣肘之下，国际利益相关者对日本封锁中国海岸的态度随形势发展而不断改变，但同情、支持中国的总体趋向日渐明显。从国际法视角衡量，可以看出海上封锁的权利是有一定限度的，且平时封锁与战时封锁也有着严格区分。中日双方在并未宣战之时，日本封锁中国海岸的行为就其性质应为平时封锁，但实际上日本却以平时封锁之名行战时封锁之实，并在多方面蔑视、践踏国际法原则，甚至违反了人道主义精神。

关键词　抗战　海上封锁　平时封锁　国际法

海上封锁（Maritime Blockade）是在近代中立制度确立后逐渐形成的国际制度，是一国凭借自身海军力量切断敌国海面、港湾全部或部分海上交通的国际行为。海上封锁就其目的可分为战略封锁与商业封锁。若因海上作战所采取的全面封锁就称为战略封锁；而旨在切断对方港口关于本国的经贸往来则为商业封锁。就封锁方式可分为向外封锁与向内封锁。顾名思义，向外封锁是禁止出口；向内封锁为禁止进口。而就封锁状态以及国

---

  *　本文为国家社科基金一般项目"中国共产党维护国家海洋权益的历程与经验研究"（21BDJ107）的阶段性成果。

**　王雪慧，国防科技大学军政基础教育学院博士研究生；殷昭鲁，鲁东大学马克思主义学院教授，山东省委中特中心特约研究员。

际法原则可分为平时封锁与战时封锁。平时封锁指"虽为战争性质的行为，但仍保持平和的关系，属于处决国际争端的一种强制手段，……在平时封锁之下，中立国船舶，有完全通过的自由（一八八七年国际法学会之决议）"，封锁国不得横加干涉；战时封锁则为"宣战后纯粹一种战争行为，……是阻碍敌国海岸全部或一部与海外交通之路，以防止一切国家船舶之出入"。[①]

全面抗战爆发后，为阻止海外援华物资进入，削弱中国抗战力量，日本依恃其优势海军力量对中国的沿海地区展开封锁。关于全面抗战时期日本对华海上封锁问题，学界尚缺少系统、完整的研究，[②] 亦鲜有以国际法视角对日军这一行为进行法理性分析与评估。基于此，本文将利用相关档案资料与文献，以日本对华海上封锁的具体史实为中心，深入剖析国民政府以及各国际利益相关者对于日本海上封锁的回应与态度，并着重从国际法的角度探讨日军此一行为的法理依据。

一　全面抗战爆发与日本对中国海岸的封锁

全面抗战爆发前，中国主要通过沿海口岸输入国外物资，天津、上海和香港是中国沿海从北到南的重要港口。因此，全面抗战初期中日双方的封锁与反封锁斗争首先在海上展开。日本侵略者凭借其强大的海上力量，几度封锁中国对外的海上航线，既妄图彻底切断海外援华的战略物资输入，又蓄意扼杀列强在华的商业利益以及势力范围。

日本对中国的海上封锁，日本官方发表过三个重要文件。一是 1937 年8 月 25 日，驻上海的日本海军第三舰队司令长谷川清发表的《遮断航行宣言》，宣布封锁中国"自吴淞三夹水起至汕头为止的沿海及口岸，禁止中国船舶航行"。东京方面虽扬言对于第三国和平贸易不加干涉，但在中国作战之日本第三舰队之法律顾问信夫惇平却对报界宣称："巡弋封锁洋面之日本军舰，得令外籍船只停止候查，并称如果日方认为外籍船舶所载系

---

① 李景禧：《日本封锁中国海口问题》，《时事类编》特刊第 2 期，1937 年，第 22 页。
② 研究现状：肖雄《抗战时期日本对华的交通封锁及国民政府的反封锁对策》，《抗日战争研究》2011 年第 1 期；韩继伟《抗战时期国民政府国际援华运输线路变迁述评》，《贵州大学学报》（社会科学版）2012 年第 3 期；崔巍《从日本封锁中国海岸看抗战初期英国双重性的远东政策》，《南京社会科学》2015 年第 5 期；等等。

为战时违禁品，则日方或将有适用优先购买权之可能。"① 二是次日关于此事之外务省声明，旨在说明封锁中国海岸的理由。三是 1937 年 9 月 5 日，日本海军省宣布扩大封锁范围，发表《全支沿岸航行遮断宣言》，随即日本海军驻青岛的舰队长官宣布封锁中国连云港的海州湾附近至以北的山海关海岸，而驻上海的日本海军第三舰队宣布封锁从海州湾的北纬 34°至以南的北纬 21°33′的中国南部海域。日海军"以进行临时检查、捕拿和扣留船只为手段阻断中国海上交通"，② 并宣告"日方在中国领水内一切船舶均保留查验船籍之权，并要求外国轮船公司将其船舶在中国领水的行动，通知日方"。③ 据中国海关统计，"至 1937 年 9 月底，日本海上封锁部队已拦截船只 240 艘。1937 年 9 月，中国 35 个港口内停靠的外国船舶总吨位比 8 月下降 38%，比 6 月下降 55%"。④

然而"中国海岸线漫长，港湾众多，日本海军仅凭调拨有限的舰艇在海上不可能达到其封锁目标。因此，日本方面决定在海上实施封锁作战的同时，攻占华南主要港口，以达成获取封锁部队基地和控制中国补给基地的双重目的"。⑤ 1937 年 10 月 28 日，日军占据厦门海面的金门岛，以此为基地监视、警戒厦门港。1937 年 11 月 20 日，日方再度下令禁止中国政府及私人所有船只在中国领海内航行。1938 年 5 月 3 日，日本大本营下达112 号大海令，决定以日本海军第五舰队进攻厦门，并于 5 月 10 日攻陷厦门市，封锁了厦门海岸。5 月 20 日，日军为策应徐州作战，在设置陆军补给基地及海军封锁基地的企图下，命令担当封锁华北沿岸任务的日本海军第四舰队对连云港发动了代号为"R 作战"的进攻。同年 6 月，为封锁、监视援华物资主要港口之一的汕头，日军发动了对南澳岛的进攻。6 月 23 日，南澳岛沦陷，成为日军的封锁基地。事实上，此时中国海岸全线已基本在日本封锁之内，中国对外的海上通道仅保留着"粤汉铁路转广九铁路至香港的出海口"。⑥ 随后，为切断这一路线，削弱中国继续抗战的物资补

---

① 秦孝仪编纂《总统蒋公大事长编初稿》卷 4（上），台北"国史馆"，1978，第 113～118 页。

② 刘卫东：《抗战前期国民政府对印支通道的经营》，《近代史研究》1998 年第 5 期。

③ 秦孝仪编纂《总统蒋公大事长编初稿》卷 4（上），第 118 页。

④ Ken - ichi Arakawa, "Japanese Naval Blockade of China in the Second Sino - Japanese War, 1937 - 41," in Bruce A. Elleman and S. C. M. Paine, *Naval Blockades and Seapower*, New York: Taylor & Francis, 2006, p.107.

⑤ 苏小东：《中国海军抗日战史》，人民出版社，2017，第 340 页。

⑥ 肖雄：《抗战时期日本对华的交通封锁及国民政府的反封锁对策》，《抗日战争研究》2011 年第 1 期。

给能力及战斗意志，日军大本营遂下达139号大海令，命令"'中国方面舰队'司令长官应协同陆军本着攻略广州及其附近要地之目的，切断敌主要补给路线"。[①] 1938年10月，日军决定在大亚湾登陆，攻占广州。当时国民政府抽调驻粤军队增援武汉等战场，广东地区兵力分散且装备落后，戒备松弛，使日军实现了彻底切断中国由华南接受外援的海上交通线的目的。广州沦陷后，日军又把封锁目标指向海南。因广州被占，香港路线被切断，援华路线向河内和缅甸转移，日军意图占领海南，在此建设航空基地，作为进一步切断缅甸路线的延伸点。随之日军又攻略汕头及南宁。进入1939年后，日海军"中国方面舰队"为强化对中国沿海的封锁，对一些中小港口进行了攻略作战，比如，1939年5月20日至28日侵略岱山岛，1939年6月13日进攻石臼所，1939年6月20日至7月18日进攻舟山岛。而自"封锁作战"后，这些被日军抢占的岛屿都已成为日本封锁中国海上交通线的军事基地。

由于此前日军的海上封锁还未较多涉及第三国船舶，其封锁效果仍不彰显，为了进一步加强对海外援华物资的封锁，1939年5月26日，日海军省发言人甚至公然宣称要对"第三国在中国沿海之航行，一律实行封锁"。[②] 1940年6月28日，"日寇宣布封锁中立地区的香港，自是香港与内地水陆交通均告断绝"。[③] 1940年7月12日，日本大本营海军部宣布，派遣海军大佐圆山英助、海军少佐日高信作等十余名监视员赴广州湾监视货物过境事宜，明确禁运花纱、布匹、汽油、煤油、润滑油、电机等中国抗战急需物资。1940年7月13日，日本"宣布自7月15日起封锁宁波、温州、三都澳港口"，[④] 禁止一切船只航运。随后，鉴于"日海军的海上封锁一直未能取得预期效果，日本大本营决定加强'封锁'作战，令中国派遣军总司令官和华南方面军司令官，分别以一部兵力对浙江以北、福建以南中国沿海随时进行以封锁为目的的作战"。[⑤] 1940年11月，日本帝国总司令部表示，经济封锁是日军在中国取得成功的关键。而为了继续推进这一战略，日本海军断然将封锁扩大至中国特定港口的所有中立国航运线路。

① 〔日〕日本防卫厅防卫研究所战史室：《中华民国史资料丛稿：日本海军在中国作战》，天津市政协编译委员会译，中华书局，1991，第310页。

② 〔日〕日本防卫厅战史室编纂《日本军国主义侵华资料长编——〈大本营陆军部〉摘译》（上），天津市政协编译委员会译，四川人民出版社，1987，第613页。

③ 秦孝仪编纂《总统蒋公大事长编初稿》卷4（上），第549页。

④ 郭廷以：《中华民国史事日志》第4册，台北：中研院近代史研究所，1985，第138页。

⑤ 苏小东：《中国海军抗日战史》，第353页。

可见此时，日本对中国的海上封锁已经进入一个新阶段，封锁范围广泛涉及中立船只，并公开排斥第三国在华利益。

揆诸国际公法，战时封锁，必须于正式宣战发生后行之。此时中日之间虽已存在大规模的战斗行为，但一直处于不宣而战的局面。而"日本在研究了各方面的要求，决定把日华纠纷当作事变来处理，因此，直到'大东亚战争'开战以前，始终没有对中国行使交战权"，[①] 所以中日之间的战事从严格意义上来讲并不能构成国际法上的战争状态（state of war）。在这种情形下，日本对华的海上封锁在其性质上绝不能构成战略封锁与战时封锁，只能认为是一种商业封锁以及平时封锁的行为。但纵观此时日本诸如此种封锁他国海岸，且公然阻挠、妨碍中立国船只自由通行、和平通商的行为已违背国际法原则，单方面将平时封锁上升至战略封锁、战时封锁的程度。这不仅阻碍了中国本国海上贸易的发展，还致使第三国进出中国港口货物的总吨位也发生了明显变化（如表1所示）。

表1　1936～1940年中国及其他国家船舶进出中国港口货物总吨位变化

单位：万吨

年份	中国	日本	英国	其他国家
1936	3935.5	2491.3	5734.5	2342.6
1937	2159.3	1281.5	3610.5	1952.4
1938	562.3	874.3	2856.3	1620.8
1939	269.6	1575.5	1923.3	1424.2
1940	222.4	1873.8	1084.3	958.1

资料来源：Ken‑ichi Arakawa, "Japanese Naval Blockade of China in the Second Sino‑Japanese War, 1937‑41", in Bruce A. Elleman and S. C. M. Paine, *Naval Blockades and Seapower*, New York: Taylor & Francis, 2006, p. 112。

从表1可以清晰看出，自1937年下半年日本对中国海岸实施封锁以后，1938年中国的进出口贸易额呈断崖式下降，且随后两年都呈现递减趋势，中国的海外贸易受到重创。包括英国在内的其他国家对华进出口贸易自1938年也受到不同程度的影响，呈现递减趋势。至于日本，全面侵华行径以及它对中国的海上封锁虽然也影响了其1938年对中国的进出口总吨位，但是随着中国沿海城市的沦陷，特别是它把控了中国的制海权，此后两年它对中国的进出口额逐年增加。可以说，日本对中国的海上封锁，不

[①] 《国府部内渐抬头更迭外长声浪》，《盛京时报》1937年7月17日。

仅表露出它意欲通过海上封锁达到窒息中国经济之目的，也展现出其借此排挤其他国家在华利益，以达到经济独霸中国之企图。日本此举引发了国民政府以及在华的国际利益相关方不同程度的反弹和应对。

二　国民政府对日军海上封锁的因应

日本对于中国的海上封锁，使中国在军事、经济以及凝聚军心、民心等多方面都遭受巨大打击。首先，在军事方面，近代中国工业基础与军事水平十分薄弱，绝大部分武器装备都依赖于国外，切断海上交通线致使我军军用物资匮乏，且无法及时补充军火，使武器装备本就陈旧落后的中国军队在战争中一度陷于极端劣势。其次，在经济方面，一方面，日本封锁中国沿海交通，阻止中国与第三国的贸易往来，导致中国对外贸易事业近乎停摆，政府失去出口外汇收入，无力负担战争所需的战略物资与武器装备支出；另一方面，日本封锁中国沿海的同时还向中国走私倾销其过剩的廉价商品以赚取资金支撑自身战争需要。更甚者，日本还借机向华倾销毒品，贩毒竟成为当时日军的一项公共营业。这既阻碍了中国民族工业的发展，还极大地危害了广大中国人民的身体健康。最后，在凝聚民心、军心方面，日军进攻之初，就制定了先取沿海再图内陆的战略方针。此时中国沿海地区几乎全部沦陷，大量难民涌入抗战大后方，交通封锁致使各地进口物资输入急剧减少，造成后方物价猛涨，通货膨胀严重，军民生活十分困苦，这也在一定程度上挫伤了军民的抗战热情。

基于此，国民政府为突破日本海上封锁进行了积极应对。一方面，谋求沿海工业内迁以寻求自给。具体来说，就是在工业内迁中"力谋自立之道"，[1] 并对敌军实施经济反封锁。此时国民政府主动拨款奖励、补助东部沿海及临战地区的军需厂矿内迁，而对于普通工厂的迁移也给予"免税、免验、便利运输、代征地亩等之便利"，[2] 并专门设立信用放款以"备充迁移之时运费及迁移后之各项设备费"。[3] 这些工业的内迁，为工业基础薄弱的大后方输入了新鲜血液，也成为当时支撑中国突破封锁的重要物质力量。与此同时，国民政府不仅恢复了以人力、兽力运输为主的驿运旧制，

① 抗战历史文献研究会编印《蒋中正日记·上星期反省录》（1940 年），2015，第 89 页。

② 孙果达：《民族工业大迁徙——抗日战争时期民营工厂的内迁》，中国文史出版社，1991，第 18 页。

③ 中国第二历史档案馆编《国民政府抗战时期厂企内迁档案选辑》（上），重庆出版集团、重庆出版社，2016，第 25 页。

发动国人之众力开展战时驿运业务，在广泛利用民间木船、皮筏、独轮车、板车基础上增辟、建设了多条战时驿运干线、国际驿运线路以及各省支线，还广泛鼓励、号召民众以自力更生精神开发利用本土现有资源突破封锁。无数爱国志士以其聪明智慧，发明了木炭车、煤气车、酒精车，并从桐油中提炼出代用油，以及不断改进农业生产技术，开垦荒地，提高棉粮产量。此外，国民政府通过颁布《国民经济绝交办法》《查禁敌货条例》《战时查获敌货处置及奖励办法》《防止水陆空私运特别物品进出口办法》等一系列战时经济封锁法令，使对敌军的经济封锁工作有法可依，且在各战区建立健全核查机构，夯实了对敌的经济封锁力度。

另一方面，通过外交折冲以图开辟新的援华路线以因应日军封锁。即采取外交手段，呼吁号召国际社会共同制日援华，"同时不放弃一切可能争取的外援"，[①]并积极开辟国际交通线。国民政府积极与英、法、美接洽制限日本干涉之法，并及时调整对美方针，"（1）请美促英勿与日本妥协；（2）促美对日采远距离封锁；（3）维持上海公租界之地位；（4）修正中立法，区别侵略国与被侵略国"；[②]又与中国日内瓦代表团商定，极力说服国联使之采取有限制之制裁，"（1）禁止军火运往日本及贷款于日本；（2）对中国为经济协助；（3）不宣告中立；（4）不承认日本封锁为合法"。[③]此时的国民政府熟稔突破严密的海上封锁还需要充分争取国际援助力量，通过不断与美、英、法等国进行磋商与交涉，相继开辟出西南"以法属越南国际港口——海防港为转运港口，以滇越铁路、桂越公路与河车公路为主的国际运输线路"以及"以缅甸仰光港为承接港，以滇缅国际运输线为主的运输线路，它包括仰腊铁路和滇缅公路两部分"。[④]虽然这两条线路在日军猛烈的轰炸与进攻下分别于1940年和1942年被切断，但这两条交通线路对当时中国坚持抗战起到了至关重要的援助作用。随后国民政府又迅速与英美两国交涉，着手筹划开辟新的国际交通线即中印航空线路。该线路以印度加尔各答港为援华物资的登陆口岸，是从印度东北部飞越喜马拉雅山南段，经过缅甸北部到达中国云南昆明、四川成都等地的空中运输线，又称"驼峰"航线。

总而言之，国民政府在面对日军海上封锁时采取的种种应对措施，基

---

① 《毛泽东选集》第2卷，人民出版社，1991，第600页。

② 郭廷以：《中华民国史事日志》第4册，第59页。

③ 《王世杰日记》（手稿本）第1册，台北：中研院近代史研究所，1990，第104页。

④ 韩继伟：《抗战时期国民政府国际援华运输线路变迁述评》，《贵州大学学报》（社会科学版）2012年第3期。

本能够在坚持独立自主的原则下较为有效地突破封锁。但仍存有一些缺陷，如国民政府因对战争形势估计严重不足，内迁行动较晚且战事不利，致使工业内迁工作困难重重；而由于对战局缺乏主动谋划，错过了建设后方交通的最佳时机，开辟的新线路往往也都是被动为之，并无事先总体筹备；且过于依赖国际援助，面对英、法关闭交通线路，国民政府却因自身实力也未能作出实质性抗议；等等。

三 国际利益相关方对日本封锁中国海岸的态度

全面抗战爆发前，中国一直都是西方各国剩余商品的倾销地。"自中日战事爆发，日本海军违法封锁我国沿海线，远东航运即感受莫大之威胁。"[1] 随着中日战事的持续发酵，日海军进一步扩大对华海上封锁的区域。显然，"过去日本封锁我国之目的，不过在杜绝外国军火之运华。今则我国重要口岸，均已沦陷于日手，国际路线，早已移至西南与西北，日人此时而加紧对华之封锁，扩大扣检外国之商轮，目的显然不在阻止外国军火之运华，而在扰乱列强在远东之航运，以排斥列强在华之商业利益也。质言之，日人之海上封锁过去目标在对我国，今则目标在对列强"。[2] 此行为严重限制西方各国在中国的海上贸易活动，自然牵扯多国利益，国际利益相关方对此也有着不同态度。

英国之态度经历了从软弱妥协到坚持立场再到交涉警告。全面抗战爆发前，"英国是中国的最大贸易伙伴，并在华有着巨额投资。1936 年，英国的在华资本达 104590 万美元，位居西方列强在华投资的首位"，[3] 且据日本第五舰队编制的统计，"在战前华南主要港口（包括广州、香港、汕头和厦门）所记录的 1255 艘第三国船只中，英国占据了 78%"。[4] 显然，日本封锁中国海岸严重损害了英国利益。1937 年 8 月，日本宣布对华海上封锁，并强行搜查驶往中国港口的第三国船只。此时，英国就在权衡国际形势并考虑自身在远东军事实力的基础上，希望与美、法共同发表抗议声

① 《日本封锁中国海岸 出入口吨数均减少》，《大公报》（香港）1938 年 11 月 13 日，第 6 版。

② 《论×人之海上封锁》，《华字日报》（香港）1939 年 5 月 30 日，第 1 张第 1 页。

③ 崔巍：《从日本封锁中国海岸看抗战初期英国双重性的远东政策》，《南京社会科学》2015 年第 5 期。

④ Ken - ichi Arakawa, "Japanese Naval Blockade of China in the Second Sino - Japanese War, 1937 - 41," in Bruce A. Elleman and S. C. M. Paine, *Naval Blockades and Seapower*, New York: Taylor & Francis, 2006, p. 108.

明，但美、法两国都基于自身利益予以拒绝，美国甚至建议"英国在不与日本交涉此事的前提下默认日本的做法"。[①] 对此，英国被迫做出妥协让步，宣告日本"如检查英船，只限于其船舶之登记证（国籍检查），不得涉及船货"，[②] 这实际上默许了日本军舰在中国海域对于英商船的搜查。然而对于日本对华的海上封锁，英国虽然表面保持中立，但始终允许香港作为中国转运物资的中转地，并公开表明"香港一直是开放的，虽然英国也被要求关闭香港对中国的转口，但英国政府仍决定维持香港开放"，并认为"通过香港输送武器当然是完全合法"，[③] 甚至还"向中国提供了从香港过境的便利"。[④] 英国这种坚持立场的做法虽使企图快速灭亡中国的日本十分不满，但基于中日双方都未正式向对方宣战，日本并无正当理由贸然对"中立地区"的香港实施海上封锁，加之日本还需要平衡与英国等西方国家间的利益关系，因而只能暂且作罢。1937年9月，日本海军突袭距离香港东南约340公里的东沙群岛。如若日本继续进攻海南岛与西沙群岛，可能会给马六甲海峡—南中国海这一国际海上通道带来危险，亦可能威胁到中国香港、新加坡的安全，此时英国再也无法坐视不管。因此，对于这一问题，英国当局一方面迅速与日本进行交涉，明确告知"英国对日本可能占领海南岛或西沙群岛的严重关切，并要求日方就最近事态做出解释"，并警告"日本对海南岛或者其他附近岛屿的占领，即使是临时的，仅服从于军事目的，也被视为一种严重的事态"。[⑤] 另一方面，英国联合美、法两国共同在国际层面对日本此行为进行声讨。英国这一系列行动在一定程度上制约了日本对华的海上侵略行为，也暂且维护了部分中国海上运输线的安全。可以看出，英国对于日本封锁中国海岸的态度经历了从妥协到交涉的转变，虽然这一转变始终是以英国的国家利益为考量，但在客观上还是为中国抗战事业提供了一定的物质与精神支持。

美国之态度经历了从漠视中立到抗议指责再到反击制裁。其实，自1937年7月，日本驻美大使斋藤在与美国国务卿赫尔的会面中就曾提出日本可能封锁中国海岸以试探美国态度。"斋藤声称：'中国人应当知道，日

---

① 崔巍：《从日本封锁中国海岸看抗战初期英国双重性的远东政策》，《南京社会科学》2015年第5期。

② 《王世杰日记》（手稿本）第1册，第109页。

③ 天津编译中心编《顾维钧回忆录缩编》（上），中华书局，1997，第319页。

④ 《顾维钧回忆录》第2分册，中国社会科学院近代史研究所译，中华书局，1985，第548页。

⑤ 《顾维钧回忆录》第2分册，第548页。

本可以用它的舰队封锁中国的全部海岸，因而成为左右局势的主人。'赫尔并未反驳日本这个计划，而保持沉默。"① 此时美国"国内孤立主义盛行"，② 对于日本侵华始终秉持着基本"中立"的妥协放任立场。因此在日本对华海上封锁之初，美国从其帝国主义立场出发，仅公开维护本国船只，表示若日本干涉美国船只，则"决难容忍"，③ 但对中国的海洋主权与独立采取了漠视的"不干涉"政策。然而，"这个政策的目的，在于纵容侵略战争，自己从中取利"，④ 其实质就是以牺牲中国的根本利益来谋求与日本的某种妥协。1937 年 11 月，布鲁塞尔会议期间，"因为美国拥有一支并无紧急任务的强大舰队"，顾维钧向美国"建议进行海军演习以保证过境安全问题"，再度遭到美国的拒绝，并称"美国不可能办到"。⑤ 1937 年12 月，日机炸沉停泊在中国海域的美国军舰"巴纳号"以及三艘美国美孚石油公司的运油船，而对于此事美国仍旧采取纵容态度，最终仅以日本对美国的道歉赔款了事。可以看出，此时日本对华的海上封锁还较为谨慎，并未过多涉及美国在华利益，同时美国也过于低估日本向外扩张的野心，始终站在局外的立场上，对事态发展保持中立观望态度。1937 年 12 月 21日，日方以水雷尚未清除为由，宣称"我们并不认为长江可为自由航行而开放"，封锁了中国长江沿线；对此，1938 年 11 月 2 日，美国国务卿赫尔指示格鲁向日方提出开放长江下游的要求，但日方却以"帝国政府认为现在不能立即宣布可以在长江上自由航行"为由，拒绝了这一要求。⑥ 1938年 11 月 30 日，日本召开御前会议，提出建设"东亚新秩序"的构想，也基本"完成了其对欧美政策中由协调性向排斥性的转化"。⑦ 随后，日本在华开始不断排斥美国利益。1939 年 6 月，日本拟议封锁福州，对此美国南中国巡逻司令部向日方提出"鉴于中日不宣战，根据国际法，这种封锁是非法的，因此这种封锁行为并不能被接受。此外，如果有必要，随时派遣

---

① 〔苏〕别德尼亚克（И. Я. Бедняк）：《日本对华侵略与美国的态度（1937～1939）》，邱仁宗译，三联书店，1959，第 17 页。

② 冯成杰：《冲击与因应：战时日军对天津英租界的封锁》，《日本侵华南京大屠杀研究》2020 年第 3 期。

③ 李景禧：《日本封锁中国海口问题》，《时事类编》特刊第 2 期，1937 年，第 23 页。

④ 《毛泽东选集》第 2 卷，第 580 页。

⑤ 《顾维钧回忆录缩编》（上），第 317、320 页。

⑥ 《美国对外关系文件集：日本 1931～1941》（上），美国政府印刷局，1943，第 757、796 页。

⑦ 李灵革、胡晓丁：《抗战初期日美围绕在华权益的冲突》，《石油大学学报》（社会科学版）2004 年第 1 期。

海军舰艇保护美国人，对美国船只造成的任何损害，责任都将由日本承担"。① 此时的美国出于即将被日本排挤出中国的危机感，对日本海上封锁的态度较之前有了部分转变，由漠视转向了抗议。1940 年初，在日本的疯狂攻势以及步步紧逼之下，中国沿海各港口基本都被封锁，日本对华海上权益的垄断进一步加剧。当时世界各国向中国提供的战略物资，几乎都是通过海运到达越南南部的西贡（现胡志明市），再经河内通往云南的铁路线输入中国。而日本为切断中越国际运输线路以及扩张军事行动范围实现其"大东亚共荣圈"的侵略计划，决定进军越南，这也直接危及美国利益。自此美国开始密切关注日本，并在几天后宣布停止与日本的经济合作，对其进行经济制裁。1941 年 11 月，美国向日本提交了一份以"美日协定基本纲要"为题的备忘录（赫尔备忘录），要求日本无条件从中国和法属印度支那撤回包括海军在内的所有军队。显然，美国对于日本封锁中国海岸的态度从漠视到抗议再到制裁的转变并不是其主观为之，完全是因为国际形势致使美国当局为维护自身利益而改变其对外策略，但这能够从侧面再度佐证日本封锁中国海岸以及侵华行为的极端不正义性。

法国之态度则始终处于依附英美、委曲求全之中。此时的法国相较于英美两国，国力薄弱，话语权自然不足，且法国在华利益较少又不想得罪日本，因此其对日本封锁中国海岸的态度大多是附属于英美，向日本委曲求全，以在夹缝中保利益。1937 年 7 月 30 日，顾维钧就曾试探性地问过前印支总督瓦伦纳，"如果中日开战且中国海岸被日军封锁，法国是否会允许中国自由使用印支港口和交通，以进口战争所需战略物资。对此问题，瓦伦纳表示这是一件十分棘手的事情。印支沿海没有设防，如果允许援助中国的战略物资过境，可能引起法日之间的矛盾和纠纷。在该种情势下，法国将无法保卫印支海岸，或者无法避免与日本发生冲突"。② 但在封锁之初，法国还是基于与英美共同的利益立场表示"法国政府对日本此举的态度持'严重的保留意见'"，③ "依照现行条约，各国对中国应维持门户开放政策，封锁之举，实为不合"，④ 但之后又随即向日本妥协"一切法

① The Consul at Amoy (MacVitty) to the Secretary of State, June 28, 1939, *FRUS*, *The Far East*, Volume Ⅲ, p. 776.

② 韩继伟：《全面抗战时期国民政府过境印支运输外交磋商述评》，《军事历史研究》2020 年第 4 期。

③ The Ambassador in Japan (Grew) to the Secretary of State, August 31, 1937, *FRUS*, *The Far East*, Volume Ⅳ, pp. 437–438.

④ 李景禧：《日本封锁中国海口问题》，《时事类编》特刊第 2 期，1937 年，第 23 页。

船之入口可由法远东海军司令通知日本海军"，①　默认了日本在华海域对法船的干预权。其实，关于此事法国立场始终与英美保持高度一致，甚至以"欧洲目前局势，法国已无力应付来自日本的任何麻烦"②　为由，而向日本更为妥协。1938 年 10 月，日本占领广州后顺势封锁了中国途经香港的国际运输线路。当时广东为法国在中国的"势力范围"之一，面对日本的威胁，法国"却连一个警告都不敢向日本提出"。③　其实在"1939 年 2 月日军侵占海南岛，危及中南半岛的安全之前，法国以无力应付日本可能的报复为由，对于中国的要求常常采取拖延或索性拒绝的态度，并对援华物资通过印度支那采取限制措施"。④　法国对于日本封锁中国海岸的态度始终是以自保为核心，在这一问题上躲躲闪闪、左摇右摆，并没有在原则上表明自己的立场，更无意于助华抗日。

纵观英、美、法等国际利益相关者对日本封锁中国海岸的态度，最初，西方各国普遍将日本侵华且封锁中国海岸视为中日间的局部冲突行为，以为只要保持"中立"立场，稍作妥协便可继续维系其在华权益。但随着日本对第三国在华权益的侵犯与排斥日益加深，各国际利益相关者的态度逐渐向华倾斜，同情、支持中国的总体趋向日渐明显，这在一定程度上为中国维护自身海洋权益带来了积极影响。但综其所述都是帝国主义国家在自身利益的基础之上做出的主观判断，而并非以国际法视角做出的客观抉择，因此都是有失公正的。

四　日本封锁中国海岸的国际法检视

"十九世纪以前，封锁一事，只有交战国才使用。平时用封锁解决国际纠纷，约在十九世纪中叶才开始。当时各国使用这种手段的动机，不外是干涉（intervention）或是报复（reprisals）"，⑤　其实质是封锁国在无发动战争之意而与被封锁国保持和平关系下，旨在强迫被封锁国顺从其要求。且这时的平时封锁与战时封锁有着同样效力，对于中立国船舶违犯者立予捕获而于撤销封锁后归还，不需负赔偿损失的责任。但在之后各国实际封

---

① 《王世杰日记》（手稿本）第 1 册，第 109 页。
② 《顾维钧回忆录缩编》（上），第 386 页。
③ 韩继伟：《全面抗战时期国民政府过境印支运输外交磋商述评》，《军事历史研究》2020 年第 4 期。
④ 沈庆林：《中国抗战时期的国际援助》，上海人民出版社，2000，第 105 页。
⑤ 郭长禄：《论海上封锁》（上），《时事月报》第 22 卷第 1 期，1940 年，第 14 页。

锁过程中对平时封锁下中立国船舶的态度却逐渐发生转变。1845年英法联合封锁阿根廷布宜诺斯艾利斯的海港以及拉普拉塔河河口，干涉第三国船只进出。就此事英外相帕麦斯顿（Lord Palmerston）致信英国驻法大使诺曼比（Normanby）提到"封锁为交战国之权利，除非与一国宣战，绝无权阻止其他国家之船舶与该国来往，抑且不能阻止本国船只出入，为使此次封锁为合法起见，两国实有正式宣战之必要"。① 此后，英国再度对他国实行平时封锁，如1850年封锁希腊、1862年至1863年封锁巴西、1886年与德意奥俄联合封锁希腊都未曾干预第三国船舶出入。对此，1887年，国际法学会（Institute of International Law）在德国海德堡开会期间投票表决通过决议案正式宣布承认平时封锁，但须遵照下列条件："甲、凡悬挂第三国国旗之船舶，得以自由出入于被封锁之港口内外。乙、和平封锁，应预先通告被封锁国及其他各国，并须有充足海军力以维持之。丙、被封锁国之船舰，如欲破坏封锁时，可扣留之，但封锁一经终止，应将船舰及货物，一并退还原主，不负赔偿损害责任。"② 从此以后，平时封锁得到了国际法领域最有权威的学术团体的承认，逐渐为各国所接受，并被默认为解决国家间政治法律纠纷的合法制度之一。而平时封锁虽已被国际公认为合法手段，但规定其封锁范围仍然仅对被封锁国船只有效，不得阻拦、扣留其他国家的船舶。随后在1907年召开的海牙会议第一次正式确立宣战制度，明确规定不宣而战是非法的。同时，在《海牙第十条约》（即《关于1906年7月6日日内瓦公约原则适用于海战的公约》）规定了"无论属于中立国或交战国，军用或公共团体，均享有不可侵犯之特权"；③ 而在《海牙第十一公约》（即《关于海战中限制行使捕获权公约》）规定了专为在沿岸捕鱼的船只或从事地方商业活动之用的小船，包括其用具、绳索、船具和货物在内均免受拿捕。

　　根据上述的国际法各项原则以及各国实例，可以检视全面抗战时期日本封锁中国海岸措置的法理性。第一，日本对于封锁中国海岸的宣言与声明都未提及"封锁"一词，而称为"遮断"，但根据日本官方作出的解释，可以看出在未宣战的情况下"遮断"别国海岸其实就是国际法意义上的平时封锁，显然日本企图借以闪烁的名词规避其法律上的责任。第二，此时中日两国事实上已完全构成战争之行为，陷入战争之状态，然而日本为避

① 刘心显：《论日本封锁我国海岸》，《时事月报》第17卷第4期，1937年，第184～185页。
② 刘心显：《论日本封锁我国海岸》，《时事月报》第17卷第4期，1937年，第184页。
③ 刘心显：《论日本封锁我国海岸》，《时事月报》第17卷第4期，1937年，第186页。

免背负侵略罪名致使国联对其实行经济制裁及美国实施中立法，并未正式对中国宣战，且不承认对中国开战。但实则日本已对中国发动猛烈进攻，其不宣而战的行为已然破坏国际法原则。且依据法理，未宣战也并无作战时封锁之权利，中立国也无法承认中日为交战国，亦不能承认此为战时封锁，故只能被认为是一种平时封锁行为。第三，平时封锁应是在和平状态下为报复或干涉他国所进行的强制手段，其主要目的是避免国家间爆发武装冲突进而开战。但日本对中国进行海上封锁时，已经举海陆空大部军力对中国发动了大规模的军事侵略，不仅非法强占东北，还以武力侵占平津。日本的海上封锁是为了截断中国的海外救济以实现其速战速决灭亡中国的目的。因此，就平时封锁的目的而言，日本对中国海岸的平时封锁与国际法上所阐述的平时封锁也有着本质上的区别。第四，如若处于平时封锁，封锁国既无任何理由检查、干扰、阻挠中立国海上贸易，他国船舶可以自由出入被封锁区域，更无权禁止战时禁运品由中立国输入至被封锁国内。此时日本虽宣称不妨碍第三国和平通商，实际上却在平时封锁之下逾越行使战时封锁的对可疑船只进行搜查以及禁止被封锁国运输战时禁运品等权利，且对中外正常航行的船只也横加干涉。第五，平时封锁之下，被封锁国船只未冲破封锁，封锁方不得加以检查、扣押，甚至禁止被封锁国船只在领海范围内航行。若被封锁国船只冲破封锁，封锁方可暂时予以扣押但封锁撤销时仍须归还。对此，日本对华海上封锁之时也公然违反国际法原则，既大肆检查、劫夺中国并未冲破封锁的船只（譬如 1939 年 9 月 5 日，日驱逐舰在香港附近海域检查并掠夺两艘中国海关缉私船；同年 9 月 9 日，日军在西洋岛又掠夺中国八艘民船；等等），还禁止中国私人船只在领海范围内航行。与此同时，日军甚至恣意焚烧偶尔越出领海的小规模非武装渔船，并枪杀船上渔民。据渔民协会统计，至 1937 年 12 月，渔民死亡人数已经有一万两千多人，渔船被焚烧也有七百多艘。[1] 第六，难民船以及海上医疗船作为公共团体组织的救援船应享有不可侵犯的特权。但在海上封锁期间，日本曾向六艘在内河行驶未曾冲破封锁的中国难民船进行炮击，致使数百名难民死伤。这不仅违犯国际法更违背了人道主义精神。

综上所述，从国际法视角衡量，可以看出海上封锁的权利是有一定限度的，且平时封锁与战时封锁也有着严格区分。因此中日双方在并未宣战之时，日本封锁中国海岸的行为就其性质应为平时封锁，但实际上日本对华的平时封锁与国际法意义上的平时封锁有着根本性区别。日本实则是在

---

① 郭长禄：《论海上封锁》（上），《时事月报》第 22 卷第 1 期，1940 年，第 16 页。

有企图的情况下，有意为之；并在多方面公然蔑视、违背国际法原则，进而践踏了人道主义精神。

余　论

从国际法角度考察国民政府以及国际利益相关方对日本海上封锁较为不同的反应态度与应对举措，可以得到如下几点认识。

首先，不论是从各方的态度与举措还是国际法原则，都可以充分反映出全面抗战时期日本封锁中国海岸以及日本侵华的极端不正义性与违法性。

其次，国民政府为应对海上封锁采取的对内对外突破封锁的策略总体上是正确且有效的，特别是在艰难的抗日战争过程中，具有一定的积极意义。但这并不能掩盖其中存在的一系列问题。同时，衰败的国力也在一定程度上决定了国民政府在当时举步维艰的处境。

再次，国际利益相关方对待日军封锁所涉及其在华利益虽具利益交织点，但出于其自身短期或长期利益的考量，所持态度并不完全相同。英国虽然有限度地向日本妥协，但是海上封锁涉及英国在华较多方面的长期利益，因此在与日本的斡旋交涉中还是较为坚持立场。美国在当时综合国力、国际影响力都远超各国，但由于初期封锁涉及其在华利益并不多，而选择冷眼旁观，随着牵扯利益逐渐扩大后才逐渐转向对日施压制裁。法国则始终着眼于眼前的利益，一直处于动态的衡量之中，因此既依附于英美，又向日本委曲求全。

最后，在国际法层面分析全面抗战期间日本封锁中国海岸的具体措施，可以看出，日本实则是以平时封锁之名行战时封锁之实，并在多方面公然践踏国际法原则与人道主义精神。

日本战争动员与战时体育统制[*]

—— 以大日本体育会（1942～1943）为中心

孙 波^{**}

提 要 全面侵华战争时期，日本政府组织战争动员，制定了一系列战时性体育政策措施，构建了战时体育统制体系。1942 年 4 月，战时体育统制机构——大日本体育会成立。大日本体育会领导全国所有体育事务，在军国主义、"皇国"思想的指引下，为日本对外发动侵略战争服务，具有浓厚的战时性、军事性特征。大日本体育会从民间机构蜕变而来，走向国家机关化，其把持的体育事务具体内容同日本对外战争进展、战势变化等息息相关。1943 年，大日本体育会正式运营。大日本体育会推行的国民体育活动、体育训练、体育赛事、体育项目均以战争需要为导向，将体育活动发展成全民化、大众化的运动，客观上在提高日本国民身心素质、促进体育事业发展方面起到一定作用，但始终无法改变其以满足对外侵略战争需求为第一要务的本质属性。

关键词 战争动员 大日本体育会 体育战时化 体育统制

日本发动七七事变后，在国内大举进行战争动员，制定和实施《国家总动员法》，构建国家总力战体制。日本的内政外交全面围绕战争展开，一切国民生产生活均以服务战争为根本目的。日本强行将社会整体拖入战时体制，实行军事化统制。随着对外侵略战争持续进行，日本社会各行各业弥漫的战时色彩也愈加浓厚。日本国内的体育事业也一并笼罩上了战时

* 本文为国家社科基金青年项目"黑龙会与日本侵华战争关系研究（1901－1945）"（项目编号：20CZS048）的阶段性研究成果。

** 孙波，南京大学历史学院博士研究生，安徽工程大学马克思主义学院讲师。

体制的阴霾。日本政府制定一系列体育政策，建立战时体育体系，成立大日本体育会，对所有体育事务进行战时性统制管理。大日本体育会遵循日本政府指示，配合战争局势发展，推行一系列军事化措施，开展军事性体育活动，以策应战争动员政策的实施。

目前为止，学界关于侵华战争期间日本国家总力战体制、战争动员方面的研究，或以宗教为切入点考察日本精神动员的活动内容，① 或以在乡军人为群体考察日本社会动员，分析和探讨日本战时体制准备过程及影响。② 关于日本近代体育方面的研究，国内学者集中考察了日本学校体育制度变迁以及对外战争对学校体育的影响等；③ 而日本学人的研究成果相对丰硕，详细梳理了近代体育史、体育观、体育分科化等发展脉络。④ 总体而言，学界较为缺乏从日本总力战体制、战争动员视角考察体育统制形成、确立及延伸等的研究。全面侵华战争爆发后，日本国内体育统制体系如何逐步构建而成？太平洋战争时期，日本体育统制又如何持续加强？在战时体制下，日本体育统制性机构——大日本体育会展开了哪些工作？本文以日本亚洲历史资料中心所藏大日本体育会相关资料为史料基础，考察侵华战争期间日本战时体育统制的形成及发展，研究大日本体育会成立及起步运营，分析其成因与影响，明晰其体育统制事业的工作内容，从而揭露日本体育转向军事化、战时化发展的实质面相。

一　战争动员背景下日本体育统制体系的形成

日本文部省率先为国民精神总动员营造思想和舆论环境。七七事变爆

---

① 朱虹：《抵抗与妥协：战争动员下的日本教会学校——以同志社大学为中心》，《世界宗教研究》2018 年第 3 期；袁涛、翟恩彬、黄晨：《日本侵略战争中的宗教动员》，《科学与无神论》2006 年第 5 期。

② 高燎：《日本侵华战争时期在乡军人与日本社会动员》，《日本侵华史研究》2017 年第 3 期；吴会蓉：《二十世纪三四十年代日本的战争动员及其影响》，《西南民族大学学报》（人文社会科学版）2016 年第 4 期。

③ 刘春燕、谭华、季浏：《日本近代两次对外战争对学校体育的影响》，《北京体育大学学报》2016 年第 8 期；钟冬根、熊建萍：《近代日本学校体育制度变迁研究》，《体育文化导刊》2014 年第 10 期。

④ 相关研究有：大熊広明「体育史研究の成果と課題」『体育学研究』50 巻 3 号、2005 年；大久保英哲「近代日本体育の成立に見るフランス軍事顧問団の影」『日本体育学会大会予稿集』58 巻、2007 年；野嶋政和「明治末期における都市公園の近代化と学校体育」『ランドスケープ研究』59 巻 5 号、1995 年；権學俊「近代日本における身体の国民化と規律化」『立命館産業社会論集』53 巻 4 号、2018 年；木下秀明『日本体育史研究序説』不昧堂出版、1971。

发前夕，文部省组织国学、哲学、儒学、神道学等领域学者编写《国体之本义》，抨击西方近代科学思想，奉行"皇国科学"，宣扬"正统国体论"及"国家史观"，并认为："任何种类的个人主义、民主主义、社会主义及共产主义都不符合我国国体"。①《国体之本义》一经编印出版，便被迅速下发至日本各县、市、町、村，成为日本学校教育、国民教育的精神指南。为塑造和维护"国体论"的唯一性和权威性，日本在国内压制进步思想，摧残其他学术研究，在思想、文化领域实行统制，客观上为即将实施的国民精神总动员运动作了舆论和思想铺垫。

日本政府为国民精神总动员的性质、实施主体及实施办法进行顶层设计。8 月 24 日，日本政府通过内阁决议颁布《国民精神总动员实施纲要》，② 煽动民众参战热情，掀起国民精神总动员运动。《国民精神总动员实施纲要》在"趣旨"中指出"以举国一致、坚忍不拔之精神，应对当下之时局。共克今后持续之时艰，扶翼愈加隆盛之皇运，官民一体，推进此一大国民运动"，③ 意味着这是一场"皇国"思潮下的全民运动。国民精神总动员的实施主体与责任分工为：情报委员会、内务省及文部省作为主要部门负责统一领导，各省总务处负责具体细节落实；在中央设立一个强有力的、政府的外围组织；在道、府、县组成以地方长官为中心、政府与民间组织相结合的地方执行委员会；在市、町、村以各级长官为首，具体至每个工作场所，切实做好动员及组织工作。④ 总动员工作又分六点展开：内阁及各省厅与相关组织进行合作，结合各自所辖事务及附属机构开展实施；与内阁及各省厅相关的组织需从实际工作情况出发，积极配合开展总动员工作实施，推动外部合作；道、府、县与地方执行委员会合作，制订具体的动员实施计划并贯彻执行；市、町、村制订针对各町、村的具体动员计划并落实到位，尽可能覆盖每个居民家庭；针对各公司、银行、工程项目、商店等制订动员实施计划并具体落实；同舆论媒体合作。⑤ 基于上述方式，《国民精神总动员实施纲要》在日本各级行政区、各行各业有序

---

① 顾明远主编《世界教育大事典》，江苏教育出版社，2000，第 580 页。

② 「国民精神総動員実施要綱」石川準吉編『国家総動員史　資料編』（第 4 編）、国家総動員史刊行会、1976 年、452 - 453 頁。

③ 「国民精神総動員実施要綱」石川準吉編『国家総動員史　資料編』（第 4 編）、452 - 453 頁。

④ 「国民精神総動員実施要綱」石川準吉編『国家総動員史　資料編』（第 4 編）、452 - 453 頁。

⑤ 「国民精神総動員実施要綱」石川準吉編『国家総動員史　資料編』（第 4 編）、452 - 453 頁。

部署实施。

日本内阁命令各级行政机构执行国民精神总动员。9 月 9 日,内阁总理大臣近卫文麿向各级行政机关发布《国民精神总动员内阁训令》,① 要求政府各部门遵照裕仁天皇在国会发表的敕语,尽忠报国、忍耐时艰,弘扬日本精神,扶翼皇运,积极在日本全国开展国民精神总动员运动。该训令还要求必须将国民精神总动员融入国民日常生产生活。

按照内阁训令要求,文部省认真落实国民精神总动员。9 月 10 日,文部省向各公立私立大学校长、专科学校及中学校长下达《国民精神总动员工作通知》,② 向日本社会释出信息,表明教育界将开展国民精神总动员运动。25 日,文部省向各地方行政长官提议,将 10 月 13 日③至 19 日的一周设定为"国民精神总动员强化周",并在强化周内试行国民教化运动。10 月 12 日,文部省组建"国民精神总动员中央联盟"④ 统一领导国民精神总动员运动。

文部省在体育界实施国民精神总动员。12 月 16 日,文部省发布《国民精神总动员之际体育运动的实施通知》。⑤ 就国民精神总动员与体育运动的关系,该通知指出"体育运动为心身一体之锻炼,振作国民体位向上之精神,克国民以应国家之使命,具健全有为之资质,为本旨也。而今值目下之重大时局,则国民精神总动员之趣旨,奖励体育运动,此为促进普通大众健全身体之极为重要之事。体育运动实施之际,是为身体之修炼,特重于精神训练,磨炼举国一致、坚忍持久、进取必胜、困苦欠乏之精神",⑥ 即体育运动是实施国民精神总动员的重要方式和手段,国民通过体育运动强健体魄,重塑"皇国"国民精神和思想,也符合当下战时体制的需要。该文件明确了体育运动在国民精神总动员的实施过程中的根本目

① 胡澎编《日本侵华决策史料丛编·战争社会动员》,社会科学文献出版社,2018,第 43 ~ 44 页。

② 「国民精神総動員ニ関スル件」(1937 年 9 月 10 日)JACAR(アジア歴史資料センター)Ref. A05020313800(国立公文書館所蔵)。

③ 指日本明治天皇《戊申诏书》颁布纪念日,诏书中号召日本政府与民众上下一心,忠实己业等,在日本近代史上有着特殊意义。因此,文部省特意选择这一天作为国民精神总动员强化周的开始。

④ 川上雅之「日本の体育体系に関する研究〈昭和戦時期の動向〉」『岡山理科大学紀要』13 号、1977 年。

⑤ 川上雅之「日本の体育体系に関する研究〈昭和戦時期の動向〉」『岡山理科大学紀要』13 号、1977 年。

⑥ 川上雅之「日本の体育体系に関する研究〈昭和戦時期の動向〉」『岡山理科大学紀要』13 号、1977 年。

的、方向及最终目标。文部省主张战时体育运动要走向全民化、大众化，战时日本体育制度的建构也要向战时民众化方向发展。日本政府及文部省推行的战时体育政策，实质上是以国家主义、"皇国"思想为基础，着重提高民众的国家意识、民族意识，重视"皇国"国民精神培养，通过一系列的体育运动、体育活动，来提高国民身心素质，达到统一国民思想、为特殊时期服务的目的。体育运动在国民精神总动员背景下，朝着"官民一体"的全民体育迈进。

日本政府出台体育方面战争总动员的相关政策。1938 年 4 月 1 日，日本颁布《国家总动员法》，[①] 以立法形式确立了为战争服务的国家动员行为。8 月 2 日，就国家动员法令下体育工作如何开展的问题，日本政府发布《体育运动实施通知》，[②] 呼吁日本社会节约物资发展体育运动，在体育教材、体育教具选择及使用方面，要根据国家战时配给情况适时做出调整。日本的体育运动与战时体制、军事体制走向结合，既要在战时特殊时期大力发展体育运动，也须通过体育运动为战时服务。体育运动成为身体素质锻炼、民族精神塑造、战时军事体制三者能够有机统一的最佳方式。

日本政府建构总动员下的体育体系。1939 年 3 月 27 日，日本政府公布《国民精神总动员委员会官制》。[③] 在内阁总理大臣之下，设国民精神总动员委员会，作为总动员运动策划和实施的中枢部门。国民精神总动员委员会成立后，制定了诸多领域的动员政策，以内阁决议或部长级会议决议名义发布，其中体育动员工作经由文部省向教育组织及相关机构下达实施。日本的战时体育制度与体系受国民精神总动员委员会管理，并统一置于内阁领导之下。

日本政府制定有关战时体育动员的配套法案。例如《全面认识时局方案及利用物资、节约消费之基本方案》《改革公私生活方式、战时态势化基本方案及关于鼓励勤劳、提高体力的基本方案》《战略后方后援强化周实施文件》等。[④] 这些法案配合战时体育运动制度的实施，将战时体育运动制度进一步细化至日本社会生产生活层面，号召日本社会应当注重体育

---

① 胡澎编《日本侵华决策史料丛编·战争社会动员》，第 43 ~ 44 页。
② 川上雅之「日本の体育体系に関する研究〈昭和戦時期の動向〉」『岡山理科大学紀要』13 号、1977 年。
③ 「国民精神総動員委員会官制」（1939 年 3 月 27 日）JACAR（アジア歴史資料センター）Ref. A03022342700（国立公文書館所蔵）。
④ 早稲田大学百年史編集所編『早稲田大学百年史』（第 3 巻）早稲田大学出版部、1987、814 - 815 頁。

运动对战时生产生活的促进作用。

　　战争总动员下体育运动与国民生产生活全方位结合。1940 年 1 月 19 日，日本政府公布《昭和十五年国民精神总动员运动实施要领文件》，[①] 进一步深化日本民众战时认识，推进战时生活（如建设兴亚生活）[②]，强化战时态势，日本政府明确提出必须将体育运动融入国民的战时生产生活，并以培养"皇国"国民精神为目标，发动全体日本国民参与，呼吁民众为"大东亚圣战"而勤劳奉公、节俭储蓄，并以此改善自身生活，同时配合战时体育国策，以成为支援战争前线的"合格"国民为最终目标。反观之，战时日本的体育运动提高民众身体体能，目的是使日本民众、日本社会能够为战争做好后援，为战争奉献一切。7 月，第二次近卫内阁上台后，在政治、经济、文化、国民生活、思想等领域推行新体制运动，将体育运动置于战时体制之下，这标志着日本法西斯独裁体制在体育领域的建立。

　　至此，战时体育相关的政策、体系体制、框架、目标均已搭建完成，一个能够协调统一日本国内并具有较强凝聚力的、为战时服务的体育组织就呼之欲出了。

二　体育统制体系的确定与大日本体育会的成立

　　1911 年 7 月，日本创立大日本体育协会（以下简称"体协"），主要负责日本国内各类体育事务，是一个松散的社会组织。体协首任会长由日本"近代体育之父"嘉纳治五郎担任。1927 年，体协升格为财团法人，具备了半官方半民间的性质。

　　太平洋战争爆发后，根据《国民精神总动员实施纲要》中"在中央设立一个强有力的、政府的外围组织"规定及战争总动员实施要求，1942 年 3 月 26 日，大日本体育协会常务委员会通过修订案，[③] 启动更名改组程序，筹备组成大日本体育会。体协第四任会长下村宏表示此举是为强化协会的组织和统制能力。大日本体育会的成立，是太平洋战争期间日本体育统制持续强化的结果，形成了以大日本体育会为中心的体育翼赞体制，[④] 从而

①　「昭和十五年国民精神総動員運動実施要領二関スル件」（1940 年 1 月 10 日－1940 年 1 月 12 日）JACAR（アジア歴史資料センター）Ref. A17110141300（国立公文書館所蔵）。
②　指大政翼赞兴亚生活运动。
③　村井友樹『大日本体育会の成立と変容に関する研究』博士学位論文、筑波大学、2015。
④　村井友樹、李燦雨「大日本体育会道府県支部の設置に関する研究：茨城県体育会の組織と運営方針を中心として」『スポーツ史研究』30 号、2017 年。

统制日本全国体育事业，收拢日本全国各类体育运动组织，进行统一集中管理。

1942 年 4 月 8 日，在东京丸之内的大东亚会馆，日本政府与体育机构代表、各地方体育事务主管等共同举行大日本体育会成立仪式，约 300 人出席。

成立仪式流程①

1. 致开幕词（吉江体炼课长）

2. 宫城遥拜

3. 奏唱《君之代》

4. 默哀

5. 报告创办历程（后藤副会长）

6. 会长致辞（东条总理大臣）

7. 致辞

7.1 厚生大臣（小泉）

7.2 文部大臣（桥田）

8. 贺词

8.1 陆海军大臣（岛田海军大臣）

8.2 内务大臣（汤泽内务大臣）

8.3 体育相关人士（下村宏）

8.4 大日本武德会（藤沼理事长）

8.5 大政翼赞会（草间总裁秘书）

8.6 贺电

（1）朝鲜体育振兴会会长

（2）台湾体育协会会长

（3）桦太体育协会会长

（4）"大满洲帝国"体育联盟名誉总裁

9. 欢呼万岁

10. 致闭幕词（吉江体炼课长）

大日本体育会自成立之初，其性质不是独立于政府管辖之外的民间团体，而是在体制上由日本政府直接领导，是日本政府的一个附属机构。大

---

① 「大日本体育会の発会式」『体育日本』20 巻 5 号、1942 年、10－11 頁，转引自村井友樹『大日本体育会の成立と変容に関する研究』博士学位論文、筑波大学、2015。

日本体育会会长由内阁总理大臣东条英机亲自担任，可见其具有明显的国家机关特性。仪式上，东条致辞。他阐述了大日本体育会设立的目的及意义，指出在"大东亚圣战"环境之下，大日本体育会肩负提高日本全体国民身体素质和心理素质的使命，成败与否左右着日本"皇国"的前途命运。[1] 可见，大日本体育会诞生于"大东亚圣战"的背景之下，成功与否关乎日本国运，具有显著的战时性特征。海军大臣亲临成立仪式会场，军界及日本占领地重要人物向区区一个体育组织致贺词、贺电，着实表明大日本体育会存在浓厚的军方背景，同时具备统领朝鲜、中国台湾、伪满洲国、库页岛等地体育事务的影响力和号召力。

在成立仪式上，下村宏说道"大东亚各民族乃至世界，均能加深理解、以增亲善"，[2] 日本借由大日本体育会染指"大东亚共荣圈"内的其他国家体育事业的意图，已昭然若揭。大日本体育会以日本国内为大本营，将目光放眼于"大东亚体育事业"，以统制体育事务的方式，策应日本政府"促进大东亚共荣圈民族融合"政策。大日本体育会是日本向东亚各国家和地区进行势力渗透的帮凶。在"大东亚新秩序"内，大日本体育会为"大东亚圣战"服务，协助日本军政界实现侵略东亚乃至世界的野心。

另外，从人员配置方面来看，大日本体育会与军方高层有着深厚联系，体现出浓厚的军方背景。1943 年 3 月，大日本体育会正式对外公布了《大日本体育会役员一览》表。[3] 表中会长、理事长、名誉副会长各 1 人。会长由东条英机亲自出任，其中意味已是不言自明的。副会长 3 人中，除小泉亲彦和桥田邦彦外，还有时任日本极右政治团体——大政翼赞会事务总长后藤文夫。后藤自诩为"天皇的警卫员"，曾是日本发动侵华战争的骨干成员，在处理有关大日本体育会的事务中一贯奉行军国主义。常务理事 7 人，其中包括海军省教育局局长矢野志加三和陆军省兵务局局长那须义男。理事 8 人，其中就包括大日本武德会理事长藤沼庄平和海军大佐挟间光太的养子挟间茂。大批日本军方人员参与至大日本体育会的管理之中，已然为大日本体育会走向"军国至上"道路埋下诱因。

大日本体育会的成立是日本战时体育事业举国体制的最主要表征，是

① 「大日本体育会の発会式」『体育日本』20 巻 5 号、1942 年、15 頁，转引自村井友樹『大日本体育会の成立と変容に関する研究』博士学位論文、筑波大学、2015。

② 「大日本体育会の発会式」『体育日本』20 巻 5 号、1942 年、17 頁，转引自村井友樹『大日本体育会の成立と変容に関する研究』博士学位論文、筑波大学、2015。

③ 「昭和十八年三月 財団法人大日本体育会要覧」群馬県立図書館所蔵，转引自村井友樹『大日本体育会の成立と変容に関する研究』博士学位論文、筑波大学、2015。

日本进行体育统制的集中体现。在日本战争动员影响下，大日本体育会统制的日本体育活动成为一场全民性、大众化的运动。广大日本群众，尤其是青壮年劳动力量被广泛动员起来，他们不分性别、不分行业、不分地域，积极投身于日常体育锻炼当中，并以战争需求为指引，有选择地从事与国防、军事关联的体育训练项目。大日本体育会打着提高国民身体素质、让体育惠及全民的幌子，实质上是将普通日本国民发动起来，在战时统制体育下，在为战争、为日本"皇国永续发展"服务。

大日本体育会的成立意味着日本体育理念发生重大转向。日本的体育活动不再仅凭个人意愿进行，体育成为一项"全民化""国民化"的活动。大日本体育会成立之前，日本体育主要是体育爱好者从事的专业型运动，并由此产生和形成了运动员制度。而运动员制度的根本目的在于刷新体育纪录、争夺参赛资格。当时的日本体育属于竞技性体育，而普通民众只在观看体育赛事时获得欢愉。大日本体育会成立之后，日本积极倡导"国民体育"新理念。然而，就这一体育理念的文字表述来看，实则具有一定的迷惑性。"国民体育"中的"国民"是指"皇国民"，"国民体育"理念植根于日本民众的"皇国观"。厚生省曾撰文指出，"现在日本体育指导理念的基础在于民众身为'皇国民'的自觉性。战场前线的人们'为皇国奉公'、后方的人们也在'为皇国奉公'，虽然地点与形式有所不同，但全体国民的尽忠诚意毫无保留地付诸于行动将最终实现这一使命，并同时拥有强韧健壮的身体"。① 在新的体育理念之下，日本政府大力推行"国民体育"。体育实施对象由从前的仅限于一部分运动员转向全体日本民众，意在锻炼"皇国民"的完美身心素质。厚生省认为，践行"国民体育"就是"尽忠奉公"，是身为"皇国民"理应履行的臣子义务。②

可惜当时的中国国内舆论对大日本体育会的性质认识尚浅，甚至鲜有对大日本体育会成立的报道。仅是 1942 年 12 月 30 日版的《安徽日报》有过粗略介绍。该报认为此前的日本体育多偏重于比赛竞技，忽略国民基本身体素质、体能的训练，大日本体育会成立后借助西方医学知识，提高日本民众基本体能，并注重向全民的覆盖、普及。③ 在 1942 年进入抗战相持阶段，大日本体育会成立的本质是为"大东亚圣战"服务，国民的体育训

① 「大日本体育会の誕生」『週報 第 288 号』JACAR（アジア歴史資料センター）Ref. A06031045000（国立公文書館所蔵）。
② 「大日本体育会の誕生」『週報 第 288 号』JACAR（アジア歴史資料センター）Ref. A06031045000（国立公文書館所蔵）。
③ 《日本体育会 增强运动》，《安徽日报》（中央社）1942 年 12 月 30 日，第 1 版。

练根本目的也是支援战争，提高兵源的战斗能力，该报道却未能揭露其真实面目。

同时期，日本《大阪朝日新闻》对大日本体育会、体育新理念有过分析。① 文章中明确指出，"战时背景下，大日本体育会以及大日本武德会成立或改组的根本目的是确立'真正的体育理念'，并将重点放在青年学生体育、武道项目训练上"。② 而这种"真正的体育理念"是指在"日本必胜之信念下，国民须具备坚定的战争意志，生产生活以战争为指引，普通民众尤其是在校青年学生须参加体育运动，接受军事基础训练"。③

在战争期间，大日本体育会推广"国民体育"理念，为日本政府的战争政策摇旗呐喊，以民族主义、宗教思维迷惑人心，侧重从精神、思想统制入手，煽动日本民众及学生进行体育训练以备参战，④ 助长了日本法西斯嚣张气焰。

大日本体育会的成立，标志着日本的体育活动、体育事业从单纯的民间管理体制中脱离出来，统一由官方体育机构辖制。厚生省曾指出，"从国家机关层面上来说，大日本体育会属于政府外围组织。大日本体育会配合政府提高体能政策的实施，也是民间体育运动的总司令部。大日本体育会努力将全国所有的体育活动按照国策要求进行，并使之与国策相互融合，同时对地方支部进行统制性指导。此外，为体育运动的普及与发展，推进其他相关的必要工作，例如体育调查研究、培养体育指导员、管理体育设施、分配筹措体育器材等"。⑤ 大日本体育会是统制日本全国体育工作的最高部门，管理国内以及海外殖民统治地区的所有体育组织及活动。大日本体育会向下传达着日本政府制定的一切体育工作指示，向上影响着日本政府的体育施策方略。可以说1942年以后，日本的国民体育运动、体育训练、体育赛事、体育项目等统一以战争为导向，为配合日军在前线战场上的进展，在战场后方进行战争准备。大日本体育会的成立是日本实现体

---

① 「武力戦第一主義で良兵教育に徹せよ」『大阪朝日新聞』兵務部長会同、1943 年 3 月 17 日。

② 「武力戦第一主義で良兵教育に徹せよ」『大阪朝日新聞』兵務部長会同、1943 年 3 月 17 日。

③ 「武力戦第一主義で良兵教育に徹せよ」『大阪朝日新聞』兵務部長会同、1943 年 3 月 17 日。

④ 聂啸虎：《日本战时体制下的体育军事化过程》，《体育文化导刊》2003 年第 6 期，第 60～61 页。

⑤ 「大日本体育会の誕生」『週報　第 288 号』JACAR（アジア歴史資料センター）Ref. A06031045000（国立公文書館所蔵）。

育统制的显著表征。大日本体育会发挥起国家机关职能，并促使日本体育转向"国民体育"路线。[1] 日本体育运动自此一改原本面貌，在民族主义、国家主义的挟持下，走上军事化、战时化道路。

三 大日本体育会战时体育统制的强化

大日本体育会作为日本战时体育统制的官方机构，统筹日本全国的体育工作。大日本体育会下设事务局管理全部事务。事务局设总务部（庶务科、会计科、资材科）、健民部（振兴科、训练科、情报科）、炼成部。总务部负责人事和会计业务，以及同其他相关组织、支部的联络事项。健民部负责国民体育普及工作，炼成部统一管理大日本体育会的各分会。截至1943 年 3 月，大日本体育会设置有相扑、行军山岳拉练、陆地战斗技能、体操、游泳、划艇、帆船、滑雪、滑冰、自行车、举重、橄榄球、足球、曲棍球、手球、棒球、软式棒球、排球、篮球、网球、软式网球、乒乓球、高尔夫球共 23 个分会，[2] 几乎涵盖了日本全国所有的体育组织。

因仓促上阵，直至 1942 年 10 月 13 日，大日本体育会才向社会公布了组织机构的设置情况，此时距其成立已过去六个月之久。起初，大日本体育会机构设置尚不完善、人员配置也极为松散。1943 年，日本深陷战争泥沼，东亚战势发生扭转。大日本体育会尽量克服成立初期的种种困难，以统制日本全国体育事业及体育活动为主要任务，加快步伐正式进入运营阶段。

（一）制定基本方针，主导战时体育工作

大日本体育会在体育界积极鼓吹通过全民体育运动之方式夺取"大东亚圣战"的胜利，全力配合政府各项体育施政，积极开展体育工作，努力培养和强化民众的"皇国"国民意识。同时，大日本体育会向日本社会组织及公益团体呼吁关注国民体能及身体素质，号召民众团结一心，尽力克服战争背景下缺少物资、粮食以及运力不足等方面给体育事业发展带来的负面影响，竭力驰援前线战事。

战时体育统制下，以大日本体育会对外公布的 1943 年度体育事业内容

---

[1] 「大日本体育会の誕生」『週報　第 288 号』JACAR（アジア歴史資料センター）Ref. A06031045000（国立公文書館所蔵）。

[2] 「昭和十八年三月　財団法人大日本体育会要覧」群馬県立図書館所蔵，转引自村井友樹『大日本体育会の成立と変容に関する研究』博士学位論文、筑波大学、2015。

为例，其工作内容主要围绕以下三个方针展开，① 具有显著的战时性特征。

第一，在民众日常生活中，积极开展配合日本"健民强国"政策的实践活动。当时紧要任务是培养体育指导员以弥补专业体育指导人才缺口，在道、府、县各级行政区域成立体育指导委员会等组织，指导该区域的体育工作。同时，在全国范围内积极开展国民体育项目的公开讲座和培训，如体操、行军拉练、体力章检定所含项目、陆地战斗技能、游泳、滑雪等。试行新的国民体育指导员检定制度。

第二，以增强军事战斗力为目的，加强对青少年、青壮年身体素质和内在精神的锻炼和培养。大日本体育会将体育训练场地与实际战场相结合，施行奖励机制，着重对青少年进行"战斗技能训练"，以达到完全掌握并能灵活运用的水平。大日本体育会所谓的"战斗技能"，主要包括游泳、行军拉练、滑雪、陆地作战技能等。

第三，实现体育的全民化、普及化。大日本体育会认为日本之所以能够坚持进行"大东亚圣战"，原因在于前线兵力的持续增强与后方产能的不断提高。大日本体育会积极劝导民众参加体育训练，激发民众投身作战的斗志和热情，提升民众生产生活能力，配合日本政府的"健民强国"体育训练政策，包括老弱病残的民众在内，努力使体育锻炼能够完全覆盖全体日本国民。

依照上述工作方针，大日本体育会制定了 1943 年度工作计划大纲。

　　　昭和十八年度事业计划大纲②

　　1. 国民体力练成纲要的制定及建议

　　2. 协助各类健民运动

　　3. 国民体力练成组织的整备与扩充

　　4. 体育活动整备统制计划的制定及建议

　　5. 各种体育讲习会的举办及指导

　　6. 国民体育指导者资格鉴定制度的制定及实施

　　7. 协助政府主办的各种体育指导者进修会

　　8. 研究机构的整备及实施

　　9. 体育运动场所的统一管理

---

① 「第五編　第八章　大日本体育会」（1943 年）JACAR（アジア歴史資料センター）Ref. A17110006600（国立公文書館所蔵）。

② 「第五編　第八章　大日本体育会」（1943 年）JACAR（アジア歴史資料センター）Ref. A17110006600（国立公文書館所蔵）。

10. 体育资材的统制、需求调查及调配

11. 协办第十四届明治神宫国民体育大会

12. 表彰体育功勋者

13. 主办 1943 年度各类重要体育大会

14. 指导各类体育大会

15. 配合政府设立健民体育锻炼所的政策，成立相关机构部门

16. 研究调查 "大东亚共荣圈" 体育

17. 举办讲习会、放映会，派遣讲师及发行机关杂志

18. 协助地方支部工作

　　1943 年度大日本体育会工作大纲与 1942 年度相比，除个别几项工作先后顺序有所调整外，并未有太大变化。例行的 "明治神宫国民体育大会"（「明治神宫国民錬成大会」）如期召开。1942 年度大日本体育会还计划组织参加 "满洲国" 十周年竞技大会。1943 年度突出的工作内容是第 15 项配合政府实施建设 "健民修炼所" 政策和第 16 项研究调查 "大东亚共荣圈" 内体育事业。这两项是大日本体育会针对日本国内与国外体育事业的重点工程，显示出极为浓厚的战时色彩。对 "大东亚共荣圈" 内体育进行调查从侧面说明大日本体育会着眼之处并不只限于统合日本国内的体育组织，也企图染指周边国家和地区的体育事业。

（二）部署重点任务，实施战时体育统制

　　大日本体育会 1943 年度正式开启运转模式，为因应日本战时体制，满足战争需要，积极整合日本国内体育组织机构，承办、协办各类体育赛事，集中部署多项重点任务。[①]

　　实施国民体育指导员检定制度。国民体育指导员如同学校体育教导员，即指导民众正确进行体育锻炼的人员。指导员检定制度的目的在于考核相关人员是否具备任职资格，能否在民众中间有效指导体育训练、培养民众健康身心。

　　开展 "全国男子学泳必成训练"（「全国壮丁皆泳必成訓練」）。大日本体育会认为，在 "大东亚圣战" 中日军官兵与游泳有密切关系。因此训练准备入伍的男子游泳，杜绝官兵不习水性，以提高军队整体战斗力，促进战事顺利推进。大日本体育会与大政翼赞会共同开展这项活动，最终使

---

① 「第五編　第八章　大日本体育会」（1943 年）JACAR（アジア歴史資料センター）Ref. A17110006600（国立公文書館所蔵）。

95% 的参加者达标（能游 10 米以上）。

协助推广"健民运动"。日本推行"健民运动"的目的在于培养日本国民内在精神，以引领东亚为己任，使日本国祚绵延昌盛，而且日本民众投入身心锻炼、提高体能体力，有助于为"大东亚圣战"储备优质兵源、助长官兵士气。大日本体育会协助推广"健民运动"，于春、夏两季举办全国体操大会、广播体操大会及大阪"健民运动"推进大会。

重视村、町、工作场所的国民身心锻炼。大日本体育会为确保战时状态下民众能够坚持以隐忍心态从事生产生活，向政府提议在村、町、工作场所等地设立健民部（或健民会），引导民众体育运动，促使民众自发开展体育活动，举办体育运营讲座、培训会。

举办大东亚体育峰会。为使"大东亚共荣圈"成员之间在体育事务运作方面保持紧密联系，协助日本夺取战争胜利、完成"兴亚大业"，大日本体育会计划 11 月上旬在东京举办大东亚体育峰会，召集伪满洲国、菲律宾、缅甸、泰国等代表参加，共同宣誓在体育道义基础上，构建"大东亚新秩序"，组成"大东亚体育协会"，并开展"大东亚共荣圈"体育调查研究。

协助举办第十四届"明治神宫国民体育大会"，整编、统制日本国内各种运动会。战时背景下，大日本体育会举办运动会的重点在于增强民众身体素质、训练基本体能、培养作战能力，克服物资匮乏、食品短缺、运力不足等困难，尽力达到普及体育的目的。大日本体育会整编日本全国各地的运动会、体育会，固定基本比赛项目如体操、游泳、陆地战斗技能以及体力章检定，改单竞技比赛制度。

设置健民"体育锻炼部"（「体育修練部」）。日本政府为使日本民众体能均衡化发展，从 1943 年度开始在各地设立健民体育锻炼所，大力倡导民众积极参与。大日本体育会组建健民"体育锻炼部"，专门从事体育指导员培养及体育调查研究。

指导企业、工场等设立厚生课调查联络委员会。大日本体育会认为日本工人体育振兴与成立体育组织工作拖沓已久，主张成立专门由大企业、大工厂的负责人组成的"工人体育联络委员会"，负责沟通联络劳工体育事宜。大日本体育会开展工人体操指导员培训，向劳工阶层推广体育运动。

此外，大日本体育会编辑发行《体育日本》[①] 杂志，向日本民众传播近代体育思想，推广"国民体育"理念，宣传报道体育类资讯，普及近代体育理念，指导日本民众进行正确的体育训练。

（三）安排具体工作，因应战事兵力需求

大日本体育会自 1943 年起实现正式运营。在统制体制下，大日本体育会开展了形式多样的体育工作，例如全国性及地方性比赛、体育指导与训练、体育讲习与培训等。其工作内容呈现出一些显著特征。具体事项如表1 所示。

表 1　大日本体育会 1943 年度体育事业计划一览

名称		时间	地点	名称		时间	地点
第九届日本体操大会		5 月	各地	健民运动夏季心身锻炼广播体操会		7～8 月	各地
健民运动推进之会		8～10 月	各地				
都市体育运营研讨会	关东、北陆地区	9 月	长野县	国民体育指导者养成讲习会及检定会	仙台	7 月	
	东海、近畿地区	9 月	京都府		名古屋、大阪、神户、京都	8 月	
	九州、四国、中国、山阴地区	10 月	山口县		广岛、福冈、东京	9 月	
	桦太、北海道、东北地区	10 月	岩手县		横滨	10 月	
海洋训练指导者养成讲习会		8 月	东京湾	全国男子学泳必成训练		5～8 月	各地
				综合基本体力增强运动		1 月	各地
行军体力医学的调查		4 月	东京静冈	勤劳者体育联络委员会设置		6 月	
勤劳者锻炼体操指导者养成讲习会		5、7 月	东京	女子勤劳者锻炼体操指导者养成讲习会		10 月	东京
体力章检定会		5～6 月	东京				
国民综合基本体力增强练成会	东京、青森、静冈、札幌、福冈、新潟、松江、广岛	3～5 月		陆上战技指导者训练会		6～8 月	东京
				关东体力章检定竞技练成会		6 月	东京
				关东陆上战技练成大会		7 月	东京

① 「第五編　第八章　大日本体育会」（1943 年）JACAR（アジア歴史資料センター）Ref. A17110006600（国立公文書館所蔵）。

续表

名称	时间	地点	名称	时间	地点
女子体力章检定竞技练成会	10 月	东京	关西陆上战技练成大会	7～8 月	大阪
行军山岳指导者中央练成会	7 月	东京	战技登山技术研究会	6 月	八岳
九州行军山岳指导者练成会	7 月	九州	战技登山技术研究会	10～11 月	穗高
关西行军山岳指导者中央练成会	7 月	京都	关东水上竞技比赛	7 月	东京
行军山岳指导者中央练成会	8 月	东京	近畿水上竞技比赛	7 月	大阪
关东行军山岳指导者练成会	10 月	东京	东海水上竞技比赛	8 月	名古屋
关东实业团划艇比赛	6 月	东京	北海水上竞技大会	8 月	盛冈
中部实业团划艇比赛	7 月	名古屋	中国、四国水上竞技比赛	7～8 月	广岛
大阪湾实业团划艇比赛	8 月	大阪	九州水上竞技比赛	8 月	福冈
琵琶湖实业团划艇比赛	7 月	琵琶湖	关东自行车竞技比赛	6～7 月	东京
海军纪念日划艇比赛	5 月	东京	关西自行车竞技比赛	6 月	京都
县之纪念日各种大会	7 月	东京	三市女子对抗水上竞技比赛	6 月	东京
游泳指导者讲习会	9 月	东京	相扑指导者养成讲习会	7～8 月	长野
近畿工场相扑赛	10 月	大阪	关东足球赛	6 月	东京
关东手球赛	7 月	东京	关西足球赛	6 月	大阪
关西手球赛	10 月	大阪	关东实业团足球赛	7 月	东京
关东实业团网球赛	7 月	东京	关东产业人实业团橄榄球红白诚会	7 月	东京
关东团体对抗网球赛	6 月	东京	关东产业人实业团橄榄球赛	10～11 月	东京
关西网球赛	9～10 月	大阪	关东软式网球赛	8 月	东京
东海网球赛	11 月	名古屋	北日本软式网球赛	8 月	仙台
九州网球赛	11 月	福冈	中部软式网球赛	8 月	名古屋
关东棒球专业选手大赛	7 月	东京	西日本软式网球赛	11 月	神户
关东棒球赛	9 月	东京	九州软式网球赛	11 月	熊本
关西棒球赛	10 月	茨城	关东乒乓球赛	11 月	东京
			关西乒乓球赛		大阪

续表

随机性体育事项及赛事（包含已开展的活动内容）	
名称	名称
勤劳者体育之调查研究	战技技能指导者养成讲习会
女子体力调查研究	国民体育指导者养成讲习会及检定会
国民体育练成目标的制定与施行	健民修炼体练指导者养成讲习会（全国各地）
健民修炼所之指导	男子全部技能必成训练
协助开展冬季健民运动「耐寒心身鍛錬」	体育相关出版物指导及体育思想统制指导

名称	地点	名称	地点
东海网球赛	名古屋	轴心国交际球技大会	东京
九州网球赛	福冈	耐寒行军	东京
关东排球赛	东京	陆上战技讲习会（全国）	特大城市
东海排球赛	名古屋	产业报国陆上战技讲习会（全国）	特大城市
九州排球赛	福冈		

资料来源：根据日本国立公文书馆所藏 JACAR（アジア歴史資料センター）Ref. A17110006600「第五编 第八章 大日本体育会」（1943 年）中收录的关于大日本体育会 1943 年工作内容而整理。

表1中，主要内容分已确定工作和拟开展工作两部分。就已确定工作而言，有以下几个特征。首先，开展的体育项目广泛多样、种类齐全。从游泳、划艇、足球、棒球、自行车、乒乓球到相扑、网球、软式网球比赛，涵盖了日本传统体育竞技项目与西方近代工业文明后出现的新型体育项目。其次，战时性、军事性特点突出。大日本体育会开展行军拉练及山地拉练赛、陆地战斗技能比赛，向日本民众强调具备该项技能的重要性，同时也通过比赛选拔出大量高水平人员，为日军队伍挖掘和积累了人才。再次，大日本体育会主导的体育比赛在日本各地陆续展开。全国性的比赛以及运动如日本体操大会、广播体操大会、全国男子学泳必成大会、综合基础体能增强运动等在全国各地陆续展开；地方性的比赛及工作任务则分区域进行，如关东地区集中在东京举行，中部地区集中在名古屋举行，关西近畿地区集中在大阪和京都举行，九州地区集中在福冈举行。诸类体育工作有序在日本全国各地展开。最后，1943 年度除 2 月、3 月、12 月有待安排工作内容外，其余九个月均被穿插了形式多样的体育事务。就拟开展的工作而言，大日本体育会在开展体育赛事的同时，也着力进行体育相关

的调查研究，如工人体育、女子体能等，积极开展有关国民体育训练的讲座，加深体育锻炼在社会大众中的影响力。

此外，大日本体育会也将分支机构延伸至包括库页岛在内的日本道、府、县级行政区，同时又在县以下的市、町、村设立支部，如名古屋、大阪、札幌、北见、萩、夕张、函馆、小樽、带广、广岛、久留米、盛冈、釜石、宇部、甲府、宫古等地，进一步强化其渗透力、组织力和动员力。

1943 年以后，日本在东亚战场上逐渐转向颓势。在中国战场上，日军发起的鄂西会战与常德会战的战役目标均被中国军队粉碎，抗日战争进入相持阶段。战火的胶着、严酷也影响着日本政府对大日本体育会的政策方针。日本政府为大日本体育会指定了日后体育工作发展的三大方向，即扩大生产与体育相结合、振兴女子体育及培养国民空中适应能力，着眼于日本国内广大劳工阶层以及妇女体能锻炼，训练基本军事技能，以为战争保障后续兵源。

在日本战争动员的"影响"之下，大批日本国民被广泛动员起来参与到大日本体育会组织的体育活动之中。他们以服务战争为最终导向，着重提高身体体能，尤其是大日本体育会所提倡的战斗技能。例如，在 1943 年度的"全国男子学泳必成训练"中，在日本国内 900 所实施机构里，4000 多名不会游泳的适龄男子被动员起来参加体育指导员训练。[1] 经过大日本体育会培训后，其中 95% 的人能够顺利通过考核（游 10 米以上），[2] 50%~60% 的人能够游 25 米，并且熟练掌握仰泳和自由泳两种泳姿。[3] 日本国民配合战争动员的程度之高也不可小觑。由此可见，大日本体育会所开展的体育战时化、军事化训练的成效是显著的。

大日本体育会是战时日本体育领域的统制性机构，是日本举国一致体制下法西斯独裁的产物。大日本体育会不分年龄、性别、地域环境，要求所有民众提高自身身体体能，将体育运动、体育训练发展为全民性的活动。大日本体育会将现有的全部体育运动管理组织收入伞下，在其内部以各项目为类别改组成分会，将其他的总部指导机构合并组成强有力的体育指导组织。帝国在乡军人会、产业报国会、大日本妇人会、大日本青少年团等各种国民组织作为合作机构，参加并构成体育实践组织。两种组织互

---

① 斎藤巍洋「壮丁皆泳受講者のために」『体育日本』22 巻 5 号、1944 年。

② 「第五編　国民鍛錬、鍛錬施設、鍛錬用具（第八十四回帝国議会資料）」（1943 年）、JACAR（アジア歴史資料センター）Ref. A17110005800（国立公文書館所蔵）。

③ 村井友樹、李燦雨「全国壮丁皆泳必成訓練の実施背景と特徴：大日本体育会の軍事予備教育への関与」『スポーツ史研究』30 号、2017 年。

为经线纬线，以全体国民为对象，为达成目的，积极开展体育活动。① 大日本体育会在厚生省的指导下，与文部省、陆军省、海军省、大政翼赞会、帝国在乡军人会、大日本青少年团互相配合，以支援战争为目的，为战时日本的动员体制服务。大日本体育会的体育体系深入至日本各县、市、町、村，从中央至地方，形成了完整的组织体系，实现了日本政府对于体育统制的目标，同时也锻炼了普通民众的军事作战技能。与日本对外侵略战事的发展一道，1943 年以后，大日本体育会对日本体育工作的集中统制性和为战争服务性的两个特性愈加显著，其体育军事职能也愈加突出。

结　语

七七事变后，日本政府发起国民精神总动员运动，统一调动人力、物力、财力等一切社会资源为战争服务，政治、文化、教育、经济、思想等社会领域的工作均须以战争为中心开展。在战争动员过程中，日本政府视国民身体素质及体能训练为左右国防、战争形势的重要元素，制定和推行一系列以战争为导向的体育政策措施，构建战时体育体系。与此同时，日本政府解散原有的松散性民间体育组织——"大日本体育协会"，成立官民一体性、统制性体育机构——"大日本体育会"来管理一切体育事务，从而为战争提供有力的后备支持。

1942 年 10 月，在战火纷飞、硝烟弥漫之中，大日本体育会拉开序幕宣告成立。大日本体育会集日本全国所有体育工作于一体，以实现体育"全民化""大众化"为基本理念，响应日本政府服务战争的号召，开展相关体育运动，举办或协办各类体育赛事，推进"国民体育"的宣传、教导活动。为配合日本对外侵略战争，大日本体育会将行军山岳拉练、陆地战斗技能、游泳等与兵力提升相关的项目设定为国民日常体育训练的基本内容。大日本体育会又将目光投向伪满洲国、朝鲜、菲律宾等日本进行殖民统治的国家和地区，急切涉足和干预当地体育事务，策应日本政府建设"大东亚共荣圈"的构想，乃至提出"发展国民体育事业引导东亚全民族融合"的口号。

日本妄图通过大日本体育会推行军国主义及对外侵略战争，从而奴役

---

① 「大日本体育会の誕生」『週報 第 288 号』JACAR（アジア歴史資料センター）Ref. A06031045000（国立公文書館所蔵）。

东亚人民。大日本体育会俨然已成为服务战争的体育统制机构。此外，在沦陷区内，日本曾积极策划举办体育"亲善"活动，举行"大东亚亲善体育大会"，筹备成立"大东亚体育联盟"，美其名曰"共同建设大东亚体育"，其实质是为粉饰日本侵略行径，削弱和抵消抗日力量。

随着日本的战败及其"大东亚圣战"的美梦幻灭，1946年驻日盟军总司令部勒令大日本体育会改组、解散。日本体育的举国体制也悄然消失在历史帷幕之后。虽然日本发起战争动员统制其国内及海外殖民统治地区体育事务的行径，客观上在民众身心素质提高方面有过一定作用，却无法改变其以侵略为目的的本质属性，并最终与军国主义一同被湮没在历史的尘埃之中。

【民国经济】

近代中国工人阶级形成的再认识[*]

——以 1920 年代青岛日商纱厂工人为中心

张福运　孙　玥[**]

提　要　1922 年青岛回归后，日商纱厂工人反抗运动的失败以及 1920 年代后期劳动力供求关系的逆转，加剧了工人队伍的不稳定性。见习生、本地工人和有斗争经验的老工人相继被清理出厂，而新工人又受到严密控制和封闭，并被保护员切割得七零八落，致使阶级观念无法传播、工人自组织力量更为匮乏，从而影响到工人阶级的形成。同时，日本强大的军事威慑、继续强化的经济垄断、野蛮的奴化教育以及地方军阀的白色恐怖，造就了一个沉默消极的青岛社会，导致孤立无援的工人运动易于夭折，也使日商纱厂工人多次错失向自为阶级转化的时机。这表明，对近代中国早期工人阶级形成的认识，不能忽视中国仓促走向工业化道路的时代背景以及半殖民地政治社会生态。

关键词　工人阶级　工人运动　青岛　日商纱厂

对于近代中国工人阶级的形成，主要有三种解释模式：一是李立三、邓中夏等早期马克思主义者的阶级分析模式。他们按照马克思主义的阶级斗争理论——工人阶级在集中化、同质化和接受阶级观念的过程中实现从自在阶级向自为阶级的转变，成立无产阶级政党，完成推翻资产阶级统治、消灭资本主义制度的任务——分析近代中国工人阶级的特点、优点和

---

*　本文为国家社科基金重大招标项目"近代中国民众运动全史（1919 - 1949）"（项目批准号：19ZDA211）的阶段性成果。

**　张福运，中国石油大学（华东）马克思主义学院教授；孙玥，中国石油大学（华东）马克思主义学院博士研究生。

向自为阶级转变的过程，以及在反帝反封建斗争中领导作用的发挥。但阶级观念的传播和工人阶级的形成并非一蹴而就，因而阶级观念灌输—阶级形成—工人运动发生的线性叙事模式，遮蔽了阶级形成的复杂性，也削弱了经典理论的解释力。二是以民国社会学家陈达为代表的工人视角的分析模式。他强调觉悟、组织和奋斗这三个元素对工人阶级形成的重要性，即工人首先要有基于同情和关爱的团体意识即觉悟，这样才能"领会到合群的必要"并致力于建设自己的组织，有了组织"就可以奋斗的方法保存他们已有的利益，或争取他们应得的利益"。[1] 觉悟和组织对工人阶级的形成固然重要，但以团体稳定为前提，亦即无论是团体意识的形成还是工人组织的创建，包括工人运动的展开，都要有一个相对稳定的群体，这在中国"熟人社会"文化传统下尤为重要。三是贺萧、艾米莉·洪尼格、裴宜理等美国学者的新劳工史研究模式。他们从工人的经历、生活环境和经验、文化背景出发，讨论近代中国工人阶级形成的困境：在行会、把头等势力的控制下，工人形成"小团体合作，大团体分裂"的格局，[2] 社会关系中带有浓厚的"地方主义"，[3] 并因性别、教育背景、技术水平的差异出现内部分化和分裂。[4] 这种解释模式突出了阶级形成的复杂性，但过于强调工人内部分化和地方主义，不仅易于走向只见工人不见工人阶级之极端，还会过滤掉影响工人阶级形成的深层次的社会经济因素。

对近代中国工人阶级形成的考察，有两个因素不可忽视：一是外力压制下中国仓促走向工业化道路以及20世纪初社会危机的不断加深，决定了工业化初期很难形成稳定的工人队伍；二是半殖民地政治社会生态尤其是地方军阀的社会控制，不仅影响到阶级观念的传播和工人的组织建构，还制约着工人运动的走向。实际上，与社会关系中的地方主义以及性别、教育背景、技术水平之差异导致的工人内部分化和分裂相比，这两个因素对工人阶级形成的影响更为直接而深远，并在1920年代青岛日商纱厂工人中表现得特别明显。

一　青岛早期的工业化与日商纱厂工人队伍的形成

与上海、天津等口岸城市相比，近代青岛的工业化起步较晚但进展迅

---

[1]　陈达：《中国劳工问题》，商务印书馆，1929，第586~587页。

[2]　Gail Hershatter, *The Workers of Tianjin, 1900 – 1949*, Stanford University Press, 1986.

[3]　〔美〕艾米莉·洪尼格：《姐妹们与陌生人：上海棉纱厂女工，1919~1949》，韩慈译，江苏人民出版社，2011。

[4]　〔美〕裴宜理：《上海罢工：中国工人政治研究》，刘平译，江苏人民出版社，2001。

速。1898 年德国租借胶州湾之前，这里还是一片"斥卤不毛"的荒土，"自从德国人看中了以后，用横蛮的武力占领，用惊人的财力经营"，"不到几年，就把青岛造成一个东亚赫赫有名的军港、商场，而兼重镇了"。① 德据时期的城市建设侧重服务于军事和商业贸易的港口、码头、道路等基础设施，"实业之建设，尚不遑顾及也"，② 故 1914 年日本势力进入前，青岛的工业尚不发达，工人少而分散，且流动性高。除胶济铁路四方机厂工人较为集中而稳定外，这一时期青岛的工人主要是来自山东内地"黑色的苦力"，他们"在船上干最脏的活，或者象鼹鼠一样地在那里翻土、打地基、挖沟修渠"；③ 当工程结束或农忙时节，"多数返回家乡去了"，④ 故还算不上真正意义的工人阶级。

1914～1922 年日本占领期间，经济扩张和资本输入步伐加快，青岛的工业化全面展开。日本视青岛为"侵掠山东之大本营"，"各种事业，无不积极经营，以故能于八年之内，将青市各种企业，全行掠入掌中"。到1920 年代初，青岛的工业、金融等为日本所垄断或独占，其中日本正金银行、朝鲜银行控制了青岛金融，商人"宁拒现金，亦不肯不收正金钞票"；工业贸易领域，除华新纱厂等少数中资企业外，有一定规模之企业皆为日商所持。⑤ 这期间，日商在青岛西北部的四方和北郊的沧口相继开办了内外棉、大康、宝来、富士、隆兴、钟渊 6 家纱厂，成为青岛轻纺工业的支柱。到 1925 年初，这 6 家日商纱厂雇用工人 1.8 万多人，约占全市产业工人总数的 60%。⑥ 这近 2 万名日商纱厂工人即本文的研究对象。

1922 年 12 月中国政府收回山东主权后，日本资本家一面"因纱业状况不佳，极力要维持资本的利益，渡过这衰落时期；一面却又想此时期扩大他的企业，独占中国之纱业"，因而加紧压榨工人，"以达其保守而且进攻两个目的"。⑦ 这种情势反映到日商纱厂工人中，一面是青岛回归激发出的民族主义情感，一面是剥削加剧激起的反抗决心和团结斗争的意志，这

① 剑霞：《收回后的青岛》，《中国青年》第 36 期，1924 年 6 月 21 日。

② 《一九二二至一九三一年报告》，青岛市档案馆编《帝国主义与胶海关》，档案出版社，1986，第 210 页。

③ 《德国侵占时期青岛工人的情况》，中共青岛市委党史资料征委会办公室、青岛市档案馆编《青岛党史资料》第 1 辑，青岛市出版局，1987，第 296 页。

④ 《胶海关十年报告——一八九二至一九〇一年报告》，《帝国主义与胶海关》，第 62 页。

⑤ 《青岛日人经济侵略运用辣腕之现状》，《民国日报》1929 年 11 月 4 日，第 2 张第 1 版。

⑥ 《日商在青开设之六大纱厂》，山东省总工会工运史研究室、青岛市总工会工运办公室编《青岛惨案史料》，工人出版社，1985，第 509 页。

⑦ 独秀：《日本纱厂工潮中之观察》，《向导》第 117 期，1925 年 6 月 6 日。

二者构成 1920 年代日商纱厂工人阶级形成的内在动力。但工人队伍的不稳定、自组织力量的匮乏，特别是不利的社会环境，严重制约了他们向自为阶级的转化。

二　工人队伍的不稳定性

青岛日商纱厂工人的主要来源：一是四方、沧口一带的村长、地保介绍的当地农民；二是"保护员"即把头或工头在胶东半岛、山东内地招募的贫苦农民；三是以委托方式在山东各地招收的青年学生，即通称为"见习生"的后备技术工人；四是工厂以"验工"方式从进城谋生农民和城市贫民中挑选的劳动力。起初，通过前三种渠道进入纱厂的农民和青年学生构成工人的主体。1925 年青岛日商纱厂工人大罢工失败后，以验工方式进厂的外地农民之比重逐步加大。

首先进入日商纱厂的本地工人和见习生，也是最早退出的；有的"因遭受虐待又不堪忍受连续 12 小时的繁重劳动而中途退工或逃跑"，① 大多因组织或参与罢工被辞退。1924 年 9 月，钟渊纱厂织布间见习生逼迫厂方兑现加薪承诺的罢工平息后，同处沧口的富士、宝来纱厂"无不惕然于衷，于是不约而同的积极防杜工人发生风潮"，"陆续将练习生撤换，补以新由东京招来之日本女工"，"复派人四去招工"，将"所有本地工人，渐次分批裁清"。本地工人之所以受到牵连，主要是"离家太近"，攻守有据；而外来工人，工余关在工厂宿舍，免受外界影响，"一旦罢工，即将工人封堵门外，资斧既无，归家不得，有此困难，尤论如何决无罢工之虞"。②

引发 1925 年青岛日商纱厂工人联合罢工的大康纱厂工人运动，也是由该厂见习生组织发起。这批来自济南和青岛周边地区的青年学生，既有文化上的优势，且"每人都教过一百来个徒弟"，"可以说一呼百应"，因而成为工人的核心。③ 更重要的是，"他们向具狭义爱国反日的思想，复感日本资本家苛待压迫的痛苦"，在 1925 年初上海纱厂工人二月罢工和胶济铁路工会成立的影响下，"暗中联络工人组织工会"。厂方"捕拿活动分子，甚至严刑拷打"的"武力压迫"，引发 4 月 19 日大康纱厂工人大罢工。罢

---

① 《日商在青开设之六大纱厂》，《青岛惨案史料》，第 512 页。
② 《沧口各厂大裁本地工人》，《青岛党史资料》第 1 辑，第 250～251 页。
③ 《大康纱厂招收、管理工人的三则回忆》，《青岛党史资料》第 1 辑，第 122～124 页。

工发生后，厂方"断绝工人伙食"，并"用军队包围工人宿舍"，这又激起内外棉、隆兴、钟渊、富士、宝来等日商纱厂的同盟罢工。[①] 5月29日工潮被扑灭后，日本资本家对"这批见习生恨之入骨"，把他们"一个不留地赶走了"。[②]

1925年5月青岛日商纱厂工人联合大罢工，可谓青岛工人阶级成长史上的一个转折点。罢工的失败，给这支刚刚稳定下来的工人队伍以致命一击。在"五二九"惨案中，6人死亡，17人重伤，75名工人代表被捕，3000多人被押解回籍。[③] 随后各日商纱厂全面清理"危险分子"，不仅工人领袖"均不复用"，"昔日旧工"也"大加裁汰"；"所裁之数，一日之间，或二三十不等"，代之以内地"带发辫"的农民。后因胶济铁路工会的抗议和青岛当局的干预，日本领事要求各纱厂"不得无故开除华工"，厂方"遂用一种最阴险最毒辣之手段，以对付旧工人"，每日"仅予两小时之工资"，"不足一饭之费"，逼其"不得不自退"。[④] 到1925年7月中旬，大康、内外棉、隆兴纱厂被清退或被逼辞职的工人多达4540人，[⑤] 占罢工前夕三厂工人总数的近一半。[⑥] 这意味着早期入厂的工人已被清理殆尽。

对工人领袖和有斗争经验的老工人的清理，控制与防范了工潮的发生和扩大。1925年7月23日，大康纱厂工人为抗议厂方开除、虐待工友举行罢工，并迅速发展为四方三个日商纱厂工人的联合行动。但罢工坚持不到一天就被扑灭，这主要是因为"有经验的成年工人已被厂中开除净尽，主持罢工的全是一般童工"；"大康的领袖不过14岁，隆兴的才16岁"，"当纠察队的也是一些小孩子"，"所以当工人上工之际，他们去阻拦，被警察一推就倒下一排"。新入厂的工人对工潮原委"完全不晓"，实际上起了破坏罢工的作用。[⑦]

此后四年间青岛日商纱厂工人的沉寂，除日方恢复了军事控制外，还在于劳动力供求关系的逆转加剧了工人队伍的不稳定性。其间，山东各地

①　邓中夏：《中国职工运动简史》，中原新华书店，1949，第149~151页。
②　朱子恒等：《大康纱厂工人斗争情况》，中共青岛市委党史资料征委会办公室、青岛市总工会工运史办公室编《青岛党史资料》第2辑，1985，第357页。
③　《胶济铁路工会代表呼吁书》，《青岛工运史料（1921~1927）》，青岛市总工会、青岛市档案馆，1985，第132页。
④　《颠连无告之青岛纱厂工人》，《益世报》1925年7月25日，第2张第7版。
⑤　《青岛被难工人之调查》，《益世报》1925年7月22日，第2张第6版。
⑥　1925年4月日商纱厂大罢工前夕，大康、内外棉、隆兴三厂工人分别为5070人、3200人和2200人，共计10470人。见《青岛纺织业的情况调查》，《青岛惨案史料》，第305页。
⑦　实甫：《青岛惨剧之经过》，《向导》第126期，1925年8月23日。

灾荒连年，加以战乱匪患、苛捐杂税，脆弱的农村经济几近崩溃；[1] 大批破产农民四处避难逃生，工厂林立、商业繁荣的青岛成为逃难农民的首选。1920 年代后期，青岛"工人后备军之多为从前所未有"，以致"苦力市上的苦力整天的鹄立，找不到顾主"。[2] 在劳动力供给远大于需求的情况下，厂方掌握了用工主动权，日商纱厂工人的来源构成随之改变：一方面厂方招工无须再假借他人，直接从"数十倍于实招工数"的应募者中，通过"体检、智能测试及身份调查"，挑选来自内地乡间、能吃苦耐劳且性情温顺者，[3] 由此，保守内向的外地农民成为日商纱厂工人的主要来源。另一方面，为节约用工成本和防范工潮，各厂以降薪等方式逼走工资较高且有斗争经验的老工人，代之以涉世未深、便于驱策的童工、女工。到 1929 年初，青岛日商纱厂童工、女工的比例，从 1925 年初约三分之一，[4] 增加到百分之五六十。[5] 经反复裁汰补充，1920 年代后期各日商纱厂的工人多是"童工、缠足女士及新来乡人带辫的"。[6]

　　1920 年代后期青岛日商纱厂工人队伍不稳定性的加剧，大大削弱了工人的团体意识和抗争精神，进而影响到工人阶级的形成。一是工厂对工人的频繁裁减替换，阻碍了团体意识的形成；二是在农村经济破产、劳动力供给持续增加的背景下，工人"惧怕失业的心理非常厉害"，抗争精神大为减弱；[7] 三是参与 1925 年日商纱厂大罢工的工人"被开除净尽"，而新工人"进厂以后，多半被关在宿舍里"，基本上"与世隔绝"，阶级观念难

---

[1]　1927 年，山东 56 个县受灾，灾民 2086 万余人，占全省人口的半数以上。此后两年间，山东各地尤其内陆地区，"先则连年灾荒，饿殍载道，继以兵匪相乘，十室九室"。见史凯冰《第二次国内革命战争时期山东的农民运动》，山东省地方史志编纂委员会编《山东史志资料》第 1 辑，山东人民出版社，1982。

[2]　《刘俊才同志关于青岛情况向中央的报告》（1929 年 3 月 14 日），山东省档案馆、山东社会科学院历史研究所合编《山东革命历史档案资料选编》第 2 辑，山东人民出版社，1981，第 27 页。

[3]　《青岛大康纱厂关于中国工人的调查（1929 年 4 月 30 日止）》，中共青岛市委党史资料征委会办公室、青岛市总工会工运史办公室编《青岛党史资料》第 3 辑，山东省出版总社青岛分社，1986，第 343 页。

[4]　又铭：《青岛劳动概况》（1924 年 6 月），《青岛党史资料》第 1 辑，第 66 页。

[5]　《丁君羊谈山东情形纪》（1929 年 3 月），《山东革命历史档案资料选编》第 2 辑，第 39 页。

[6]　中共山东省委：《关于职工运动的决议草案》（1928 年 11 月 1 日），山东省档案馆、山东社会科学院历史研究所合编《山东革命历史档案资料选编》第 1 辑，山东人民出版社，1981，第 420 页。

[7]　中共山东省委：《关于工运状况的报告》（1929 年 6 月 17 日），《山东革命历史档案资料选编》第 2 辑，第 79 页。

以传播，"工人阶级觉悟的速率便非常之慢"。[①]

三　工人自组织力量的匮乏

1920 年代初期青岛日商纱厂工人中有影响力的力量，一是四方、沧口一带的村长、地保，二是通称为"保护员"的把头、工头，三是青年学生出身的见习生。其中前者所影响的主要是本地工人，这是因为他们不仅是当地的政治权威，也是本地工人入厂的介绍人和担保人，加以其与厂方和保护员的关系密切，有的还身兼保护员，他们成为工厂秩序的维护者："若当地工人与工头作对，不仅在厂内遭殃，回家后也得倒霉。所以当地工人不敢得罪工头，也就不会参加领导斗争。"[②] 1924 年钟渊纱厂工人罢工和 1925 年日商纱厂工人大罢工失败后，随着本地工人的退出，其影响力随之减弱。

保护员的势力建立在工厂制度基础上，也与其暴力化管理手段有关。1923 年 11 月 5 日，大康纱厂王工头将工人任大涛殴打致死后草草掩埋。为防止走漏风声，"全厂工头同招工员等用恫吓语传谕工人，对于此事极守秘密"。不久该厂又发生徐工头将工人殴打致残之事，肇事者仅受到罚款 200 元的处罚，而"日本人又向工人追捐若干，助给徐工头"。[③] 暴力本身就是制造恐惧、强化控制的手段，此亦保护员施暴得到日本资本家默许乃至纵容的原因所在。

日商纱厂的管理制度，都意在维护和巩固保护员的权力，强化对工人的人身控制，防止工人自组织力量的崛起。1920 年代初，大康纱厂 5000 多名工人"分属于四百多个小头目"，[④] 即这些工人被分割成 400 多个相对独立的单元。每个单元中的工人，基本上是由"保护员"招募而来或经其介绍入厂，即工人在入厂之初就与保护员形成事实上的依附关系。工人入厂后，"住宿、吃饭、开钱，都归保护员管"的制度安排，进一步强化了工人与保护员之间的依附—庇护关系。[⑤] 1920 年代后期，随着进城农民迅

---

① 《刘俊才同志关于青岛情况向中央的报告》（1929 年 3 月 14 日），《山东革命历史档案资料选编》第 2 辑，第 27 页。

② 朱子恒等：《大康纱厂工人斗争情况》，《青岛党史资料》第 2 辑，第 358 页。

③ 《大康纱厂工头之残忍》，《民国日报》1923 年 11 月 13 日，第 2 张第 8 版。

④ 佑民：《青岛工运情况的报告》（1925 年 4 月 1 日），《山东革命历史档案资料选编》第 1 辑，第 55 页。

⑤ 《大康纱厂招收、管理工人的三则回忆》，《青岛党史资料》第 1 辑，第 120 页。

速增加，"做工要挖门路，送人情"，保护员的势力再度膨胀。同时，日本资本家为进一步分化工人队伍，鼓励保护员建立"同乡会""国术社"等帮派组织，① 这又加剧了工人组织结构的碎片化，出现贺萧所说的"小团体合作，大团体分裂"之局面，② 造成青岛中共党组织的介入工作"没法着手"。③

1920 年代初青岛日商纱厂工人中，见习生是唯一一支既有反抗精神又有群众基础的领导力量。一是"他们都是学生，容易接近，彼此关系比较密切"，且大多来自外地，"到青岛来干工，容易形成集体"；④ 二是他们既有知识上的优势，又善待工友，在工人中有一定的号召力；三是他们思想敏锐，有强烈的反抗意识。1924 年钟渊纱厂工人罢工，以及引发 1925 年日商纱厂工人大罢工的大康纱厂工潮，均由见习生组织发起。但他们也是处于工厂底层的工人，同样遭受着日本资本家和保护员的压迫剥削；加以工人队伍被保护员分割得七零八落，其活动空间较为有限。1925 年罢工失败后，见习生全部被清退，日商纱厂工人内部有限的组织力量不复存在。

四　不利的政治社会环境

1922 年青岛回归后，日本仍保持强大的武力存在。除 1927 年 6 月到 1929 年 5 月以保护侨民为由直接在青岛驻军外，其他时期可调集的武装，一是市区内"有严密组织的武装商人自卫团"；二是胶州湾军舰上的陆战队，青岛日商纱厂"平常悬红灯，一遇工潮发生，便悬绿灯"，陆战队即迅速登陆，"保护工厂"；三是旅顺、朝鲜等地的海军舰队，遇到紧急情况，"十小时内可以调集舰队到青"。⑤ 强大的武力存在，为日本资本家暴力控制工人、应对工潮提供了支持，也是配合外交向中国政府施压的威慑手段。

1925 年 4 月下旬，当青岛日商六大纱厂工人联合罢工，工潮有失控之势时，日方首先运用外交手段向中国政府施压。4 月 29 日，日本公使芳泽

① 《1929 年青岛工人大罢工概述》，《青岛党史资料》第 3 辑，第 2 页。
② Gail Hershatter, *The Workers of Tianjin, 1900–1949*, Stanford University Press, 1986.
③ 佑民：《青岛工运情况的报告》（1925 年 4 月 1 日），《山东革命历史档案资料选编》第 1 辑，第 54 页。
④ 朱子恒等：《大康纱厂工人斗争情况》，《青岛党史资料》第 2 辑，第 357~358 页。
⑤ 中共山东省委：《关于全省政治经济状况的报告》（1930 年 2 月 1 日），《山东革命历史档案资料选编》第 2 辑，第 137 页。

照会外交部，要求中国政府"设法加以防止"。[1] 4 月 30 日和 5 月 1 日，日本驻青岛总领事崛内分别走访青岛戒严司令部和胶澳督办温树德，要求"逮捕外来煽动者"，迅速扑灭工潮。[2] 1925 年 5 月 25 日日商纱厂第二次联合罢工发生后，日方开始动用武力，联合中国军警对罢工工人武装弹压："每队保安队后，都有两黄衣日兵压队指挥"，"往来游行向工人示威"。[3] 随后日本公使芳泽专访中国外交总长，要求中方出兵制止工潮，否则"日本出于自卫手段，实属势所当然"。5 月 28 日，驻扎在旅顺的两艘驱逐舰抵达青岛，另有两艘巡洋舰和一艘载有 200 名陆战队队员的军舰"整装待发"，[4] 促使山东军务督办张宗昌下达"武力解决"指令，制造了"五二九"惨案。

这年 7 月 23 日四方日商纱厂工人罢工发生后，日军借机进驻日商工厂，恢复军事管制，"每逢晚间，日军即易中国军人服装放哨并派许多工贼侦探，以监视工人的行动，见工人可疑者即搜身"。[5] 军事管制切断了工人与外界的联系，也对工人自组织力量的形成构成严重威胁。同时，张宗昌任命的胶澳总办赵琪，"事实上就是日本帝国主义者压迫华人的代理人"，"凡有害于日本帝国主义者之行为，无不在严禁之列"，从而阻断了阶级意识传播的渠道。1929 年初，青岛中共党组织"在沧口发了几份传单，被日本纱厂的走狗发觉，报告警署后，立即严行调查户口，逐驱闲人"。[6]

日本的军事威慑、经济垄断地位的强化和青岛当局的"白色恐怖"，造成社会的沉默消极，这对青岛工人阶级的形成带来极为不利的影响。在近代中国民族主义运动中，通常青年学生作为先锋出场，工人随后加入进而成为运动主力，商界声援并为罢工工人提供生活保障。但在 1920 年代青岛日商纱厂工潮中，商界始终保持沉默，且对工人运动持抵制态度；学生界也未发挥宣传动员、组织引导的作用。正如青岛党组织负责人邓恩铭所言，"政治上的活动青岛异常困难"，"各种发动都从济南起，济无动作，此间更不敢了"。[7]

---

① 《日使要求取缔青岛日纱厂工潮》，《青岛工运史料（1921~1927）》，第 210 页。

② 《青岛日领一味要求压迫工人》，《青岛工运史料（1921~1927）》，第 210 页。

③ 《青岛屠杀之经过（青岛通信）：目的在消灭工会》，《向导》第 120 期，1925 年 7 月 2 日。

④ 《青岛纱厂工潮之扩大》，《申报》1925 年 5 月 29 日，第 2 张第 6 版。

⑤ 复元：《山东职工运动情况》（1928 年 6 月 26 日），《山东革命历史档案资料选编》第 1 辑，第 320 页。

⑥ 《刘俊才关于青岛情况向中央的报告》（1929 年 3 月 14 日），《山东革命历史档案资料选编》第 2 辑，第 26 页。

⑦ 《邓恩铭关于青岛工运工作等问题致刘仁静的信》（1924 年 3 月 18 日），《山东革命历史档案资料选编》第 1 辑，第 5 页。

"五二九"惨案及其受难工人，也是首先得到济南社会各界的关注与声援。1925 年 6 月 7 日，济南各校学生率先罢课。次日，学生和市民 3 万多人齐集山东省议会并至督办公署示威，要求"释放被捕工人"，"严办杀人凶手"，并向日本领事递交了对日方迫害工人、勾结军阀制造"五二九"惨案的抗议书。① 当五卅洪流延伸至青岛后，两地民族主义运动的发展态势也大为不同："济南对日、英两国人的敌对行动都是逐日严重"，而青岛"除了有秩序的示威游行，就是交易所为了应付运动的停业而已，此外并没有感到任何威胁"。②

尤值得注意的是，6 月中下旬这场由学生发起的青岛民族主义运动，关注的重点是英国巡捕制造的上海五卅惨案，而非日本促使张宗昌制造的"五二九"惨案，运动矛头"指向英国"而不是日本。③ 6 月 11 日，青岛学生示威游行的主题是"力争沪案，经济绝交"。④ 6 月 16 日市民雪耻大会的主题仍是"经济绝交"，仅在会后示威游行中向青岛警察厅提出"释放日纱厂被捕工人"的要求。⑤ "由于青岛少有英人，排英运动的效果不大"，其后运动的重点转向鼓动商人罢市，但努力的结果只是 6 月 30 日上午青岛市内主要公司、商店和交易所暂时停业以示对"上海牺牲者的追悼"。⑥

青岛学界的不振，从根本上说是日德奴化教育的结果。青岛的教育"在德管时代为德化，在日管时代为日化"，尤其是日本的奴化教育影响极大，以致 1920 年代初"青岛汽车夫类不辨鲁鱼，而能操日语"。⑦ 1922 年青岛回归后，各校仍为外国或中国保守势力所把持，且"各分门别户，彼此仇视"，学生"不易联络"。⑧ 这些学校政治上保守，"不许学生在文章上写'帝国主义'、'军阀'等名词"，甚至"禁学生做白话文"。青岛唯一的高校青岛大学"作复古运动，禁止学生过问政治"。在这样的氛围下，多数学生"抱'在学言学'的宗旨，在没毕业以前，他们甚么也不管，只知道吃饭念书"。⑨

民族主义运动中青岛社会的谨小慎微，与商界的立场密切相关。20 世

---

① 《鲁学生为援助沪案大游行》，《申报》1925 年 6 月 11 日，第 2 张第 6 版。
② 《五卅运动在青岛》，《青岛工运史料（1921～1927）》，第 203 页。
③ 《五卅运动在青岛》，《青岛工运史料（1921～1927）》，第 204 页。
④ 《青岛人士援助沪案之激烈》，《益世报》1925 年 6 月 14 日，第 2 张第 6 版。
⑤ 《青岛之市民大会》，《申报》1925 年 6 月 20 日，第 3 张第 10 版。
⑥ 《五卅运动在青岛》，《青岛工运史料（1921～1927）》，第 203～204 页。
⑦ 《青岛现状之观察（再续）》，《申报》1923 年 3 月 28 日，第 3 张第 10 版。
⑧ 《邓恩铭关于青岛政治活动、组织情况等致钟英的信》（1924 年 7 月 15 日），《青岛党史资料》第 1 辑，第 52 页。
⑨ 《青岛政治经济状况》（1924 年），《山东革命历史档案资料选编》第 1 辑，第 23 页。

纪初青岛商贸中心的地位确立后，商界的力量逐步壮大，"不仅成为青岛市民社会的实际领导者，而且通过自己的组织——商会，成为城市市民的代言人"，① 即其立场态度对青岛社会具有导向作用。殖民环境下成长起来的青岛商界，不仅对外来势力具有天然的依附性，利益至上的观念也更为强烈。1922 年青岛回归后，由于中日经济交往更为密切，② 对民族主义运动的抵制显然有利于维护商界的利益。所以 1925 年 5 月日商纱厂工人罢工期间，当工人代表向青岛市商会寻求援助时，对方竟"以捐款事，恐悉外人注目，引起国际交涉"为由而拒绝。③ 随后，青岛市总商会"向军阀告密"，支持张宗昌对罢工工人动用武力。④

青岛回归后中日经济交往的增加，主要表现为日本对商业领域的全面渗透。五卅前后，青岛市内不仅"日本商店很多，市民日常应用的东西，多数是日本货"，且"中国商人所贩卖的东西，几乎全是日本货"，以致"一般商人认为不卖日本货，就无生意可做了"。所以"抵制日货这个号召，在绝大多数商人听了是刺耳揪心"。雪耻大会后学生代表每次与商会协商"经济绝交"方案，"商会所有董、监事，都异口同声地坚持只抵制英货而不抵制日货"，商会会长甚至"主张连英货也不抵制"。⑤ 青岛商界的立场影响到其他市民团体，致使这场民族主义运动无疾而终。

结　语

在近代青岛产业工人中，日商纱厂工人人数最多且分布集中，深受日本资本家、监工和保护员的多重压迫，⑥ 所受剥削也极为惨重，⑦ 集民族和

①　任银睦：《青岛早期城市现代化研究》，三联书店，2007，第 194 页。
②　《五卅事件与排外运动》，《青岛惨案史料》，第 327～329 页。
③　《青岛日商纱厂罢工风潮扩大》，《益世报》1925 年 4 月 27 日，第 2 张第 6 版。
④　独秀：《中国民族运动中之资产阶级》，《向导》第 136 期，1925 年 11 月 21 日。
⑤　李种蔚：《"五卅"惨案前后的青岛公立职业学校》，《青岛党史资料》第 2 辑，第 391～394 页。
⑥　1920 年代，青岛日商纱厂工人每天做工 12 小时，工资通常仅 2 角，初进厂童工只有 1 角，不敷一日饭费；再经过层层盘剥，落到工人手中便所剩无几。工厂管理制度苛刻，在日本监工之外，还有大小把头，工人"稍有不合他们的心意处，不是拳打脚踢，就是罚款以至开除"。此外，还要遭受下班出厂时必须解开衣服接受搜查等人格侮辱，"女工也不例外"。参见《青岛惨案史料》，第 4 页。
⑦　1924～1928 年青岛市有统计的 28 个工种中，纱厂工人的工资仅略高于火柴厂童工和油厂女工，与杂役苦力的收入基本相当。参见《民国十三年来青岛之工资率》，《青岛惨案史料》，第 495～497 页。

阶级仇恨于一身，即理论上具备向自为阶级转化并成为革命先锋和民族主义运动之主力的条件与可能。实际上，直到1930年代，青岛日商纱厂工人阶级也没有真正形成。

青岛日商纱厂工人阶级迟迟未能形成，并非缺乏外部引导力量和阶级观念的传播源。1923年山东共产党组织就将青岛日商纱厂工人作为工作重点，但因各日商纱厂控制严密且工人队伍被分割得七零八落，组织工作"没法着手"，① 以致1925年日商纱厂工人大罢工"自然谈不到以我们的力量作核心来领导"，甚至"跟着群众发展组织都未做到"。② 其后的情形如前所述，一是工人领袖和有斗争经验的老工人被清洗殆尽，二是工人与外界的联系被切断，三是工厂对工人的控制更为严密，以致到1929年日商纱厂工潮再次发生时，"群众组织力量尚薄弱，阶级意识尚模糊，无产阶级先锋队共产党领导作用尚不充分"，"不能以总同盟（甚至扩大到全市的）罢工回答日本资产阶级的同盟歇业"。③

在中共党组织无法介入的情况下，1920年代日商纱厂工人运动的兴起，"受了政治上的影响"或"民族革命高潮的波动"，"并非以阶级斗争为立场"，也"非以工人本身的团结为前提"。④ 这就是说，只有基于阶级斗争立场并以工人自身团结为基础的工人运动，才是工人阶级完成向自为阶级转化的标志。首先，阶级斗争立场的形成，需要从外部灌输阶级观念，即阶级观念的灌输是工人阶级形成的重要前提；易言之，中国早期马克思主义者的阶级分析模式是有解释力的，只不过他们没有考虑到工人队伍被切割、阶级观念无法灌输的特殊情境。其次，按照陈达的解释，工人自身的团结建立在团体意识形成的基础上，而团体意识的形成又以工人队伍相对稳定为前提，这是陈达的分析模式中被忽略的一个要素。再次，新劳工史研究者强调的社会关系中的"地方主义"，以及性别、教育背景、技术水平差异导致的内部分化和分裂，在1920年代青岛日商纱厂工人中表现并不明显；相反，具有知识和技术优势的见习生成为纱厂工人的中心，并相继领导了1924年和1925年的工人运动。保护员是造成日商纱厂工人

---

① 佑民：《青岛工运情况的报告》（1925年4月1日），《山东革命历史档案资料选编》第1辑，第54页。

② 关向应：《青岛工作之过去、现在与将来》（1926年4月30日），《青岛工运史料（1921～1927）》，第261页。

③ 维容：《青岛工人的阶级斗争》，《红旗》第43期，1929年9月2日。

④ 琛渭：《山东职工运动的最近与将来》（1928年2月），《山东革命历史档案资料选编》第1辑，第259～260页。

内部分化和分裂的一支重要力量，但也并非铁板一块，在1925年日商纱厂工人联合罢工中，钟渊纱厂工头就发出与工人"同谋进行，同雪国耻"的呐喊。[1]

从五四运动的历史来看，成功的工人运动往往能成为工人阶级形成的一个重要契机；而工人运动的成功，需要学界造势以及商界和其他社会各界的积极配合。从1920年代青岛日商纱厂工潮来看，青岛缺乏这样的条件。青岛社会集体沉默消极，导致孤立无援的工人运动易于夭折，从而使日商纱厂工人多次错失向自为阶级转化的时机。

总之，对近代中国工人阶级形成的认识，既不能回避马克思主义的阶级斗争理论，也不宜照搬陈达和新劳工史的解释模式，而应重视近代中国仓促走向工业化道路以及半殖民地政治社会生态对工人阶级形成的影响，这样对近代中国早期工人阶级向自为阶级转化的困境才能做出较为合理的解释。

---

[1] 《钟渊厂工头忠告工友书》（1925年4月30日），《青岛党史资料》第2辑，第216页。

20世纪30年代山西国货运动研究

——以妇女服用国货会为中心

程强强　魏晓锴*

提　要　20世纪30年代，全国性的国货运动在民族危机背景下蓬勃发展并达到高潮。地处内陆的山西，经历中原大战，经济濒于破产，民生日渐凋敝。在地方统治者的推动下，发展实业成为当务之急，倡导国货成为重要一环。山西妇女服用国货会应运而生，成为有特色且具代表性的国货团体。该会建立了比较完备的组织，并在全省各县分别设会，通过开展广泛宣传动员、深入各地调查访谈、举办国货商标样品展览会，对启迪民众国货意识、提升国货鉴别能力、宣传推广国货商品起到了一定积极作用。随着后期倡用土货色彩日趋明显，山西妇女国货运动实际上成为一场打着"国货"招牌的"土货"运动。

关键词　国货运动　山西　妇女服用国货会

　　19世纪末20世纪初，随着中国社会经济危机进一步加深，在政府及各界人士的倡导下，全国各地掀起不同程度的抵制外货运动，到30年代，这场运动达到高峰。山西作为地处内陆的省份，经历中原大战，经济遭受摧残，其国货运动有着不同于沿海城市的特点。对山西来说，地方统治者与中央政府貌合神离，阎锡山政权能够实现对经济的掌控，从这个意义上讲，山西的国货运动有着明显的地域特征。笔者对20世纪30年代国货运动研究进行梳理后发现，涉及山西国货运动的成果不多，以妇女国货团体

---

*　程强强，暨南大学文学院历史系博士研究生；魏晓锴，山西大学历史文化学院教授。

为中心的探讨尚乏专论。① 本文拟通过对山西妇女服用国货会这一女性国货团体活动进行考察，真实再现20世纪30年代山西国货运动的历史样貌，以期丰富相关领域的研究。

一　20世纪30年代山西经济形势
与妇女服用国货会的成立

自鸦片战争以来，西方列强除采取军事侵略外，还对中国实行经济侵略，尤其甲午战后，清政府放松了对外国设厂限制，洋货倾销日渐猖獗。进入民国，这一趋势更为严重。20世纪30年代，刚刚经历了中原大战的山西，在洋货倾销下更是一蹶不振。九一八事变后，日货更是充斥山西市场。1932年，山西省商界抗日救国会、全省学生抗日救国联合会在省城太原进行了调查，发现日货多达612种，包括匹头类129种，卫生品类17种，瓷器类8种，搪瓷类6种，杂物类18种，海味类18种，糖类15种，纸张类46种，印刷材料类25种，文具类42种，五金类154种，靴鞋类6种，药材类128种；相反，市场上出现的国货仅有91种。② 1933年，太原经济建设委员会经济统制处统计，山西省每年出款不下4000万元，其中布匹的输入最多，占1700万余元，其他煤油、卷烟、京广洋货、颜料多者不下数百万元，少者亦不下100万元；而输出的货物只有煤炭、棉花、粮食等少量物资，远不及出款之半数。③ 可以看出，洋货占据了当时山西一大部分市场，甚至在医药、印刷等一些行业出现了垄断，而国货主要集中在传统的布料、杂织领域，且多是本省出产，这就使民众不得不去购买外货。就连广大的农村地区也不例外，"乡村里也可以时常见到肩挑小贩，或者是摆摊的杂货商，有卖一些衣料、肥皂、茶杯以及小孩子玩具之类，

---

① 学界关于20世纪30年代山西国货运动集中于国货团体造产救国社的研究，具有代表性的有康晶婧《国货运动背景下的山西"造产救国社"研究》（硕士学位论文，山西大学，2013）；妇女国货运动研究则主要围绕1934年"妇女国货年"展开，如王强《"摩登"与"爱国"——1934年"妇女国货年"运动述论》（《江苏社会科学》2007年第6期）、周石峰《民族主义与女性时尚：1934年"妇女国货年"运动新论》（《妇女研究论丛》2009年第4期）、侯杰等《视觉文化视域中的宋蔼卿与"妇女国货年"：以〈方舟〉杂志为中心的考察》（《安徽大学学报》2014年第5期）等。

② 山西省商界抗日救国会、全省学生抗日救国联合会：《国货日货一览》，1932年3月，第10页。

③ 太原经济建设委员会经济统制处：《服用土货十讲》，1933年9月，第2页。

而这些货品，也十分之九是洋货"。① 洋货的倾销，使得国货市场严重萎缩，农业、手工业、商业受到严重冲击。

加之战争影响，社会动荡不安，本来艰难的民族工商业处在更加窘迫的困境中。1932 年，时人指出"自十九年（1930）南北战争后，山西在经济上空前的大牺牲，晋钞的狂跌，已经是破产的铁证。本年虽说丰收，粮价狂跌，竟至超过向所未有之事实"。② 中原大战后，山西已经濒临破产。面对残破的经济形势，复出后的太原绥靖公署主任阎锡山大力发展经济，倡导国货成为重要一环。他制定"省政十年建设计划案"，积极发展实业，实行贸易统制，组建国货团体"造产救国社"，并兼任委员长。阎在训话中强调，"晋绥今日想要外货少进来，须有两个认识：一为不合乎人情，因为人均愿以廉价购美物，而我们的办法却不是如此；一为合乎道理，即合乎生存的道理，想要生存于今日，即不能买外货，拿钱供给别人，宰割自己！"③ 时任山西省政府主席的徐永昌，也是积极的国货主义者，提倡用国货对抗洋货。在省府会议上，他多次强调服用国货先从省府人员及省府用物着手。④ 1933 年 1 月 8 日，他在日记中写道："强制公务人员用国货，提倡一般人民用国货，余于二十年（1931）11 月曾有明令于全省，去岁（1932）一年中可以说无日不在呼号。"⑤ 九一八事变后，抵制日货、提倡国货成为广大民众的自觉行动，不少城市卷入抵制日货的风暴中，国货运动达到高潮。山西妇女服用国货会就是在这一背景下成立的，其成立情形，在该会给山西省政府、公安局的呈文中曾有记述：

> 窃吾国产业落后，外货充斥，金钱外溢，年甚一年，财竭民贫，日甚一日，举国皆然，晋省尤甚。若不急起直追，提倡国货，发展土产，无以挽漏卮而救危亡。一年来，我政府倡导于上，各界民众相应于下，先后成立各种服用国货机关，以资提倡。同人等观感所及，深以救国救省，妇女有责，女界同胞，亦应早为倡用，以期普及，共挽危机。况妇女住持家政，负有购买之专责，若能从此入手，必可收事半功倍之效。爰集合同志组织山西妇女服用国货会，订立章程……即

---

① 晋淑：《提倡土货和政府应采取的方针》，《山西妇女服用国货会会报》第 2 期，1936 年，第 11 页。

② 赓析：《山西经济恐惶的危机》，《监政周刊》第 19～20 期，1932 年，第 10 页。

③ 太原经济建设委员会经济统制处编《晋绥土货一览》第 1 册，1933 年 8 月，扉页。

④ 《徐主席提倡用国货》，《监证周刊》第 9 期，1932 年，第 10 页。

⑤ 《徐永昌日记》（手稿本）第 3 册，台北：中研院近代史研究所，1991，第 1～2 页。

日起开始办公。①

山西妇女服用国货会成立于 1933 年 6 月 20 日，为保证国货运动的开展，设立了比较完善的组织机构。会长由阎锡山的妻子徐兰森担任，总理全会事务；副会长陈学俊为社会名流，襄助会长执行会务；下设总干事一人，秉承会长之命处理会务；设干事若干名，受总干事指挥，办理一切事务。从人员构成来看，无论总干事还是干事，均接受过良好的教育，具有较高的文化素养，成为妇女服用国货会的骨干力量。该会以提倡国货、服用国货为宗旨，并由干事碧梧（萧增萃）作《山西妇女服用国货会会歌》，以期动员各界妇女服用国货。"救国之道先富而后强，念我国受经济侵略，关税失堤防，要齐心，大家要振奋，妇女更当先用土产货物，穿国布衣裳，伫看全民福利，邦国威扬。"② 歌词描述国家经济状况，激发民众对外国侵略的憎恨，强调妇女救国的重要性，唤醒妇女服用国货。山西妇女服用国货会会址设在省城的太原绥靖公署，此外，省内大城市县区等设立县会，经费除由会员捐助外，临时设法募集。③ 各县妇女服用国货会成立期间，省城国货会积极寻求各方配合，得到了各界的大力支持。1934 年 6 月，山西省各县妇女服用国货会基本成立（见表1）。

表 1　山西各县妇女服用国货会成立情况一览

成立时间	成立县份
1933 年 8 月	五寨
1933 年 9 月	广灵、新绛、怀仁、长治、祁县
1933 年 10 月	阳城、屯留、寿阳、天镇、五台、静乐、交城、方山、保德、稷山、定襄、岢岚、襄垣、荣河、徐沟、清源、汾城、解县、临县、石楼、绛县、偏关、芮城、潞城、汾阳、神池、大宁、沁水、平遥、交城、盂县、壶关、临汾、左云、汾西、应县、永济、曲沃、平鲁、垣曲、高平、忻县、崞县、孝义、晋城、霍县、右玉、阳城
1933 年 11 月	洪洞、夏县、赵城、昔阳、浮山、繁峙、山阴、隰县、离石、襄陵、乡宁、临晋、安邑、陵川、大同、兴县、永和、平定、灵丘、虞邑、万泉、平陆、榆社、平顺

① 《呈山西省政府/山西公安局文》（1933 年 6 月 20 日），《山西妇女服用国货会会报》第 1 期，1935 年，第 149 页。
② 《山西妇女服用国货会会歌》，《山西妇女服用国货会会报》第 1 期，1935 年，封面。
③ 从该会往来函件看，经费上得到政府支持，曾有山西省政府秘书处第一科向其惠借油印机之记录。

续表

成立时间	成立县份
1933 年 12 月	中阳、武乡、沁源、翼城、文水、河津、闻喜
1934 年 1 月	浑源、朔县
1934 年 3 月	介休、长子、代县
1934 年 4 月	榆次、安泽、太谷
1934 年 5 月	岚县
1934 年 6 月	辽县

注：阳曲、黎城、宁武、猗氏、和顺、河曲、灵石、沁县、吉县、虞乡成立时间不详。

资料来源：根据"会议录""公文及函件"（《山西妇女服用国货会会报》第 1 期，1935 年）有关各县妇女服用国货会来函内容编制。

　　为发展民族经济，振兴地方实业，在"省政十年建设计划案"之外，全省各地还制定了"县政十年建设计划案"和"村政十年建设计划案"。妇女服用国货会的成立，正好搭上了这班"顺风车"。各县的妇女服用国货会，大都是由编订县村十年建设计划案联络员"乘公余之暇"督促、协助成立的，阎锡山曾电令各县政府"一致赞助"，县国货会"承各联络员之热忱，前后组织就绪"。[1] 夏县联络员"在县已代组织县会"，[2] 五寨县国货会亦由联络员成立并在该县政府备案。[3] 新绛县国货会由县政府筹办，县女校代办，"由该县长召集各界女同胞，假女子高级小学开妇女服用国货成立大会"。[4] 汾阳县情况类似，由联络员"商同汾阳县长……假县立女高校开成立大会"。[5] 在县政府及广大妇女的积极配合下，全省 104 个县均成立妇女服用国货会，100 个县备案，其中 66 个县妇女服用国货会会长为各县女校校长，其余大多为县政府及其他事业单位人员。县会成立工作在一年之内陆续完成，与县政府及妇女学界对国货运动的支持与响应是分不

---

① 《函各县联络员》（1933 年 9 月 10 日），《山西妇女服用国货会会报》第 1 期，1935 年，第 163 页。

② 《复夏县联络员何得福》（1933 年 10 月 25 日），《山西妇女服用国货会会报》第 1 期，1935 年，第 165 页。

③ 《五寨县联络员安益文来函》（1933 年 10 月 16 日），《山西妇女服用国货会会报》第 1 期，1935 年，第 181 页。

④ 《新绛县妇女服用国货会来函》（1933 年 10 月 29 日），《山西妇女服用国货会会报》第 1 期，1935 年，第 188 页。

⑤ 《汾阳县联络员郭道中来函》（1933 年 11 月 5 日），《山西妇女服用国货会会报》第 1 期，1935 年，第 196 页。

开的，同时也表明妇女国货运动在地方推行的深入，具有一定的覆盖面。
此外，山西妇女服用国货会广泛联系各级政府、社会团体、商业组织，通
过一系列途径，在发展会员方面成效显著。1933 年 8 月 11 日，"得山西省
公务人员服用国货联合委员会会员之同意，令各县眷属一体加入本会，共
策进行"。① 8 月 26 日，"得消费合作社正副经理眷属及该社女职员之同
意，正式加入本会为会员，以为商界妇女服用国货之倡"。② 至 9 月 30 日，
该会会员正式填写志愿书者，已达 371 人。③

二　启迪民智：宣传与调查先行

山西妇女服用国货会成立后，首先着手进行宣传动员工作，目的主要
是灌输国货意识。发表论说为宣传动员主要形式之一，该会干事萧景峰、
刘玉润、王毓秀、李玉衡等成为主力。至 1934 年底，该会成员共发表论说
12 篇，这些论说的主旨均为"提倡国货"和"服用国货"。庸奇（萧景
峰，该会总干事）从"提倡国货的理论根据"谈起，认为"提倡国货是没
办法中之办法"，因为"关税政策对中国经济的向上无能为力，在各国是
以采保护关税政策为始，而服用国货自然随之而来，在中国不能不从提倡
国货做起"。④ 刘玉润在分析外货侵略情形基础上，强调提倡国货之必要，
"我们要想挽救此种危亡、抵制此种毒辣政策的唯一途径，厥为积极的实
行提倡国货、服用国货的有效办法，舍此而外绝无他途"。⑤ 采三（王毓
秀）强调妇女服用国货的重要性，"全国二万万妇女要是平均每年能在服
饰上省掉现洋三元，即可省六万万元的积余，再以此六万万元用之于国货
的提倡上，总可以成立一个大规模的工厂，与帝国主义工厂相抗衡"。⑥ 李
玉衡则从妇女的重要性谈到妇女服用国货组织的重要性，认为它"不独是
妇女团体结合的先导，也是时代精神的表现"，进而指出本会组织的使命
在于"不仅使妇女界决心服用国货，并要使国民全有提倡国货的观念、用

---

① 《第八次职员会议记录》，《山西妇女服用国货会会报》第 1 期，1935 年，第 116 页。
② 《第十次职员会议记录》，《山西妇女服用国货会会报》第 1 期，1935 年，第 120 页。
③ 《第十五次职员会议记录》，《山西妇女服用国货会会报》第 1 期，1935 年，第 129 页。
④ 庸奇：《由列强经济侵略危机中说到提倡国货》，《山西妇女服用国货会会报》第 1 期，
1935 年，第 3 页。
⑤ 刘玉润：《妇女服用国货之真义》，《山西妇女服用国货会会报》第 1 期，1935 年，第
15 页。
⑥ 采三：《妇女服用国货之重要》，《山西妇女服用国货会会报》第 1 期，1935 年，第
23 页。

国货的习惯、爱国货的道德"。①

　　发表讲演也是山西妇女服用国货会宣传动员的重要手段,面向主体为省城各女校师生。首次将女校师生定为动员主体是在该会第六次职员会议上。1933 年 8 月 5 日,会议通过了向教育厅函索本市女学校一览表的提案,并派人着手实施。② 从 8 月 19 日开始,国货会成员开始在各大女校进行讲演,演讲内容从服用心理到实践行为,从个人家庭到国家大义,利用师生对日本侵略的痛恨,鼓舞他们的爱国情绪,以达到劝用国货的目的,演讲语言具有很强的感染力。"我们如果不买洋货,那帝国主义者,便不能拿我们的钱去制造枪炮,来压迫我们、屠杀我们了!"③ "帝国主义者对于我们现在用的是极毒辣的手段,施行他们利己损人的侵略政策……其中尤以经济侵略为我们亡国灭种的致命伤!"④ "素日帝国主义者,一面利用不平等条约保障享受种种特权,一面即输入大宗商品,吸收金钱……我们的金钱,全部被他们剥夺去!"⑤ 通过演讲改变民众对洋货的认知,使他们产生新的认识并自觉改变自己的行为。山西妇女服用国货会成员在太原各女校的讲演取得了良好的效果,一时间省城女校师生入会者甚众(见表 2)。

表 2　山西妇女服用国货会成员各校讲演情况统计

讲演时间	讲演地点	演讲者	讲演题目	听讲人数	讲演效果
1933 年 8 月 19 日	尚志女学校	李玉衡	为什么要提倡服用国货	49 人,学生 44 人,教员 5 人	很表同情并愿全体加入本会为会员
1933 年 9 月 14 日	第一女子小学校	陈葛贞	如何养成服用国货的习惯	共 136 人,女生 115 人,男生 12 人,教职员 9 人	颇受全体同学欢迎并公推代表致谢词
1933 年 10 月 7 日	太原女子中学校	刘玉润	妇女应当努力建设服用国货的心理	170 余人	多数愿意参加本会共同工作

① 李玉衡:《本会组织的使命》,《山西妇女服用国货会会报》第 1 期,1935 年,第 40～41 页。

② 《第六次职员会议记录》,《山西妇女服用国货会会报》第 1 期,1935 年,第 113 页。

③ 陈葛贞:《服用国货是妇女应尽的责任》,《山西妇女服用国货会会报》第 1 期,1935 年,第 51 页。

④ 刘玉润:《妇女应当努力建设服用国货的心理》,《山西妇女服用国货会会报》第 1 期,1935 年,第 54 页。

⑤ 李玉衡:《为什么要提倡服用国货》,《山西妇女服用国货会会报》第 1 期,1935 年,第 66 页。

续表

讲演时间	讲演地点	演讲者	讲演题目	听讲人数	讲演效果
1933 年 10 月 16 日	第一女小学	解晋淑	女子服用国货与家庭经济	136 人，女生 115 人，男生 12 人，教职员 9 人	全体甚受感动并公推代表致谢
1934 年 9 月 6 日	省立太原初级女中	陈葛贞	服用国货是妇女应尽的责任	学生 176 人，教职员女 4 人，男 1 人	颇受欢迎

资料来源：根据"讲演"（《山西妇女服用国货会会报》第 1 期，1935 年）相关内容编制。

口号和标语也是山西妇女服用国货会宣传动员的一种方式。妇女服用国货会成员创立的口号很多，比较典型的有"妇女服用国货是挽救危亡的唯一出路！""妇女服用国货是富国裕民的根本政策！""妇女服用国货是打倒资本主义经济侵略的最大武力！"[1]"妇女们！服用国货是自救救国的唯一工作！""女界同胞！我们要求生存必须破除虚荣心理而服用国产货物！""爱国的妇女绝不拿汗血金钱送给侵略我们的帝国主义者！"[2]"妇女服用国货是妇女无上光荣！""妇女们，大家联合起来倡导国货！"[3]"妇女服用国货是妇女应尽的天职！""妇女服用国货是妇女自强的表现！"[4] 妇女们在激昂的口号声中，很容易增强对服用国货的认同感。此外，妇女服用国货会还着手进行国货的推广宣传，特别对"省货部"的出品进行了介绍，涉及布匹类、丝织品类、毛织品类、袜手套鞋类、文具类、卷烟类、化妆品类等。国货会还增加《每周通讯》，设置"一周间国货消息"专栏，报道全国各地的国货讯息，并定期向各县妇女服用国货会邮发。

除宣传动员外，妇女服用国货会还着手对广大妇女的国货及外货使用情况进行普查，重点围绕常见日用品衣物类展开。1934 年 4 月 24 日，山西妇女服用国货会向本会会员发放《本会会员外货衣物登记表》，要求在一周内完成填表。此外，还向各县妇女服用国货会发放《各县妇女服用国货会会员外货衣物登记表》，计有洪洞、文水、武乡、忻县、汾城、潞城、朔县、祁县、芮城、乡宁、沁源、保德、猗氏、陵川 14 县参加了此次调查，调查内容包括姓名、年龄、职业、衣物名称、质地、数量等。调查统

---

[1]　刘玉润：《妇女服用国货之真义》，《山西妇女服用国货会会报》第 1 期，1935 年，第 21 页。

[2]　《口号》，《山西妇女服用国货会会报》第 1 期，1935 年，第 76 页。

[3]　《口号》，《山西妇女服用国货会会报》第 1 期，1935 年，第 148 页。

[4]　《口号》，《山西妇女服用国货会会报》第 1 期，1935 年，第 402 页。

计结果显示，所有外货衣物以毛织品为最多，机器、钟表次之，可见中国毛织工业及机械工业之落后。山西妇女服用国货会最后发出呼吁：愿国人将欲望降低采用国货，同时望国中工业研求进步以与外货竞争，只有如此，"国家经济前途，庶几有望"。①

对全省会员进行外货衣物普查的同时，山西妇女服用国货会还深入实践，派李玉衡、刘玉润、陈葛贞、王文恂等骨干进行为期半年的访问调查，以了解省城及各地妇女服用国货情况。1934 年 4 月到 10 月，山西妇女服用国货会采取抽样方式对全省妇女会员进行了两次调查。第一次对太原、忻县、祁县、保德、沁源、汾城、朔县、天镇、潞城、绛县、乡宁、洪洞、定襄、长治、文水、浑源县 100 户家庭 101 名妇女服用国货情况进行访问调查。根据受访人员的家庭状况，分为中上、中等、中下、极贫寒 4 个等级，职业包括家庭妇女、学生、教师、裁缝、医生等，年龄集中在 15 岁到 35 岁。调查员对妇女情况进行细致的调查，包括年龄、职业、家庭成员人数、家庭主要收入来源、服用土货外货情况及对妇女服用国货会的态度。调查显示，太原市妇女服用物品呈现以国货为多；对于服用国货会的态度，大多表示同情并愿积极提倡，一定程度上能够达到这样的效果与妇女服用国货会持续的努力分不开，可以看到妇女界已具有提倡国货的决心。② 乡宁县家庭妇女张莲心称"平日服用物品力求洁俭，并常力劝女界同胞服用国货"。③ 潞城县女裁缝赵竹贞也表示"平日服用多系国货，并竭力劝导本街妇女界同胞常用国货、排斥外货"。④ 通过访谈也发现一些问题，一是有的妇女对外货、国货不能够准确地识别，"对服用国货甚为赞同，惟苦不易辨别家中铺设国货、外货"；⑤ 一是某些日用品自身缺乏，不得不用外货，如"本人家中开设医院，故药品、机械多系外货"，⑥ "平日

---

① 《各县妇女服用国货会会员外货衣物登记表》附记，《山西妇女服用国货会会报》第 1 期，1935 年，第 402 页。

② 《山西妇女服用国货会会员家庭访问调查表》附记，《山西妇女服用国货会会报》第 1 期，1935 年，第 378 页。

③ 《山西妇女服用国货会会员家庭访问调查表》，张莲心，乡宁，40 岁，家庭妇女，《山西妇女服用国货会会报》第 1 期，1935 年，第 378 页。

④ 《山西妇女服用国货会会员家庭访问调查表》，赵竹贞，潞城，31 岁，裁缝，《山西妇女服用国货会会报》第 1 期，1935 年，第 369 页。

⑤ 《山西妇女服用国货会会员家庭访问调查表》，马菊仙，太原，30 岁，家庭妇女，《山西妇女服用国货会会报》第 1 期，1935 年，第 356 页。

⑥ 《山西妇女服用国货会会员家庭访问调查表》，郝蔚文，太原，31 岁，教师，《山西妇女服用国货会会报》第 1 期，1935 年，第 355 页。

服装极朴素多系国货，只钟表、自行车、电石为外货"。① 至 1934 年 5 月，该会完成访问 140 余家，访问所至，皆蒙热烈欢迎开诚接见，"访问成绩极佳，家庭用品多系土国货"。②

妇女消耗化妆品情况也是妇女服用国货会关注的重点。1934 年 6 月，国际贸易局消息称，1 月至 5 月妇女用品进口香水脂粉 747627 元，化妆器具 229610 元，真假首饰 136240 元，总共 1113477 元。③ 上半年香水脂粉进口总数折合国币 852484 元，与上年相较"显有后来居上之势"。④ 国货会还从海关报告得悉，该年 9 个月来脂粉香水入口达 1253244 元，外货化妆品的严重入超震惊了山西妇女服用国货会，遂发起第二次调查。调查以第一次访问的省城妇女为依据，共对家庭经济状况不等的 16 名妇女进行访谈，以年轻女性为主，年龄在 20 岁到 30 岁，包括 6 名家庭妇女、6 名教师、2 名校长和 2 名劳工，重点了解妇女化妆品的服用情况及第一次访谈后的变化。此次调查得出，妇女所使用化妆品的多寡与品质，与个人环境和家庭经济水平有较大的关联，如家境富足的女性化妆品多为外货并且种类较多，"法国蓝衣品扑粉、英国香水、西蒙蜜等皆为外货"。⑤ 教育界及公务员多用国货、省货，至于劳动界妇女化妆品极少甚至没有。而洋货化妆品以法国货居多，如西蒙蜜、西蒙粉、檀香皂等皆巴黎制。对于妇女谈到较多的小儿玩具，调查结果以日本货最多，一方面由于我国专制玩具之公司极少，另外"购者亦不注意商标号牌，以致玩具几成日本之专利品，故难与日货抗衡"。⑥ 对民众服用国货及外货情况多次进行实地调查，说明山西妇女国货运动不只是停留在表面，具有深入群众的实践性。

---

① 《山西妇女服用国货会会员家庭访问调查表》，姚瑞云，太原，16 岁，学生，《山西妇女服用国货会会报》第 1 期，1935 年，第 356 页。

② 《妇女国货会访问成绩极佳，家庭用品多系土国货》，《太原日报》1934 年 5 月 12 日，第 5 版。

③ 《妇女国货年妇女畅销外货，半年间进口货值 1113477 元》，《西北文化日报》1934 年 6 月 29 日，第 5 版。

④ 《妇女国货年壁垒被摧毁，本年上半年香水脂粉进口数增多》，《华北日报》1934 年 8 月 1 日，第 3 版。

⑤ 《山西妇女服用国货会会员家庭二次访问调查表》，赵菱影，太原，35 岁，家庭妇女，《山西妇女服用国货会会报》第 1 期，1935 年，第 379 页。

⑥ 《山西妇女服用国货会会员家庭二次访问调查表》附录，《山西妇女服用国货会会报》第 1 期，1935 年，第 383 页。

三 由浅入深：展览与推销并举

山西妇女服用国货会从成立伊始，便将工作重心放在宣传动员，注重国货意识的培养。该会在一年来的工作总结中谈道："本会在第一年中的工作，是偏重于宣传和组织，注重灌输国货意识……一般民众对于提倡国货的意义，已有相当的了解。"从 1935 年开始，该会"因实际现象而改变工作方针，转向于促进民众与国产厂商的购销关系"。① 事实上，国货会在对会员平日服用物品情况进行家庭访问调查中发现，多数会员并非排斥国货，而是缺乏相应的鉴别能力，有的会员"殷勤询问鉴别国货之方法"，② 加上"市间物品牌号庞杂，国货外货鉴别为艰"，③ 遂将活动的重心转向促使民众能够鉴别国货外货，积极服用国货。举办国货商标样品展览会是这一阶段的重点，目的在使民众提高对于国货外货的鉴别力，并对国内工业发生信心。1935 年 4 月，国货商标样品展览会筹备工作启动，山西妇女服用国货会积极向政府部门、社会团体及各地厂商寻求商标及样品。征集国货商标是举办展览会的重要一环，国货会首先致函工专营业部"请将各地物品商标代为检留并予惠寄"。④ 又函各地厂商"请将物品商标（如瓶盒、机头、证明书件、照相等）惠寄敝会，以资陈列"。⑤ 展览会筹备期间，与山西妇女服用国货会往来之政府单位和各地厂商达 60 余家，其中省内 30 多家，省外 30 多家。⑥ 为使展览会取得实效，国货会还致函各机关、各学校积极宣传。针对广大民众的宣传，以演映电影为主。从 1935 年 5 月开始，每月 1 日至 15 日，每天晚 8 时开演，持续了 4 个月。⑦ 另外，还通过

---

① 《展览会之动机与筹备之经过》，《山西妇女服用国货会会报》第 2 期，1936 年，第 95 页。

② 《山西妇女服用国货会会员家庭访问调查表》，赵贞，太原，40 岁，职员，《山西妇女服用国货会会报》第 1 期，1935 年，第 353 页。

③ 《函各地厂商》（1935 年 4 月 13 日），《山西妇女服用国货会会报》第 2 期，1936 年，第 31 页。

④ 《函工专营业部》（1935 年 4 月 20 日），《山西妇女服用国货会会报》第 2 期，1936 年，第 32 页。

⑤ 《函各地厂商》（1935 年 4 月 13 日），《山西妇女服用国货会会报》第 2 期，1936 年，第 31 页。

⑥ 根据 1935 年 4 月至 10 月山西妇女服用国货会与各厂商往来信函相关内容统计。"公文及函件"，《山西妇女服用国货会会报》第 2 期，1936 年，第 31~94 页。

⑦ 《函警备司令部及公安局》（1935 年 5 月 1 日），《山西妇女服用国货会会报》第 2 期，1936 年，第 39 页。

话剧等表演形式对国货商标样品展览会进行宣传。如独幕话剧《少奶奶的觉悟》，讲述的是妇女国货推销团团员国英劝富家少奶奶徐蓉服用国货、参加国货展览会的故事。话剧通过演员的神态、动作、对白直接作用于观众的视觉、听觉，起到潜移默化教授民众如何识别外货，鼓励民众使用国货的效果。"（看商标面色惊喜）呀！国货有这样好的毛线，那我以后再也不用买麻雀牌和学士牌的外货了。"① 妇女服用国货会站在山西国货运动的前沿，积极筹办各种活动，对山西国货运动的贡献不言而喻。

1935 年 10 月 10 日，山西妇女服用国货会主办的国货商标样品展览会正式开幕，地点位于鼓楼街晋绥土货陈列馆楼下，一直持续到 10 月 30 日。展览会分商标展览会和样品展览会，陈列物件分为图案、样本、照相、证明文件。妇女服用国货会向各地厂商所征集商标样品共 380 种，其中药品类 26 种，化妆品 43 种，肥皂类 47 种，食品类 65 种，毛织品类 5 种，棉织品 120 种，丝织品 25 种，服御类 14 种，编物线类 5 种，文具类 18 种，油漆类 1 种，电器及应用品类 11 种。展览会上，主动参会的商品还有商务印书馆太原分馆 28 种，中华书局太原分局 10 种，天津华北实业工厂太原分销处 17 种，同成信绸庄化妆品部 15 种。② 展览会陈列品较为全面地展示了市民日常所需，对于民众识别国货、服用国货起到了积极作用，同时展览会也为商家产品的销售提供了一个契机，有利于在全社会形成服用国货的风气。本次展览会共有 95 家厂商参与，省内有 13 家，省外有 82 家，上海参加厂商最多，为 54 家，其次是杭州 10 家，天津 6 家，北平 5 家，苏州 2 家。国货商标样品展览会在 20 天的展期内，受到了全国各地来宾的肯定。展览会结束之后，陈列物品由保管部负责进行了长期陈列和流动展览。

山西妇女服用国货会成立伊始，就曾致函省教育厅"希令饬全省各级学校规定服用国货为考查学生操行成绩之一端"，后经教育厅同意并令饬直辖各级学校暨各县教育局切实遵办。③国货商标样品展览会结束后，妇女服用国货会身体力行，在协助国货厂商推销出品方面不遗余力。具有代表性的是协助参加商标样品展览会的国货厂商北平中国铅笔公司推销产品。1935 年 11 月 7 日，山西妇女服用国货会致函各机关各学校：

此次参加敝会国货商标展会之中国铅笔公司出品，颐和园牌及塔

---

① 《少奶奶的觉悟》，独幕话剧，《山西妇女服用国货会会报》第 2 期，1936 年，第 259 页。

② 《展览会之陈列品》，《山西妇女服用国货会会报》第 2 期，1936 年，第 98 ~ 134 页。

③ 《山西省教育厅来函》，《山西妇女服用国货会会报》第 2 期，1936 年，第 173 页。

牌铅笔，品质精良，价格低廉，可为国货文具之一大贡献。当此学生
国货年，而外货文具入口为数惊人，敝会有鉴于此，特向该公司接
洽，批来三十罗，原价代销，以资实际提倡。兹先奉上二罗，计二十
四打，颐和园牌每打二角，塔牌每打一角五分，共洋四元二角，并附
赠试用样子二支，请即查收赐复为荷。①

山西妇女服用国货会的倡议，得到了绥靖公署庶务科、太原经济建设
委员会经济统制处、晋绥财政整理处、造产救国社、省立国民师范学校、
省立太原女师、太原基督教女青年会等机关团体的积极响应。时隔半月，
11 月 20 日中国铅笔公司来函回应："蒙备函向学校各机关代为宣传，已有
数处小学拟定刻该校名称……太原市上对于敝公司博得好评，以及将来销
路能以畅达，幼稚工业赖以振兴。"② 鉴于国货产品推销的良好效果，1936
年 3 月 10 日，妇女服用国货会为中国铅笔公司新出商品再次致函各学校各
机关，"函送铅笔样子二支并介绍，如欲购买者，请到本会持介绍书前往
购买"。③

除举办国货展览会和推销国货产品外，山西妇女服用国货会这一阶段
的宣传工作亦可圈可点。与前一阶段的"提倡国货"和"服用国货"相
比，从 1935 年开始，提倡"土货"的分量更加凸显。会长徐兰森指出，
"提倡土货可以振兴农村经济，提倡国货可促进国内工业，双管齐下，始
能富国利民"。④ 该会成员发表的 11 篇论说中，就有 5 篇直接以倡用"土
货"为主题。她们普遍认为，"倡用土货"与"倡用国货"并不矛盾。庸
奇指出，"有人颇有以倡用土货为与国货抵触而诟病者，实则土货是国货
的一部，服用土货亦即服用国货"，进而主张"村用村货，县用县货，省
用省货，国用国货。凡有土货者尽先用土货，其无土货或土货不足者再用
国货"。⑤ 文恫（王文恫，该会干事）则进一步廓清了土货的定义和界限：
一是以物为立场，乡村中的手工业出品谓之土货；二是以地域为立场，某

---

① 《函各机关各学校》（1935 年 11 月 7 日），《山西妇女服用国货会会报》第 2 期，1936 年，
第 48 页。
② 《北平中国铅笔股份公司来函》（1935 年 11 月 20 日），《山西妇女服用国货会会报》第 2
期，1936 年，第 85 页。
③ 《函各学校各机关》（1936 年 3 月 10 日），《山西妇女服用国货会会报》第 2 期，1936 年，
第 92 页。
④ 《徐兰森题词》，《山西妇女服用国货会会报》第 2 期，1936 年，扉页。
⑤ 庸奇：《服用土货国货的理论与实际》，《山西妇女服用国货会会报》第 2 期，1936 年，
第 6 页。

地域内认某地出产为土货。主张两种说法应合二为一，而最好以后者为标准。"各省应当提倡各省的机器工业，同时促进各省乡村的手工业，乡村土货固然可以尽量进城，国货也必须下乡去卖，方能尽提倡之能事"，并从交通、赋税、农村经济方面阐释了提倡土货的重要性。[①] 妇女服用国货会自下而上与自上而下多措并举，宣传调查起到了启迪民智的作用，展览推销与深入宣传相结合，极大地推动了 20 世纪 30 年代山西国货运动的深入。

余　论

1933 年底，上海市商会等六个团体召开联席会议，决定将 1934 年定为"妇女国货年"，并由发起团体公推代表组成妇女国货年筹备会，以此为基础成立了妇女国货年运动委员会，领导全年的国货提倡工作。在这一年中，妇女被推至国货运动的前台，成为运动的主角。华洋杂处的十里洋场上海，妇女国货运动搞得有声有色，在地处华北的内陆省份山西，具有特色的"妇女服用国货会"亦留下了浓墨重彩的一笔。从时间上讲，山西妇女服用国货会成立于 1933 年 6 月 20 日，既早于妇女国货年筹备会，也早于上海妇女服用国货会。[②] 从发起者来看，上海妇女国货团体以民间自发为主，而山西妇女服用国货会官方色彩更加明显。20 世纪 30 年代山西的妇女国货运动，实际上是一场打着"国货"招牌的"土货"运动。中原大战给山西带来严重创伤，九一八事变后危机更加深重，阎锡山复出后，制定省政十年计划，标榜造产救国，发起土货运动，旨在振兴地方经济。阎深知外货的优势，因此不论"国货运动"还是"土货运动"，是要将"不合乎人情"变得"合乎生存道理"。如果说造产救国社是土货运动的"核心"和"中坚"，妇女服用国货会则是土货运动不可忽视的力量。在阎看来，"家庭日常用品多由妇女购备"，尤其衣用、食用、日用品等，因此"服用国货妇女实负一大部分责任"。[③] 妇女国货团体的蓬勃发展，与地方统治者倡导密切相关，成为经济民族主义的重要表征。20 世纪 30 年代山

---

① 文恂：《提倡土货与提倡国货》，《山西妇女服用国货会会报》第 2 期，1936 年，第 24 页。

② 上海妇女服用国货会至 1936 年才正式成立，详见《上海妇女服用国货会成立》，《妇女月报》第 2 卷第 11 期，1936 年，第 26 页。另，从山西妇女服用国货会的会议记录及公文函件中，亦未发现该会与上海妇女服用国货会有任何来往联系。

③ 《阎锡山题词》，《山西妇女服用国货会会报》第 1 期，1935 年，扉页。

西国货运动，多样化的形式可圈可点，县域地区广泛参与亦值得重视。服用外货国货的调查和商标样品展览会的举办，对培养民众国货意识和服用国货无疑是极大的促进。在妇女国货会推动下，1934 年山西女子职业工厂整合成立，业务大大扩展，出品晋绸、丝裤巾、线毯、斜纹布、细布、市布等门类齐全的多种产品；是年，山西各县家庭纺织出品家数达 410437 家，年产量 2874008 匹，极大地充实了市场。① 荧幕上的明星与闺阁里的名媛为"妇女国货年"出力不少，而内陆地区的妇女们也在地方上担负起了相应角色。地方统治者的提倡，国货团体的动员，将民众国货意识推上一个层次。国货运动的发展，一定程度上是九一八事变后民族意识提升的一个表征，而经济实力的落后与国家的长期分裂，决定了这场运动的局限性。

---

① 刘杰等编辑《山西造产年鉴》，造产救国社，1936，第 46～50、18 页。

北平沦陷后社会救济中的关系网络

——以北平市商会为例

李青青 崔 瑾[*]

提 要 北平沦陷后，北平市商会即成立专门的临时救济会，先后开展收容救济难民、遣送难民回籍及援助部分社会团体和开办粥厂、赈济物资等一系列社会救济活动。其间，北平市商会运用自身的社会资源，为其社会救济活动的开展建立起了涵盖不同层级的关系网络，一方面利用与日伪政权建立的密切联系为救济活动的开展争取外部条件，另一方面通过与商会会员的协调和相互扶持确保了救济活动的物资调配、统筹与实行。此外，还与其他团体相互帮助，将优势力量整合到自己的社会救济活动中，扩展了救济活动的内容。

关键词 北平市商会 社会救济 社会关系网络

社会救济是社会史研究的传统内容。目前学术界关于社会救济的论著，多以"国家—社会"为主要的分析模式，探讨不同时期国家与社会在社会救济领域的地位与作用。[①] 就本文的研究而言，张静的《卢沟桥事变后北平市商会的社会活动》对北平市商会临时救济会的成立及主要的救济活动内容等作了较为详细的论述（本文不赘述），认为北平市商会从事社会救济活动的原因一方面在于事变后政权的断裂及官方救济机构功能的瘫痪使社会救济的公域得以向社会团体开放，另一方面则是中国城市现代化

---

* 李青青，中国农业大学马克思主义学院讲师；崔瑾，中国人民大学历史学院博士研究生。

① 如蔡勤禹《国家、社会与弱势群体——民国时期的社会救济（1927～1949）》、刘荣臻《故都济困：北平社会救助研究（1928～1937）》、韩勤英《动荡政局下北平的贫民问题、政府治理与社会救助（1928～1937）》等。

进程中社会团体在发展中不断弥补政府力所不能及的作用的必然结果。[①]
但是，对北平市商会如何开展或者说何以能够顺利地开展社会救济活动，
未作过多探讨。实际上，从 1937 年 8 月 2 日成立至 1938 年 3 月 15 日正式
结束，北平市商会临时救济会之所以能够在北平沦陷后社会各项事业遭到
破坏和停滞的形势下顺利、有条不紊地开展包括难民收容、物资赈济、粥
赈等在内的一系列社会救济活动，与北平市商会积极和其他组织等进行频
繁互动、构建起涵盖层级广泛的关系网络密不可分。同时，在这种关系网
络中，北平市商会的角色并不是单一的。考察北平市商会社会救济活动中
的关系网络，能够进一步呈现北平沦陷后的社会状况，以及在这一背景下
商会团体在社会救济领域的行为选择和影响。

一　北平沦陷后商会与日伪政权的利益交织

1937 年 7 月 7 日卢沟桥事变发生后，大批难民不断逃到北平。北平市
商会成立临时救济会、开展社会救济活动是在北平沦陷后进行的。在此之
前，北平市商会就与日伪政权建立了密切的联系。在开展社会救济活动的
过程中，其利用自身与日伪政权的密切联系积极提供有利的外部条件；同
时，与日伪政权的利益交织，其为日伪政权的殖民统治所裹挟和利用。

北平市商会自身所拥有的地位与资源，既是日伪政权在北平确立统治
所需要的，也是其生存和发展的基础。对于日伪政权而言，"新政权和作
为冀察政务委员会代理委员长留下来的张自忠之间，却存在着继承政权的
合法性问题"，[②] 需要拉拢和培植一部分代表国民党政权的代理人来建立自
己的统治。北平市商会主席冷家骥在 1935 年冀察政务委员会成立时，即担
任成员。1937 年 7 月 29 日，日伪筹备成立"北平治安维持会"之时，"推
荐北平市民中具有国务总理资历的元老、七十余岁高龄的江朝宗担任主
席，总商会代表冷家骥，银行公会邹泉荪，自治会吕均，市政府周履安，
公安局长潘毓桂担任委员，组成地方维持会"，[③] 并且，在遗留下来的冀察
政务委员会这一国民党北平当局组织中，以冷家骥、邹泉荪等为代表的商
会成员，也被延聘，补冀察政务委员会之委员缺额。[④] 从而，北平市商会
的主要成员被吸纳入日伪政权。

---

① 张静：《卢沟桥事变后北平市商会的社会活动》，《抗日战争研究》2009 年第 2 期。
② 《今井武夫回忆录》，《今井武夫回忆录》翻译组译，上海译文出版社，1978，第 63 页。
③ 《今井武夫回忆录》，第 51 页。
④ 《冀察政委会新聘委员八人》，《北平晨报》1937 年 8 月 4 日，第 4 版。

北平沦陷后，救济难民是恢复社会秩序所不得不面对的重要问题，在这一点上北平市商会与日伪政权的利益是一致的。当北平市商会积极主动提出成立临时救济会，并请求"地方维持会"、各区署及警察局照料时，日伪政权给予了一定的协助。1937 年 8 月 2 日宣布成立临时救济会之后，8 月 3 日，北平市商会致函北平市政府、社会局、警察局、"地方维持会"备案并请求协助、通饬照料。① 在救济会开办期间，日伪当局通过不断密切与北平市商界的联系并示好，将北平市商会逐渐纳入对于北平的殖民统治计划。1937 年 8 月 18 日，北平日军牟田口联队长召开治安会议时，"西单宣抚办公处长林胁国男，召集所属界内各商家代表开恳谈会，声明如商民遇有困难之事，可向该处报告，代为设法"。② 北平市商会在这一时期也与驻平日方人员进行了一系列活动。在北平市商会 1937 年 8 月份的收支经费清册中，曾"支送日本啤酒汽水各五十箱，洋一千一百零五元"，③ 占本月总支出 2151.38 元的 51.36%，是第二大支出项的将近十倍之多。在 9 月份的收支清册中，曾"支调停日方官民会花圈一个、支送樱井顾问礼洋六元正、支福开森金婚礼洋二十元正、支送驻屯军殁将花圈一个洋二元五角"④ 等。这些往来进一步密切了北平市商会与日伪政权之间的关系。

凭借着与日伪政权之间的来往，北平市商会为临时救济会社会救济活动的开展争取了诸多便利。在开办活动所必需的证明及通行证上，"地方维持会"作为北平市商会临时救济会与日本特务机关的中介，起到了沟通接洽的作用。由于交通的管制，在出城收容难民、掩埋尸体以及进行调查，包括此后遣送难民回籍发放免费乘车证明等活动中，北平市商会临时救济会需要借助"地方维持会"取得相关的证明书和通行证，北平"地方维持会"配合协助。在 9 月中旬遣送河北难民回籍时，北平市商会先与河北"地方维持会"接洽，再由河北"地方维持会"请北平市"地方维持会"转商日本陆军特务机关查照办理并"转知驻站宪警届时验证放行"。⑤

---

① 《北平市商会呈报警察局、地方维持会组设临时救济会备案、协助、照料由》，北京市档案馆藏北平市商会档案，档案号：J071 - 001 - 00266。
② 《牟田口昨召开治安会议　决定军警两方取得密切联络》，《新北平报·新闻版》1937 年 8 月 19 日。
③ 《北京市商会 1937 年 7 月至 11 月收支经费清册》，北京市档案馆藏北平市商会档案，档案号：J011 - 001 - 01486。
④ 《北京市商会 1937 年 7 月至 11 月收支经费清册》，北京市档案馆藏北平市商会档案，档案号：J011 - 001 - 01486。
⑤ 《函日本陆军特务机关：为函送遣送难民回籍免费乘坐火车凭证式样希查照转饬驻站宪警届时查验放行由》，江朝宗：《北京市地方维持会报告书》，1938。

同时，北平市"地方维持会"商准北宁路局"允予免费搭乘每日下午八时二十分混合列车，由本会发给免费乘坐火车凭证布条，并由该遣送之收容所备具证函派员护送到站，并临时由本会电知接洽"。[①]

在开展社会救济活动的必需物资上，北平市商会临时救济会得到了"地方维持会"的资助。在食粮来源缺乏、物价腾涨的时候，1937年8月29日，北平市政府警察局将没收的面粉送给北平市商会用以支持社会救济，"永粮店李春皋存积面粉声言无货意图居奇一案，业经证明属实，将该铺积存面粉照章没收在案，相应将案内面粉八十九袋函送贵会查收，用以救济难民为荷!"[②] 北平市商会第二收容所在彰仪门大街陈列所旧址成立时，"借用外四区署保管该所家俱用具"。[③] 第三收容所开办时，也曾呈函北平市政府警察局："查宣外南半截胡同廿七号原系丁宅空房，现由本会借用设立第三难民收容所，请转五区署免征房捐。"[④] 在收集平橐空面袋制作赈衣的过程中，"地方维持会"下令全市遵照办理。北平市商会在开办施粥厂的活动中得到了包括"地方维持会"、社会局以及平橐管理委员会等机构共计3259.23元的补助，约占北平市商会临时救济会总收入18409.63元的18%，远远高于其他团体开办的施粥厂。[⑤]

在这一过程中，北平市商会与日伪政权的利益有了进一步的交织，逐渐沦为日伪政权推行殖民统治的工具。"商会等团体可以在一定程度上填补政权缺席的政治真空，一方面恢复地方社会秩序，以便于其统治；另一方面还可以依赖这些团体提供军需及日常用品，进而汲取各种社会资源。"[⑥] 1937年9月24日，在保定沦陷后的讲演大会上，北平市商会主席邹泉荪在大会发言时说："自友军发展威力，占领张家口直趋大同后，平绥路即将通车，现在平汉线友军又进抵保定，不久亦将恢复通车，因是北平市商业上之交通命脉，既已复活，预料平市社会安定及市面繁荣，指日可待，不难恢复旧

---

① 《函北宁路局驻平办公处》，江朝宗：《北京市地方维持会报告书》，1938。
② 《北京市政府警察局公函》，北京市档案馆藏北平市商会档案，档案号：J071-001-00266。
③ 《北平市商会关于组设临时救济会（附简章）和结束工作的呈及市政府、社会局的批、指令以及有关救济难民事宜与警察局、各公会的来往函等》，北京市档案馆藏北平市商会档案，档案号：J071-001-00266。
④ 《北平市商会关于组设临时救济会（附简章）和结束工作的呈及市政府、社会局的批、指令以及有关救济难民事宜与警察局、各公会的来往函等》，北京市档案馆藏北平市商会档案，档案号：J071-001-00266。
⑤ 参见《北京市商会临时救济会收支对照表》，北京市档案馆藏北平市商会档案，档案号：J071-001-00266。
⑥ 马敏主编《中国近代商会通史》第4卷，社会科学文献出版社，2015，第1569页。

观……我们更当进一步来作两国经济提携的工作，以谋东亚的发展和平。"①
北平市商会临时救济会的重要负责成员邸泽民也发表了讲话："保定的陷
落就是东亚和平的第一声，也就是我们华北人民从此即能安宁，当仍然要
感念是友军的赐予。"② "联银乃是华北经济榨取最重要机构之一"，③ 联合
准备银行作为日伪集团成立的"中华民国临时政府"的重要附属机构，吸
收邹泉荪、姚泽生等担任了委员，商会成为日伪殖民统治的代理人。

这一时期，在日伪政权推行的一系列殖民政策中，北平市商会扮演了
重要角色。日伪政权利用其推行文化殖民政策，"北平市商会主办日语学
校，对平市各大小铺号学徒，施以日语训练，以应需要生计"。④ 日伪政权
还试图通过北平市商会的影响力来扩大舆论和宣传阵地。大同报社"为促
进日满华民众之协和，暨王道政治之精神并阐扬华北之舆论庶东亚永久之
和平为宗旨"，派员在北平创办华北总支社，希望北平市商会"登高一呼
万山响应达到本报之目的"。⑤ 之后，《大同报》等也请求向北平市商会推
销报刊。⑥ 与此同时，日本国内的一些商业团体也与北平市商会及其所属
会员进行直接联系，试图借北平市商会打开侵略华北经济的大门。大阪高
濑洋行致函北平市商会想打开向北平乃至整个华北倾销商品的通道，"敝
国为谋远东安全计，函应携手以期增进彼此友谊，兹向交易一途迈进，双
方交易自当增加也"。⑦ 此外，哈尔滨阿葛公司致函北平市商会要求寄药业
行会各家字号及地址，以便"敝公司与贵会所属会臣各大药房取得联系以
资交易"。⑧ 吉川和夫商店更是来函要求调查向"满洲"出口货物之陶瓷、
家庭荒物杂物等商店。⑨ 对于这些明目张胆地调查甚至是倾销商品之经济
控制和掠夺行径，北平市商会唯有配合。

---

① 《平庆祝保定陷落　昨举行讲演大会　名人宏论听者莫不动容　参加五千余人盛况空前》，
《北平晨报》1937 年 9 月 25 日，第 4 版。
② 《平庆祝保定陷落　昨举行讲演大会　名人宏论听者莫不动容　参加五千余人盛况空前》，
《北平晨报》1937 年 9 月 25 日，第 4 版。
③ 麦廸：《敌人在华北的统治和榨取：附图》，《世界知识》第 8 卷第 1 期，1938 年，第 23 ~ 26 页。
④ 《平商会办日语学校教授商人》，《新北平报·新闻版》1937 年 9 月 2 日。
⑤ 《北平电车公司收北平市商会函》，北京市档案馆藏商会档案，档案号：J011 - 001 - 00212。
⑥ 《北平益世、盛京、大同等报社请推销报刊给北京市商会的函等》，北京市档案馆藏北平
市商会档案，档案号：J071 - 001 - 00160。
⑦ 《译大阪高濑洋行来函》，北京市档案馆藏北平市商会档案，档案号：J071 - 001 - 00065。
⑧ 《北平市商会收文：阿葛公司函请将贵区各大药房之地址字号开示为有此项目需赐寄一册
续录费若干函示奉上》，北京市档案馆藏北平市商会档案，档案号：J071 - 001 - 00065。
⑨ 《北平市商会收文：吉川和夫商店函 兹列商店名讳调查函知》，北京市档案馆藏北平市商
会档案，档案号：J071 - 001 - 00066。

二　北平市商会与商会会员的相互依存

事实上北平市商会的社会救济活动主要依赖于商会会员的协助。卢沟桥事变后，北平市商会所属的各公会、公司和工厂均受到了极大的影响。在成立临时救济会、开展社会救济活动之初，尽管不少会员存在着退会或经济萧条导致的困难，但大多数仍参与了临时救济会的救济活动。相应地，在关涉商会会员发展利益的问题上，北平市商会也积极出面与日伪当局接洽，设法解决。北平市商会与商会会员之间的相互依存，确保了社会救济活动的顺利开展。

北平市商会的经费主要来自所属会员的会费，其支出项主要包括商会组织内工作人员的薪资、办公用品的耗费以及车杂费等。卢沟桥事变后，部分同业公会会员退会、营业萧条的情况普遍存在，因此，临时救济会成立后，资金的筹集并不十分顺利。1937 年 8 月 4 日，北平市商会举行了第十四次临时执会，在退还慰劳捐款后又办理救济筹集捐款事宜，"经付讨论决议通过除银行公会外各公会等一律开会及自动募捐款项送来共襄善举"。① 对北平市商会发出的劝募通知，北平新药业公会函复："所有救济会应用卫生材料由敝会充分供给，不另捐款。"② 许多会员并未积极做出捐款行动，北平市商会于 8 月 12 日再次函催："查本会办理救济事务，现在收容难民日益增多，需款孔亟，前经执会决议由各公会捐助函达在案，惟是项捐款尚未完全缴到，经于八月十日第十五次会议决议再函各公会量力速捐以应急需。"③ 国产药业公会由于开办了难民收容所，函复："已收容之难民现已超过二百名有余，此后源源来者尚在未知之数，经本会各方募捐已无补救之方，是以对于贵会捐款一层实碍难照办。"④ 猪羊肠业公会更是表示："自前月交通梗阻，来源销路俱告断绝。迄今月余毫无生意可作，

---

① 《北平市商会关于组设临时救济会（附简章）和结束工作的呈及市政府、社会局的批、指令以及有关救济难民事宜与警察局、各公会的来往函等》，北京市档案馆藏北平市商会档案，档案号：J071 - 001 - 00266。

② 《北平市商会收文：新药公会函 奉函决议慰劳捐款退还又救济难民等属捐款敝会决议应用卫生材料由敝会供给不另捐款》，北京市档案馆藏北平市商会档案，档案号：J071 - 001 - 00266。

③ 《北平市商会稿：函催救济捐款由》，北京市档案馆藏北平市商会档案，档案号：J071 - 001 - 00266。

④ 《北平市商会收文第 4897 号：国产药业公会函 函奉关于救济捐款一项碍难立办 希原宥》，北京市档案馆藏北平市商会档案，档案号：J071 - 001 - 00266。

每日空耗一切开销，……对于筹款一节非仅环境艰困无法进行，亦为事实所迫。"①

尽管如此，从北平市商会临时救济会的款项来源看，绝大部分是来自商会会员的捐助。其中，商会所属会员所捐助的款项占了总收入的 75%，是北平市商会临时救济会的主要收入。②并且，在组织人员构成上，临时救济会的工作人员均为北平市商会的成员，也是商会所属各同业公会的成员，主要为义务性的，不收取劳动报酬。在需要雇员时，也往往以商会成员或是所属公会成员为主。开办收容所期间，临时救济会所属各部及收容所工作人员并无薪资，"救济部提议第二收容所函请工友赵仲禄、刘保衡二人工作辛劳每人每月拟支给饭洋六元"，③每日所得仅比收容所内难民伙食费一角一分多九角。对于属会的工作人员，在收容救济工作结束后"由总干事筹备墨匾分赠"④作为对各所主、各部主任及出勤委员等热心慈善的奖品及纪念。除资金和人员以外，北平市商会的属会会员如国产药业公会以及新药业公会为北平市商会临时救济会所收容的难民提供了充足的药品，为收容难民创造了一定的医疗卫生条件，一定程度上保证了难民的健康与卫生。并且，北平市所属当业公会、电灯公司等积极捐助衣物，也为收容难民提供了一定的物质基础。这也是北平市商会临时救济会在救济规模、内容以及影响等方面在整个社会救济中占据重要位置的主要原因。

在商会会员支持商会开展救济活动的同时，北平市商会也积极地维护了商会会员的生存与发展利益。《修正商会法》规定："商会以图谋工商业及对外贸易之发展。增进工商业公共福利为宗旨"，负有"遇有市面恐慌等事项有维持及请求地方政府维持之责任"。⑤卢沟桥事变发生后，交通运输的阻断直接影响了所属同业公会的货物运输以及北平市的物资供应。1937 年 10 月 6 日，北平市商会收到杂粮堆栈等六公会的来函："自芦事发生后杂粮统计尚敷三个月之用，现下两月有余，粗粮稍较缺乏，是以日来价格略见上涨，公会等诚恐超过标准价格，谨联衔函请大会核转特别设法

---

① 《猪羊肠公会呈北平市商会：为环境艰困事实所迫无力筹款救济难民由》，北京市档案馆藏北平市商会档案，档案号：J071 - 001 - 00266。

② 参见《北京市商会临时救济会收入数目表》，北京市档案馆藏北平市商会档案，档案号：J071 - 001 - 00266。

③ 《（1937 年 9 月 9 日）第八次会议记录》，《北京市商会临时救济会报告书》，1938 年刊印。

④ 《（1937 年 10 月 26 日）第十二次会议记录》，《北京市商会临时救济会报告书》，1938 年刊印。

⑤ 严谔声：《商人团体组织规程》，上海市商会发行，1936，第 49～50 页。

疏通平绥线车运。"① 经过北平市商会接洽，"地方维持会"表示："兹据该路局呈复称查本路关于平张通车正在积极准备，俟得军方谅解即可恢复商运等。"② 北平市煤栈业同业公会曾多次就恢复交通运输事宜函请北平市商会转请"地方维持会"甚至日本特务机关设法解决。起初，北平市煤栈业同业公会来函表示："今路运梗绝损失颇巨，倘长此以往委实不支，现当四郊平靖门禁无虞为此，仰恳大会转请地方维持会设法将德胜东直各门即行开通。"③ 之后，北平市煤栈业同业公会两次致函北平市商会，希望北平市商会转请地方维持会与特务机关主持办理恢复周坨支线和坨里支线，"倘不赶行开车，不但煤商营业不支，全城燃料大有恐慌之虞"。④ 北平市商会在帮助恢复交通方面，做出了积极的努力。

北平沦陷后，工商业者的处境极为艰难，各项事宜只能依赖于北平市商会的出面交涉。由于卢沟桥事变后的交通梗阻，部分商号无法获得退税凭证。1937年9月13日，北平市双合盛啤酒厂致函北平市商会："敝厂转请照章退税之件计十二次共计国币一万三千之谱，因交通不便至今退税证未蒙发下，……为此恳请大会转请地方维持会准予设法维持使啤酒退税得由临时变通办法借度难关，以拯救敝厂三十年来苦志经营之实业不使倒闭。"⑤ 经北平市商会转请，北平"地方维持会"指令北平市商会："准予照章陆续退还等因，除令财政总监理处即统税局遵办外仰即转行该厂知照此令。"⑥ 12月14日，北平市纸烟业同业公会致函北平市商会请为会员福华烟行发予证明书以便寄沪退税："惟际兹改立国税管理处之期，据该公司称无处接洽事宜，……特函请大会准予派员点查发给证明文件以便转给。"⑦ 北平市商会积极回复，设法解决商会所属会员遇到的问题。除北平

① 《北平市商会收文第 5248 号》，北京市档案馆藏北平市商会档案，档案号：J071 - 001 - 00314。

② 《北平市地方维持会训令交字第 33 号》，北京市档案馆藏北平市商会档案，档案号：J071 - 001 - 00314。

③ 《北平市煤栈业同业公会函北平市商会》（1937 年 10 月 18 日），北京市档案馆藏北平市商会档案，档案号：J071 - 001 - 00235。

④ 《北平市煤栈业同业公会函北平市商会》（1937 年 10 月 27 日），北京市档案馆藏北平市商会档案，档案号：J071 - 001 - 00314。

⑤ 《北平市商会收文：双合盛函》，北京市档案馆藏北平市商会档案，档案号：J071 - 001 - 00319。

⑥ 《北京地方维持会 经字第 311 号》，北京市档案馆藏北平市商会档案，档案号：J071 - 001 - 00319。

⑦ 《北京市纸烟业同业公会函北京市商会》，北京市档案馆藏北平市商会档案，档案号：J071 - 001 - 00319。

市商会所属公会及公会所属商号外，1937 年 10 月 19 日，"崇文门一带居民金叶卿等四十余人协同商界代表郭凌甫等呈文呈请设法恢复第一平民医院照章开诊，以济民生"。[①] 北平市商会也与北平市政府卫生局进行了沟通，卫生局表示："准函前因，经即检同原呈，并拟具恢复办法，呈请市政府转函路局，设法恢复。"[②]

北平市商会的存续并且努力扩大自身的活动范围，对于商会会员来说亦是一种保护和利益扩充。其所享有的经济实力和社会地位使它成为统治当局极力拉拢的对象，由此极大地改善了它的生存环境，也为商会所属各会员的生存提供了一定的安全保障。并且，其能够在组设北平市商会临时救济会的过程中得到北平当局的支持和协助，在涉及商会所属成员利益的事情上也能与日伪当局进行有胜算的交涉。单从办理社会救济需要各会员付出一定的人力、物力、财力看，与商会之谋工商业发展与公共福利宗旨并不完全符合，甚至是在市面萧条的情况下，商会成员牺牲了一定的利益。然而，商会在社会救济领域的积极活动无疑进一步巩固和增强了它的社会影响与社会地位，也为商会成员提供了发展空间，增强了它自身的凝聚力和实力。

三　北平市商会与其他团体的相互帮助

北平市商会在开展救济活动的过程中，既对一些团体的救济活动进行了援助，也受到了其他团体的帮助。与其他团体的相互帮助，使得北平市商会的社会救济活动在范围和内容上得到扩展。同时，日伪政权也以北平市商会临时救济会为中介，进一步介入社会救济，以此整合和控制北平社会。

北平市商会临时救济会成立之初，慈联会致函北平市商会称其所设收容所"收容难民已达七百余人，虽经各方捐助无如杯水车薪，势难普惠，素仰贵会执事先生乐善好施，泽及胞民"，[③] 请求商会鼎惠援助其救济活

---

① 《北京市政府卫生局公函》，北京市档案馆藏北平市商会档案，档案号：J071－001－00318。

② 《北京市政府卫生局公函》，北京市档案馆藏北平市商会档案，档案号：J071－001－00318。

③ 《北平市商会收文第 4845 号》，北京市档案馆藏北平市商会档案，档案号：J071－001－00266。

动，北平市商会则以"本会业经自行组设救济会收容所"① 婉拒。一些临时救济团体向北平"地方维持会"提出救济请求，"地方维持会"收到求助后则对北平市商会临时救济会做出设法救济的要求。如北平回民临时救济会致函"地方维持会"："惟来平难民有加无已来日方长，捐款为数甚微颇难持久"②，请予援助。"地方维持会"则转函北平市商会："贵会（北平市商会——引者注）设有临时救济会，规模甚大……查照设法救济。"③北平市商会临时救济会第二次会议决议"先收容一百人俟第二收容所成立再行陆续收容"。④ 不久，回民临时救济会又提出食粮缺乏请求酌量补助，北平市商会临时救济会第四次会议决议以"本会暂无余力补助"⑤ 为由拒绝。同时，对于北平"地方维持会"请设法救济北平回民临时救济会的来函，北平市商会回复："本会收容难民已达二千余人，每日需款甚巨且天气渐寒冷经济困难，是项难民本会以慈善关怀等因可收容，请拨款接济。"⑥

北平市商会临时救济会也曾收到河北省交道口基督教会收容所的求助。1937 年 9 月下旬，河北省"地方维持会"来函称，交道口基督教会收容所"现有难民妇孺八十二名因家产损失过重无法回籍，而经费寥寥实难维持"，⑦ 请北平市商会临时救济会收容并且酌给工作。北平市商会临时救济会第九次会议决定对该 82 名难民妇孺进行全部收容，开始难民遣送工作后均发给川资遣散回籍。此外，还有部分主要是抚养孤幼的原有慈善机构，请求北平市商会临时救济会设法救济。北平龙泉孤儿院得以建立和维持，北平市商会及其前身发挥了重要作用。北平市商会临时救济会建立后，第一收容所即设立于此，因此对龙泉孤儿院之孤儿"与难民同样供给

---

① 《北平市商会致慈联会收容所》，北京市档案馆藏北平市商会档案，档案号：J071 - 001 - 00266。

② 《呈为救济逃难及歇业人民恳乞援助事》，北京市档案馆藏北平市商会档案，档案号：J071 - 001 - 00266。

③ 《据北平回民临时救济会称收容难民三百余人乞赐援助等情 附抄件函达设法救济见复》，北京市档案馆藏北平市商会档案，档案号：J071 - 001 - 00266。

④ 《第二次会议记录》，《北京市商会临时救济会报告书》，1937 年刊印。

⑤ 《（1937 年 8 月 18 日）第四次会议记录》，《北京市商会临时救济会报告书》，1938 年刊印。

⑥ 《北平市商会稿第 4909 号》，北京市档案馆藏北平市商会档案，档案号：J071 - 001 - 00266。

⑦ 《复河北省地方维持会为基督教会收容所妇孺八十二名请收容酌给工作经第九次会议决议所有该所妇孺八十二名应送本会收容在卷相应函复》，《北京市商会临时救济会报告书》，1938 年刊印。

伙食"。① 在收容救济工作结束后，北平市商会临时救济会曾援助龙泉孤儿院面粉 10 袋，龙泉孤儿院函谢："业蒙贵会拨赐面粉十袋惠助孤贫，足征仁溥义尽涵育群生。"② 另一慈善机构河北省第一救济院育婴所创立于明朝，专门收养孤苦无依的婴儿，因经费无着，函称："目下一切米粮婴乳均已告罄，兹向各商号继续赊欠均被拒绝……毫无救济之策，惟有据情函请关于贵会鉴察俯赐救济以救济嗷嗷待哺之婴儿并维慈善。"③ 北平市商会临时救济会派员核实后决议，每月向平籴委员会按市价购买大米一包补助。

除了对慈善团体进行援助外，北平市商会在开展救济活动的过程中，也积极寻求其他团体的帮助。临时救济会的资金主要是由商会成员捐助，也有其他团体进行了捐助，包括临汾会馆捐助 80 元，临汾乡祠捐助 100 元，临襄会馆捐助 50 元，天津造胰公司捐助 5 元等。④ 其他方面的支持，主要来自中国红十字会。在收容难民所需的衣物上，中国红十字会北平分会最先捐助旧衣服 350 件、洋袜子 29 双⑤。当业公会也随即因"炎暑已往寒风徐来，北平一隅难民聚繁，乏无衣食情殊可悯，惟承贵会备餐收容后衣裤或较需要"，⑥ 劝募收集衣裤 1000 件捐助北平市商会临时救济会，基本上满足了难民最基本的"衣"的需求。特别是在保障收容难民医疗卫生健康方面，北平市商会临时救济会积极寻求北平红十字会的协助，"本会设立第一收容所于龙泉寺，业蒙贵会逐日派员襄助卫生事宜，无任感荷。兹又添设第二收容所于广安门内大街东北大学，第三收容所于菜市口南半截胡同二十八号，所有卫生事宜仍请贵会鼎力襄助"。⑦ 根据北平红十字会的救济难民工作报告，其工作主要包括：供给饮具（主要是土碗）、垃圾处理、护理工作，特别是对各收容所内传染病的情况进行防治，以及施种

---

① 《（1937 年 8 月 14 日）第三次会议记录》，《北京市商会临时救济会报告书》，1938 年刊印。

② 《龙泉孤儿院函谢援助面粉十袋函》，《北京市商会临时救济会报告书》，1938 年刊印。

③ 《复第一救济院育婴所一案经决议每月拨给大米一包以本会结束为止由》，《北京市商会临时救济会报告书》，1938 年刊印。

④ 《北京市商会临时救济会收入数目表》，北京市档案馆藏北平市商会档案，档案号：J071 - 001 - 00266。

⑤ 《复谢中国红十字会北平分会捐助旧衣服函》，《北京市商会临时救济会报告书》，1938 年刊印。

⑥ 《复谢当业公会捐助衣服俟议妥分配办法再行领取函》，《北京市商会临时救济会报告书》，1938 年刊印。

⑦ 《致红十字会北平分会请襄助卫生事宜函》，北京市档案馆藏北平市商会档案，档案号：J023 - 001 - 00162。

牛痘等。① 并且，为了减轻战乱和逃难造成的难民心理上的不安与痛苦，北平市商会临时救济会请佛教会到收容所讲经，"承佛教会到所讲经佛法无边慈航普渡，难民颇为感动"。②

同时，以北平市商会临时救济会为中介，日伪政权进一步介入社会救济，以对社会进行整合。1937 年 8 月 14 日，北平"地方维持会主席"，同时也是救世新教总会负责人的江朝宗致函北平市商会："事变以来，幸赖各慈善团体争先恐后不避艰辛，对于救生恤残收容无告不遗余力，……第念各善团分道扬镳力量，奚若粮食接济能敷几时，瞻念前途将何以其后，要非统筹兼顾，安能使孑遗流民不至失所旷日持久无后顾忧用。"③ 希望商会能够统筹各方力量开展社会救济。北平市"各同业公会总数为 101，商号总数为 27487 家，加入同业公会总数为 13283"，④北平市商会临时救济会已经整合了全市最大的工商业力量，其号召力和影响力无疑使慈善机构与救济团体之间的联系得到了一定的加强。"地方维持会"对于不少团体的救济援助，都是转由北平市商会临时救济会设法救济的。

在此期间，日伪政权也借救济活动企图塑造救助难民的形象。1937 年10 月 12 日《北平晨报》登载了一则关于日伪机关救助北平难民的消息："因发现地下良民，调查结果，既往事情一一判明，机关立时向附近华商购买食粮，救助彷徨死线之避难民，且以彼等均系北平市民，乃拨借重军用火车三辆，由机关长倍弘，与山末次郎两氏随同照料，于八日离保定，一行途中经过各站，蒙守备车站之日本将兵赠以匣饭慰问袋点心等物。"⑤1937 年 11 月 2 日由张家口特务机关班刊印的《新察哈尔报》也登载了一则关于日军酬资交由正定"治安维持会"救济难民的消息，表示"日军此种义举足证提携亲善"。⑥

---

① 《北平红十字会旬报救济难民工作》，北京市档案馆藏北平市商会档案，档案号：J023 - 001 - 00162。
② 《到所收养难民工作报告》，《北京市商会临时救济会报告书》，1938 年刊印。
③ 北京市档案馆藏北平市商会档案，档案号：J071 - 001 - 00266。
④ 参见《本市商会入会及未入会家数统计表》，北京市档案馆藏北平市商会档案，档案号：J071 - 001 - 00173。
⑤ 《保定避难民　经日军护送得庆生还北平　沿途蒙守备各站之日将兵赠以匣饭慰问袋点心等物》，《北平晨报》1937 年 10 月 12 日，第 4 版。
⑥ 《日军酬资赈济难民》，《新察哈尔报》（1937 年 11 月 2 日）。

结　语

从北平市商会在从事社会救济活动过程中所构建的关系网络不难看出，在北平沦陷的历史背景下，社会救济的面相并不是单一的。近代的商会早已被卷入地方政治。北平市商会的主要成员被纳入日伪政权机关，决定了其社会救济已不只是传统商人乐善好施、安贫济弱的精神体现或商会领袖个人务实自利的外在表现，[①] 也是商会团体在动荡的时局中寻求生存和发展空间的行为选择。在构建关系网络确保其社会救济活动开展的同时，北平市商会在北平沦陷前"克尽商民义务，报效国家"[②] 的抱负也逐渐丧失，沦为日伪政权推行殖民统治的工具。

---

① 张静：《卢沟桥事变后北平市商会的社会活动》，《抗日战争研究》2009 年第 2 期，第125 页。

② 《商会及银行界负责维持全市金融 办法拟定三项》，《世界日报》1937 年 7 月 12 日，第5 版。

东交民巷使馆区与近代北京的市政建设

李慧敏 *

提　要　北京市政近代化的过程与东交民巷使馆区有着密切的关联。使馆界内成熟的市政体系刺激着国民对新型市政的向往，并促使晚清与民初北京政府或被动，或主动地开展近代市政建设，为北京城打开"近代化"的新局面。然而，在特殊的历史背景下，西方元素的进入充斥着殖民性与现代性的交锋。东交民巷使馆区的存在严重损害了北京市政建设的独立性与完整性，长远意义上，在政治、经济、文化方面皆对北京市政的发展造成阻碍，导致了北京近代市政的畸形发展。同时，北京的近代化发展又是在民族独立的大背景下进行的，其中折射出的民族主义冲突同样值得关注。

关键词　东交民巷使馆区　市政建设　民族主义

北京的近代化是在新旧交替之中展开的。从清末到 20 世纪二三十年代，北京的市政建设完成了由传统封建都城到现代城市的初步转变，在这个过程中，东交民巷使馆区作为西方市政体系的缩影，为传统北京提供了新型市政的参考，但同时又因其特殊属性严重阻碍了北京建设新型现代城市的努力。目前以东交民巷使馆区为切入点的讨论多是肯定使馆区在北京市政近代化过程中的积极作用，而对其殖民性丧失警惕。[①] 本文拟从东交

---

* 李慧敏，中国人民大学历史学院博士研究生。

[①] 相关研究可见 Chia Chen Chu, Diplomatic Quarter in Peiping (Ph. D. diss. , University of Ottawa, 1944); Mingzheng Shi, "Rebuilding the Chinese Capital Beijing in the Early Twentieth Century", *Urban History* 25 (1998): 60 - 81；史明正《走向近代化的北京城——城市建设与社会变革》，王业龙、周卫红译，北京大学出版社，1995；李潜虞《略论民国时期北京使馆区的历史变迁》，《近现代国际关系史研究》2014 年第 2 期；李少兵、齐小林、蔡雷薇《北京的洋市民——欧美人士与民国北京》，北京师范大学出版社，2016；李少兵、李聪《清末民初北京市政建设中的中外合作关系》，《中州学刊》2020 年第 6 期。

民巷使馆区入手，探讨庚子之变后使馆区的建立与北京市政近代化的关联，并通过清政府、北京政府与使馆区的冲突个案指出具有殖民性质的使馆区在近代北京市政的长远建设上的阻碍，最后，探讨两个市政主体在交锋过程中体现出的民族主义碰撞。[1]

一 东交民巷使馆区与北京市政近代化

使馆制度本是一种国际普遍接受的外交制度，但近代中国的北京使馆区却有着特殊的意涵。在这里，有必要对东交民巷使馆区的法理依据作一简单梳理。正阳门与崇文门间的内城地区——东交民巷所在地——自明清以来即是重要衙署及王府祠堂的分布之处。第二次鸦片战争后，清政府被迫签订允许派公使驻京之条款，于是各国纷纷在东交民巷区域占地为馆，与中国原有衙署、王府、居民共处一处，形成使馆界的前身——"华洋群处之使馆地区也"。[2] 1901年，清政府与十一国签订《辛丑条约》，其中第七款规定："大清国国家允定各使馆境界以为专与住用之处，并独由使馆管理。中国民人，概不准在界内居住。亦可由行防守，使馆界线于附件之图上标明如后（附件十四）……中国国家应允诸国分应自主，常留兵队，分保使馆。"[3] 自此，东交民巷正式划给外国人独立管理。使馆区西起兵部街，东到东单牌楼，北起东长安街，南至内城城墙及正阳门以东、礼部以南的美国兵营和荷兰使馆，面积较之前扩大九倍。[4] 外交本是文明的标志，但西方各国公然在一国之京师划定使馆区并驻兵，禁止本国居民管理居住，"此世界各国之所仅见者也"，[5] 不免令人哗然。以此为转折点，西方的市政建设理念、城市规划思想、生活方式开始逐步影响古老的北京，而这种影响是在政治、经济、军事、文化权力及民族情感被严重损害的外在

---

[1] "市政"二字范围极广，包括一切关于都市建设之事项，但城市基础设施建设，特别是公用事业建设是早期市政建设的重中之重。市政专家董修甲即指出："在最初成立政府时，是要对于物质建设特别注意……所谓物质建设是指道路、码头及上下水道之建筑，与公用之业事建设。至于社会行政、慈善行政，以及社会教育与公共卫生，皆可以稍缓一步。"为便于讨论，本文所论之"市政建设"即限定于此。董修甲：《中国市政问题：在武昌市政处讲演》，《道路月刊》第49卷第3号，1936年，第14页。

[2] 章玉和：《北京使馆界之沿革》，《中和月刊》第3卷第4期，1942年，第17页。

[3] 王铁崖编《中外旧约章汇编》第1册，生活·读书·新知三联书店，1957，第1006、1017~1018页。

[4] 费正清编《剑桥中华民国史（1912~1949）》上卷，杨品泉等译，中国社会科学出版社，1994，第151~153页。

[5] 景：《外人在中国享有之特权》，《申报》1921年2月11日，第20版。

殖民条件下进行的。

20 世纪 20 年代以前，我国主要城市的建设与管理多以外国在华租界和使馆为取向，北京也无出其外。东交民巷作为北京城内西方大城市的缩影，为北京近代市政建设提供了参考。使馆区划定后，各外交官民大兴土木，旧有房屋拆除殆尽，形成了一个充满西洋建筑风格的相对封闭的社群，除各国大使馆外，还修建了教堂、银行、饭店、宾馆、商店、医院等。① 来自美国、英国、意大利、日本等国的文化"碎片"汇集在一起，构成了使馆区独特的风景。荷兰旅游家包雷在六国饭店享受现代化餐厅提供的午餐时曾发出感慨："一杯雪利酒、一支烟、一份法文报纸，我这是在巴黎还是北京？"②

使馆区对北京的市政建设在客观上有一定的积极作用。东交民巷使馆区是北京商业用电的先行者，且出于防止权益被列强所得的考虑，成为迫使清政府开启北京近代照明事业的动因之一。清宫廷于 1888 年成为北京城最早享受到现代供电设施的区域，③ 但北京最早的商业用电发轫于东交民巷使馆区内的北京西门子电器灯车公司，后改名为北京电灯公司，面向使馆区供电。④ 为了防止外国势力在电力供应上的过度扩张，清廷同意商部奏请，于 1905 年成立了属于自己的第一个电力公司——京师华商电灯股份有限公司。⑤ 政府不仅对其实行免税政策，更限制外商越界，以支持自有企业的生存。用电灯照明取代传统的煤油灯是近代北京市政建设一项伟大的成果，构成了北京近代市政建设的重要一环。

北京早期供水工程的重大变革亦与东交民巷使馆区交集颇多。1908年，京师自来水公司成立，建成后首先为东交民巷各使馆供水，收取费用较北京城内定价更高，为初成立的自来水公司提供了稳定的收入。⑥ 同时，使馆区为北京市民起到示范作用，有利于冲破关于自来水不洁的谣言，促进北京公共卫生事业的进步。使馆区也是北京城内最早使用抽水马桶、规划排水系统的区域。北京建设现代供水工程的另一项重要任务是完善消防

---

① 章玉和：《北京使馆界之沿革》，《中和月刊》第 3 卷第 4 期，1942 年，第 29 页。
② 包雷：《新中国》，第 33~35 页，转引自朱莉娅·博伊德《消逝在东交民巷的那些日子》，向丽娟译，商务印书馆，2016，第 107 页。
③ 北京供电志编辑委员会编《北京供电志（1888~1988）》，水利电力出版社，1993，第 1 页。
④ 《北京供电志（1888~1988）》，第 12 页。
⑤ 《商部奏华商开办京城电灯公司请予立案折》，《大公报》1904 年 9 月 30 日，第 1 版。
⑥ 北京市档案馆、北京市自来水公司、中国人民大学档案系文献编纂学教研室编《北京自来水公司档案史料（1908 年~1949 年）》，北京燕山出版社，1986，第 81 页。

用水系统，京师自来水公司在使馆区共安装了 12 个消防龙头，当时的报纸中也记载有使用洋龙灭火的情形。①

1912 年后，北京不再是充斥着封建皇权的帝都，而是具有共和精神的新型都市。这一时期，国人仍在为寻求突破性的道路而努力学习西方，当时东交民巷使馆区的影响是直观的。时人已察，"东交民巷使馆界内之一切设施，整饬严肃，有条不紊，反观我首善之区，道路不治，里巷狭隘，大街市集，杂乱无章，相形之下，能不奋起"②。北京于 1914 年 8 月成立京都市政公所。京都市政公所的成立被认为是北京城历史上最重要的体制性变革之一，其具有更先进的市政理念、更专业的市政知识与更强的主动性，是北京政府市政建设得以迅速开展的基础，也是主动学习西方市政管理的成果。

在京都市政公所的带领下，北京市政建设效果最为显著的就是道路改造。晚清政府为维护颜面，曾对部分干道进行整修，但及至民国，仍是一团乱象。《顺天时报》指出："北京道路之坏者，著名于世。今虽渐修马路，然止于通衢，不及于僻巷，雨天则泥泞满地，晴日则尘埃蔽天。行人之不便，莫甚于此，亟宜修理道路，以便交通。"③ 与之形成强烈对比的是，东交民巷使馆界内街道整齐，廊檐洁净。1915 年，北京的第一条柏油路在东交民巷使馆区出现，到 20 世纪 30 年代初，使馆区的道路已经基本整修结束——长度共约 9 英里的街道全部铺设良好，且是北京唯一设有人行道的区域。④ 目睹了西方技术在使馆区的运用后，京都市政公所对北京的道路进行了一系列的改善。及至 1929 年，北京共修筑了 96.7 公里长的碎石路和 8.27 公里长的柏油路。⑤ 现代交通工具与交通规则也随之发展和完善。1917 年后，北京街头的车辆逐渐多了起来，时下的汽车交通规则，诸如红灯停绿灯行、汽车按马路交通指示牌行使、汽车避让行人、不能酒后开车等都是先在东交民巷使馆区订立、实施的。⑥

更直观的影响可见 1914 年京都市政公所对香厂新市区的试点改造。这里安装了路灯、电灯，整修了排水系统，铺设了平整的道路，开设了商业

① 《北京自来水公司档案史料（1908 年～1949 年）》，第 81～82 页。
② 谭炳训：《北京之市政工程》，《三十年来之中国工程》，中国工程师学会，1946，第205 页。
③ 《论改良市政》，《顺天时报》1915 年 8 月 1 日，第 1 版。
④ Robert Moore Duncan, Peiping Municipality and the Diplomatic Quarter (Ph. D. diss. , Yenching University, 1993), p. 118.
⑤ 《北平特别市工务局工务特刊》，北平特别市工务局，1929，第 59 页。
⑥ 李少兵、齐小林、蔡雷薇：《北京的洋市民——欧美人士与民国北京》，第 126 页。

娱乐中心，并提供各项西式服务，从其整体规划来说，是东交民巷使馆区外一个由中国人设立的市政模范点，从其内部布局来看，是一次完全按照西方近代规划理念和技术进行的近代化市政尝试。

总的来说，20世纪初的北京已经展示出近代城市的雏形。这一时期，北京几乎所有的现代元素都可以在使馆区内寻到踪迹。到20世纪二三十年代，北京已经建立起基本完善的城市基础设施，改变了旧有城市的面貌，但是，一个锐意革新的市政府在半殖民的北京却难以充分开展其市政工作，东交民巷使馆区反过来对北京市政发展造成种种阻碍。

二　半殖民背景下的畸形近代化

近来的研究多将目光集中于使馆与租界对我国城市近代化的火车头式的引领与先导作用，而对主权缺失下的市政建设缺乏足够的警惕。我们必须认识到，半殖民的北京无法从根本上实现自己的近代化转型，以东交民巷使馆区为学习样本也无法建立起健康的市政发展体系。使馆区的市政管理饱含着狭隘的殖民观念，其出发点是在不平等条约的加持下维护其自身利益。在主权不独立的情况下，北京近代化进程难以避免地走上畸形发展的方向。

首先，东交民巷使馆区的存在，严重影响了北京市政建设的行政完整性与自主性。使馆区享有独立的行政权、驻军权、治外法权，建立了自己的市政机关和税收机关，不啻另成一国。自1908年起，公使团协定"关于地方区域之分配，道路警察之规定，均各向本国政府请示，并不通知中国"；[1] 1914年，成立"管理使馆界事务公署"（后简称公署），负责使馆区内财政、警务管理与基础设施建设及维护，进一步体现了使馆区独立于北京市政管理之外的性质。[2] 其成立伊始，外交部便致函内务部予以额外关照："管理使馆界事务公署现已成立……若将来，凡使馆界内事务，由该署与警厅及北京地方官直接来往，则与速办事件，殊有裨益，兹各国大

---

①　《区坊与使馆界》，《华北日报》1930年12月10日，第7版。

②　现有关于管理使馆界事务公署的研究少之又少，Robert Moor Duncan 以"管理使馆界事务公署"（Administrative Commission of Peking Legation Quarter）档案作为一手史料，针对使馆区公共安全、财务管理、社会福利、与北平市政府关系、馆区法理基础等问题进行了讨论，可见其论文 Peiping Municipality and the Diplomatic Quarter（Ph. D. diss. , Yenching University, 1993）。

臣嘱代为陈明，应请转行地方官一体知照。"① 使馆区内发生的案件，亦需通过使馆的过问才能圆满完结。

以交通问题为例。光绪三十一年（1905），法国公使吕班致函外务部，声称华人、华兵多次在使馆界内违背各国巡警章程，"因恐界外华人不知界内巡警章程，今特将《各国在使馆界章程》一分函送贵部，请转饬一体遵照，以免将来再有错误为荷"，② 公使团傲慢的态度可见一斑。此外，使馆界常有禁止华界车辆通行之举措。1902 年 6 月 28 日，各国派兵驻守巷口，"禁止华人车马往来，行人无事入内亦须盘诘"。③ 1911 年 5 月 25 日，使馆团会议上，决议禁止中式车辆通行。④ 8 月 16 日，陆军部副官通过使馆界时被界内巡捕借故阻拦并加以侮辱，又有内城警官佩刀被扣留之事。⑤ 9 月 6 日，再因东交民巷不许华人车辆来往，内阁饬民政部进行交涉，⑥ 直到 1911 年底才实行开禁。1924 年 2 月 19 日，冯玉祥赴美国公使宴请，汽车因违反使馆界内汽车通行规则而被巡警阻拦。⑦ 纵使部分道路没有划入使馆界范围，亦因其毗邻东交民巷使馆界而难以免受干扰，《大公报》曾报道："东长安门外一带地址本不在使馆界内，以外人修马路，即限止不准轿车来往。"⑧ 如此这般，市政建设又怎能顺利开展下去呢？

东交民巷使馆区的存在亦不利于北京市政建设的经济完整性。使馆区对北京市政资金的影响主要体现在两个方面，其一，使馆区设立有独立的税收机关，损害了北京市政税收的完整性以及税收收入。为维持使馆区内的运营及管理，管理使馆界事务公署面向界内征收土地税、营业税、不动产转让税、商业证照税、租金税等。虽然使馆区占地面积有限，但仍对北京市政税收造成一定影响。⑨ 其二，对于使馆区内所需的市政建设资金，列强也并不愿意独立负担，往往以各种无理的借口要求市政府提供资金支

---

① 《京师警察厅行政处关于使馆界内设立事务公署的公函》（1914 年 2 月），北京市档案馆藏，档案号：J181 - 018 - 03488。

② 丁进军：《清末北京使馆洋界巡捕道路规章史料》，《历史档案》2010 年第 3 期，第 31 页。笔者注：公署成立之前，使馆界内划分为东区、西区与英国区，三区各自拥有其警察系统与管理章程。

③ 《禁止往来》，《申报》1902 年 6 月 28 日，第 2 版。

④ 章玉和：《东交民巷杂谈》，《中和月刊》第 5 卷第 6 期，1944 年，第 23 页。

⑤ 《咄咄使馆界内之巡捕》，《申报》1911 年 8 月 16 日，第 4 版。

⑥ 《电二》，《申报》1911 年 9 月 6 日，第 3 版。

⑦ 《冯玉祥与使馆界巡警冲突》，《申报》1924 年 2 月 19 日，第 7 版。

⑧ 《北京开放行车》，《大公报》1906 年 3 月 23 日，第 2 版。

⑨ Robert Moore Duncan, Peiping Municipality and the Diplomatic Quarter（Ph. D. diss., Yenching University, 1993）, pp. 107 - 111.

持，并在涉及双边的工程上百般为难。1915 年，京都市政公所在朱启钤的领导下进行正阳门改造，拟拆瓮城并开通左右门洞。这本是解决交通不便、合理规划城市格局的利民举措，但是，正阳门城楼及东侧归于美军管辖之下，若想开东门洞，势必会占用到美国兵营的一段地皮，公所不得不派人与美使协商。美使馆先是迟迟不予同意，导致工期一再推迟，随后又索要巨款，方得成行。[①] 除此之外，使馆区还巧立名目，要求中国政府提供资金支持。以道路养护费为例，宣统元年（1909）冬，使馆区与清廷制定协议，要求清廷每年补助使馆界修路费 5000 元，以抵补中式车辆通行界内时对路面损坏的维护费用，之后这笔费用随着清朝灭亡而取消。1918 年 2 月，公使团再次向外务部提议，要求提供路费，京都市政公所遂每年向使馆界补助 2000 元。1924 年，使馆区以京师汽车数量增加、经过使馆界的车辆较 1918 年多一倍为由，进一步向外务部要求将修路补助增加到每年 3000 元，[②] 更因道路维护问题屡次试图禁止中国车辆通行。《辛丑条约》中，并没有禁止车辆、人员通行等规定，且北京其余道路并无不允洋人车辆通行，也并未要求洋人承担道路维护费用。以小窥大，种种霸道作风使北京的市政近代化过程在行政自主权缺失与资金缺乏的双重阻碍下举步维艰。

半殖民背景下，北京的市政近代化不仅在政治和经济上受到了直接阻碍，更在文化、精神上受到了间接的、隐形的影响，如果说前者是直观的外部殖民，那后者即为"文明"旗帜下的内在殖民。在西方的自大心态以及中国人自卑心态下的盲目现代化中，一种以"西"为尊、以"洋"为美的风气，在"现代性"的外衣下侵蚀着北京。庚子以来，北京的建筑风格逐渐为西式建筑所影响，20 世纪初是西洋建筑涌入北京的一个高峰，"凡公私营造，莫不趋向洋式"。[③] 这一时期的"洋风"建筑代表有：官厅建筑之资政院、大理院、外务部迎宾馆，公共建筑之北京饭店、劝业场，学校建筑之清华学校，工业交通建筑之财政部印刷局、京师自来水公司、正阳门车站等。这种影响至少持续到 1937 年。[④] 虽然新修的西式建筑在实用性

① 章玉和：《东交民巷杂谈》，《中和月刊》第 5 卷第 6 期，1944 年，第 25 页；《正阳门工程之两项交涉》，《申报》1915 年 9 月 22 日，第 6 版。

② 《公使团议请增加补助使馆界修路经费请查核办理并见复以凭转复函》，《外交公报》第 35 期，1924 年 1 月 15 日，第 1 页。

③ 《梁思成文集》（三），中国建筑工业出版社，1985，第 267 页。

④ 张复合：《北京近代建筑史研究与北京现代城市建设》，《建筑史论文集》第 15 辑，清华大学出版社，2002，第 148 页。

上更优，改造后的北京较以往生活更为便利，但正如梁实秋所写，虽然城市建设在进步，马路更为干净宽敞，基础设施更为完善，但是北平却失去了独有的情调和气氛。①

这一时期，北京人的思想和生活方式也在发生着变化，"衣食居住之模仿欧风，日用品物之流行洋货，其势若决江河，沛然莫御"。② 以饮食为例，"向日请客皆中式菜馆，今则必六国饭店、德昌饭店、长安饭店，皆西式大餐矣"。③ 与此形成鲜明对比的是，居住在使馆区内的西方人，却始终以高高在上的姿态来对待中国文化。在北京急速向西方学习的同时，使馆界内的洋人倾心于打造西方盛景，充耳不闻"界外"事。文化交流本应是相互的，当一方以"文明"自居，对他国文化颐指气使，也就成了单方面的文化殖民，而"文明"则成为他们为殖民统治辩护的工具。因此，东交民巷使馆区的发展只能称得上是北京地区的城市发展，而不是北京城市建设的成果，它建立在对中国政治的践踏、经济的破坏之上，这样的都市化发展是畸形的，也是难以长远的。

三　民族主义在北京近代市政建设中的体现

东交民巷使馆区对中国主权之损害、国家荣誉之损伤，远在租界之上。清末民初，民族主义持续发酵，国人在学习西方与反帝反封建运动中交错前行。在近代北京市政建设上，集中体现在对国家利权的维护以及收回东交民巷使馆区特权的运动中。

北京公共事业的起步和发展与民族主义的持续发酵难以分开。庚子之难后，民族主义情绪上升到新的高潮，救亡图存的呼声达到新的高度，面对西方列强对利权的争夺，在官绅阶级的不断施压下，清政府不得不选择支持民族企业以维护国家利权。以北京公共电力事业为例，如前所述，北京最早的商业用电由德国商人抢办，专供东交民巷使馆区使用，但其野心并不仅限于使馆界。德商曾上书清政府，提出在京办电 30 年专利权的申请，试图染指全北京城的商业用电事业。这一要求刺激了当时的官绅阶层，光绪三十年，史履晋等上折《华商创办京城内外电灯公司请予立案以保利权》道："近来东交民巷各国使馆界内已有洋商设厂包办，倘使逐渐

---

① 《梁实秋散文》（一），中国广播电视出版社，1989，第 307 页。
② 伧父：《论社会变动之趋势与吾人处事之方针》，《东方杂志》第 9 卷第 10 期，1912 年，第 2 页。
③ 吴建雍等：《北京城市生活史》，开明出版社，1997，第 365 页。

推广，尤恐利权外溢。职商等筹思至再，现约同志数人拟仿照通行公司章程，招集华股，设厂开办，冀可挽中国之利权，杜外人之觊觎。"[1] 商部即刻批准呈文，自此开北京国人自办商业用电之先河。几日后，史履晋再呈《为创办京师电灯公司并缮呈公司章程恳请存案折》，明确指出在京师内外城立厂建灯旨在抵制洋商。[2] 迫于压力以及出于维护民族利权的考虑，清政府授予了华商电灯公司在北京城的独占经营权，要求"所有洋商承办之电灯应仍旧在使馆界内安设，以清界限"，并给予华商电灯公司免除关税的特权。[3] 随着民族主义的发酵，国人对西方资本也格外警惕，《京师内外华商电灯有限公司章程》规定"凡股东愿将股票转售与人……惟仍需售与华人"，[4] 京师自来水公司成立伊始集股募款时，也明文规定"本公司专辑华股，不附洋股"，[5] 其出发点既包含对经济利益的考量，也与国人日益增长的民族情绪有关。

与租界相比，东交民巷使馆区具有更强的政治意味，给国人带来的伤痛记忆更为强烈，收回使馆区一直是民族主义的重要内容。20世纪二三十年代，时人已意识到，北京市政建设若想健康发展，必须争取主权的独立，领土、政治、经济权的完整。囿于民初军阀混争、政局动荡，收回东交民巷使馆区利权一事被隐没在利益争夺之中。1928年起，随着南京国民政府成立，各国使馆相继迁往南京，东交民巷使馆区已失去其存在的法理依据，于情于理都是收回使馆区的大好时机。同时，伴随着民族主义的不断发展，反帝废约的呼声不断高涨，收回使馆区的诉求日益凸显。在此大背景下，北平市政府于1929年1月草拟了《筹拟收回使馆界行政权案》，草案中，时任北平市长何其巩明确指出使馆区对市政发展的阻碍及将使馆界收归市辖的要求。何其巩认为，"首都南迁，北平状况迥异往昔，就使团自身地位而论，固当随同首都南移，不应在平设馆，即就国际间相互平等原则而论，亦不能根据旧日最不平等之条约设此特殊区域，破坏市政统一"，对于每年拨付给使馆界的道路补助，亦指明"职府对于市区路款之支出只能统筹全局、平均支配，势难指定款项专供使界修路之用"，同时

---

① 《商部奏华商开办京城电灯公司请予立案折》，《大公报》1904年9月30日，第1版。
② 《北京供电志（1888～1988）》，第16页。
③ 《外务部照会京城内外电灯业经华商办理请饬洋商限在使馆界内安设文》，颜世清编《光绪乙巳（三十一）年交涉要览》，文海出版社，1905，第894页。
④ 《奏办京师内外华商电灯有限公司章程》（1904年9月26日），转引自王文君《华商电灯公司研究（1905～1938）》，硕士学位论文，河北大学，2016，第12页。
⑤ 《北京自来水公司档案史料（1908年～1949年）》，第4页。

指出，使馆区外兵屡伤市民，悬案难结，应将警权也一并收回，"该界内治安、道路、交通、卫生等行政亦宜筹备办法，一面备政府之参考，一面作收回之准绳"。[①]这项提议受到使馆界华捕、北平市各界的支持。使馆区华捕最先发起罢工，声称愿为收回使馆界运动之先锋，势与帝国主义奋斗到底。[②] 1 月 20 日，罢岗华捕组织了罢岗委员会；21 日，国民党北平市指委会通电声援罢岗巡捕；24 日，罢岗巡捕游行；同日，北平工人、学生等 3000 余人集会，通过了请中央收回东交民巷、援助罢岗华捕、废除《辛丑条约》、组织市民裁判委员会等议案 20 余件。[③] 北平市指委会、学联会等五个团体、党政军联席会议等各界纷纷对罢岗华捕表示支持，学生、市民更是自愿组织游行来进行声援。[④] 在 1928 年和 1929 年，全国各界举办了声势浩大的"九七国耻"纪念，痛诉《辛丑条约》强加给中国人的枷锁，明确指出东交民巷使馆区存在的危害，表达了中国人希望收回合理利权的诉求。[⑤]

这一时期，对于使馆区、租界内完善的现代市政建设，国人少了一番仰慕，多了一番理性，认为这些帝国主义统治和建造的现代化世界"正足以反映中国人的懦弱无能，正足以表示我们的奇耻大辱"，"市政建设必须要培养出自己的鲜花"。[⑥] 在这样的思潮下，城市近代市政建设与民族主义结合起来，呈现出一些独特的面貌。

结　语

近代北京的市政建设充斥着中西博弈，具有政治与经济的双重意蕴。东交民巷使馆区之于北京始终是一种复杂的存在，一方面，作为西方市政体系的浓缩区域，使馆区为传统北京提供了直观的现代市政参考，客观上对中国城市规划的现代化产生一定影响。20 世纪 30 年代后的北京，主要

---

① 《筹拟收回使馆界行政权案》（1929 年 1 月），北京市档案馆藏，档案号：J001 - 007 - 00013 - A。

② 《平使馆界华捕罢工》，《申报》1929 年 2 月 20 日，第 7 版；《平使馆界华捕组罢岗委员会》，《申报》1929 年 3 月 3 日，第 10 版。

③ 记工编著《历史年鉴1929》，吉林音像出版社、吉林文史出版社，2006，第 61 页。

④ 《平各界援助罢岗捕》，《申报》1929 年 2 月 23 日，第 10 版。

⑤ 《宣传文件》，《申报》1928 年 9 月 8 日，第 18 版；鲍敬明：《我们主张废除不平等条约的方法》，《申报》1928 年 9 月 13 日，第 13 版；《明日九七纪念》，《申报》1929 年 9 月 6 日，第 13 版。

⑥ 刘郁樱：《参观上海市展以后的感想》，《道路月刊》第 32 卷第 1 期，1930 年，第 92 页。

街道铺设了碎石子或柏油路，污水处理系统得到发展，自来水、电灯走进了民众家庭，开辟了众多公园等城市公共空间，有轨电车、汽车、铁路都得到发展，新技术推动了旧城市基础设施的改造。

　　另一方面，北京建设新型现代城市的努力因东交民巷使馆区的存在而受到阻碍。使馆区是列强在不平等条约的加持下产生的，严重损害了中国的主权，也导致北京的市政近代化只能在领土不完整、政治不独立、经济不自主的情况下进行。在此过程中，国人的民族情感得以激发与升华，各阶级都力争收回合理的市政权益，为北京近代市政建设增添了新的色彩。若忽视了北京市政建设中体现出的殖民性与民族性，必是相关研究的一大缺憾。

清末民初基督教青年会的社会角色

——以《申报》报道为中心的考察

李　方　谭树林*

提　要　清末民初，基督教青年会在中国组织了大量的"本土化"活动。由《申报》的报道可知，基督教青年会组织的这些活动主要包括举办科普讲座、开办辅导班、推广体育项目、举办运动会、赈济灾民和助力弱势儿童等，获得了社会各界的积极参与和认可，该团体也由此扮演多个社会角色，包括"国民智识的开启者"、"中国体育事业的推动者"和"慈善与公益活动的志愿者"。随着基督教青年会社会活动的不断推进与扩大，在这些社会角色的簇拥下的该团体逐渐转变为一个综合性社会服务机构。

关键词　清末民初　基督教青年会　《申报》

基督教青年会（Young Men's Christian Association，以下简称青年会）自 1895 年入华后，即组织了丰富的"本土化"活动，[①] 对中国的社会教育、公共卫生、现代体育等许多方面产生了重要影响。[②] 近代报刊对青年会组织和参与的各项活动做了大量的报道，呈现出青年会承担的多个社会角色。目前学界透过报刊研究青年会的社会角色，多集中于该团体的某一项社会活动。鉴于报刊对青年会多项活动的报道是同步进行的，因此研究青年会的社会角色时不能只针对报刊中青年会举办的某一项活动，还需了解该团体举办的其他活动，从而探究其综合性社会角色，还原青年会与中国社会互动的部分场景，并丰富对当时中国社会的认识。

---

* 李方，徐州医科大学马克思主义学院讲师；谭树林，南京大学历史学院教授。

① 梁小初：《中国基督教青年会五十年简史》，中华基督教青年会全国协会编《中华基督教青年会五十周年纪念册（1885～1935）》（非正式出版），1935，第91～100页。

② 赵怀英：《基督教青年会的起源与北美协会的"世界服务"》，《美国研究》2010年第2期，第11页。

《申报》是中国近代史上发行时间最久且具有广泛社会影响力的报纸，被称为"中国的泰晤士报"。① 尤其是 1912 年以后，《申报》一度成为发行最多、读者群最广、影响力最大的报纸。② 清末民初《申报》对青年会予以密切的关注，通过几千篇报道，记录了该团体在这一时期的发展历程。鉴于此，本文拟对《申报》的报道进行系统的梳理，着意对报道中青年会在华活动的几个面相做专题式探讨，深入研究青年会在当时中国承担的综合性社会角色。

一　国民智识的开启者

自 1904 年的日俄战争以及 1905 年清政府下诏废科举、设学校以来，青年会愈加扩展其智育事业。由《申报》的报道可知，此时期青年会通过举办科普讲座和开办辅导机构等智育活动，长期系统且专业地向中国青年传输西方政治学、医疗卫生、科技、语言与职业技能等多个领域的知识，进而扮演"国民智识的开启者"的社会角色。

（一）举办科普讲座

从《申报》的报道来看，青年会举办的这些科普讲座，不仅内容丰富，形式多样，而且多由相关领域的专家与社会知名人士担任主讲嘉宾。因《申报》上涉及青年会举办讲座的信息过于庞杂，现围绕对当时中国社会影响较大的几类讲座做深入分析。

1. 政治学讲座

由《申报》报道可知，此时期青年会邀请了很多具有一定社会名气和地位的嘉宾举办政治学讲座。如据《申报》1906 年 11 月 28 日报道，青年会"敦请中外名儒定期演讲"英国历史、美国历史、日本历史和中国历史等；③《申报》1910 年 4 月 6 日报道，青年会邀请英国驻沪按察使演说英国立宪史；④《申报》1912 年 3 月 15 日报道，青年会邀请法政专家分期演讲国外宪法等。⑤ 在青年会举办的众多政治学讲座中，以严复的讲座名气最

---

① 范继忠：《早期〈申报〉与近代大众阅报风习浅说》，《新闻与传播研究》2004 年第 3 期，第 29 页。

② 严明瑗、王敦琴：《张謇与近代报刊》，《中国编辑》2015 年第 2 期，第 85 页。

③ 《青年会组织政治研究会》，《申报》1906 年 11 月 28 日，第 17 版。

④ 《今晚青年会第一期政治演说》，《申报》1910 年 4 月 6 日，第 1 版。

⑤ 《演讲德国宪法》，《申报》1912 年 3 月 15 日，第 7 版。

大。据上海青年会发起人颜惠庆回忆，在举办的众多名人演讲中，最轰动一时的便是"严几道先生（严复）的名学及法学演讲"。①

日俄战争之后，中国改良派致力于立宪，一时间国内"工商界、教育界一倡百和，群言立宪"。② 严复受上海青年会之邀至其会所开办政治学讲座。《申报》以《青年会创设政治学补习班》为题予以报道：

> 兹鉴于日俄立宪专制之效果，复添设政治专科补习班，敦请严又陵（严复——引者注）先生演讲政治科学，以为立宪国民之预备……③

由报道可知，严复在上海青年会共举办八次讲座，演讲的内容包括政治与历史的关系、何为国家与政府、何谓文明等，细致全面地解答了时人所关心的立宪问题，吸引了众多有识之士前往听讲。据沈心工回忆，他"每夜必去听讲，风雨无阻"。④ 当时"所有在上海不懂洋文而研究新学的人物"因为这场演讲而知道了青年会，并对青年会表示认同。⑤ 由此可见青年会邀请严复举办的这八场讲座受欢迎程度之高，以及为青年会带来的人气之高。总之，此时期青年会举办的多场政治学讲座，不仅提高了其自身的知名度，也为关心政治改良的有识之士架起了一道了解西方政治制度的桥梁。

2. 医疗卫生讲座

除政治学讲座外，青年会在此时期邀请许多专家举办了一系列的医疗卫生讲座，《申报》亦予以报道。演讲的主题包括"微生菌及致病之理"⑥、"个人卫生"⑦、"免除肺病"⑧、"肺炎疫"⑨、"瘰癧病及其治疗

---

① 颜惠庆：《三十五年前的上海青年会》，上海中华基督教青年会编《上海中华基督教青年会三十五周年纪念册》（非正式出版），第 7 页。

② 《论立宪当以地方自治为基础》，《南方报》1905 年 9 月 21 日。

③ 《青年会创设政治学补习班》，《申报》1905 年 10 月 10 日，第 9 版。

④ 沈洽、许常惠编《学堂乐歌之父——沈心工之生平与作品》，台北："中华民国"作曲家协会，1990，第 91 页。

⑤ 颜惠庆：《三十五年前的上海青年会》，《上海中华基督教青年会三十五周年纪念册》（非正式出版），第 7 页。

⑥ 《中国青年会第二次演说卫生问题》，《申报》1911 年 3 月 25 日，第 3 版。

⑦ 《中国青年会第三次卫生演说》，《申报》1911 年 4 月 13 日，第 3 版。

⑧ 《免除肺病之宣讲团》，《申报》1915 年 5 月 28 日，第 11 版。

⑨ 《史医士演讲肺炎疫》，《申报》1918 年 4 月 10 日，第 10 版。

法"①、"时疫问题"②、"防疫方法"③ 等，并以展示图画和标本，④ 以及播放幻灯片⑤和电影⑥的方式，更加生动形象地向民众普及医疗卫生知识。以《申报》于 1909 年 11 月 19 日刊登的一则青年会举办医疗卫生讲座的广告为例：

> 自强之道，在乎体育之发达，而欲体育发达，首宜研究卫生之学。诚以吾人之生命有无量数之价值也。本会有鉴于此，爰商请医博士张汝舟先生演讲卫生学理，破社会违背卫生之积习，述公共及个人卫生之理由，示未病调摄之方法及求医养病之法则……讲题如下：微生菌、卫生总诀、家庭调理法、房屋洁净法、传染症预防法、误投药剂解治法。本会在四川路一百二十号。⑦

从这则报道可推知，为了向大众普及医疗卫生知识，青年会特意邀请医学博士在其会所里举办了六次讲座。演讲的主题从病原到卫生常识，再到预防和治疗措施等，可谓系统且全面。该报道在一定层面上反映出青年会于此时期举办的医疗卫生讲座的两个特点：一是以围绕民众的日常生活为主，二是具有较高的质量。由《申报》报道可知，青年会举办的医疗卫生讲座跨越了整个清末民初时期，关乎民众生活的方方面面，切实向民众传输了很多实用的医疗卫生知识。

3. 科技知识讲座

除以上类型的讲座外，青年会在清末民初举办的科技知识讲座亦是青年会科普讲座中的重要部分。由《申报》的报道可知，青年会科技知识讲座的主讲嘉宾多由青年会干事和相关领域的专家担任，其中以青年会干事饶柏森（C. H. Robertson）的讲座最为突出。由于饶柏森"非常重视演讲时的视听效果"，所以他在举办讲座之前会准备"许多的标本、仪器、图片、影片"，力求讲座生动有趣。⑧ 如据《申报》对饶柏森举办科技知识讲座的报道，以《演说新发明之轮力机》为题：

---

① 《中国青年会演说痨疾病预志》，《申报》1912 年 11 月 4 日，第 7 版。
② 《中国青年会今晚开会》，《申报》1911 年 3 月 8 日，第 3 版。
③ 《史博士之卫生事业谈》，《申报》1913 年 11 月 6 日，第 12 版。
④ 《中华医药局第四次开会》，《申报》1916 年 2 月 11 日，第 10 版。
⑤ 《讲演卫生幻灯》，《申报》1917 年 9 月 16 日，第 7 版。
⑥ 《青年会之演讲与影戏》，《申报》1917 年 11 月 14 日，第 10 版。
⑦ 《青年会演说卫生》，《申报》1909 年 11 月 17 日，第 6 版。
⑧ 魏外扬：《宣教事业与近代中国》，台北：宇宙光出版社，1978，第 45 页。

中国青年会昨日分送通告云：考泰西艺术月异日新，近又新发明一种轮力机，为轮中自动力之机关……饶柏森君于格致一门独得秘奥……演说轮力机之左右，并随带各种器具，逐件试验，详为讲解，约有二十余种之多。①

由该报道可知，饶柏森举办了一场关于西方新发明之"轮力机"的讲座。在这场讲座中，他不仅介绍了"轮力机"的作用，还对其带来的 20 余种器具"逐件试验，详为讲解"。这样新颖的讲座形式很难不给听众留下深刻的印象。据《申报》报道，饶柏森于此时期代表青年会在中国举办了一系列的科学知识讲座，讲解的内容几乎皆为当时国外之新技术，包括无线电报②、无线电话③、单轨铁道④、最新机械影片⑤等。他的讲座"从东南沿海的广州、厦门、福州，深入到内陆的太原、汉口，足迹所至，到处风靡"，⑥"大为各督抚及当道诸公所欢迎"，凡去听讲者"无不交口赞叹，诧为得未曾有"。⑦

此外，由《申报》的报道可知，青年会还邀请了其他学科专家举办科技知识讲座，比如邀请光学专家讲解"照相新法"，⑧邀请美国工程科毕业生讲解最新工程问题，⑨邀请理化博士分期讲解电气与吸力之作用⑩等。总之，青年会在向民众传输科学知识方面扮演了重要的社会角色，不失为一个普及前沿科技知识的机构。

（二）开办辅导班

据《申报》的报道可知，青年会向中国民众传输知识的途径，除举办科普讲座外，还开办了针对不同人群的辅导班。此处仅以《申报》着重宣传的青年会夜校和妇女学堂展开论述。

1. 青年会夜校

1905 年 9 月 29 日，《申报》开始刊登青年会夜校的广告，介绍其课程

---

① 《演说新发明之轮力机》，《申报》1911 年 3 月 30 日，第 3 版。
② 《女青年会定期开会》，《申报》1913 年 3 月 14 日，第 7 版。
③ 《青年会科学演讲会续纪》，《申报》1920 年 10 月 20 日，第 10 版。
④ 《单轨铁道》，《申报》1911 年 12 月 27 日，第 3 版。
⑤ 《南京快信》，《申报》1922 年 4 月 11 日，第 10 版。
⑥ 魏外扬：《宣教事业与近代中国》，第 46 页。
⑦ 《演说先声》，《大公报》1911 年 10 月 12 日，第 3 版。
⑧ 《演说照相新法》，《申报》1910 年 6 月 22 日，第 3 版。
⑨ 《演说最新工程学》，《申报》1914 年 6 月 9 日，第 10 版。
⑩ 《青年会定期演讲》，《申报》1912 年 4 月 14 日，第 7 版。

分为文、艺两科：文科主要教授各国语言，包括英语、法语、德语和日语；艺科主要教授各种实用技能，包括算学、簿记、银行商学和减笔字等。① 从青年会夜校课程的数量来看，此时该辅导班已颇具规模。此后多年，《申报》持续刊登青年会夜校的广告。由广告的内容可知，该辅导班的课程得到了丰富，如 1908 年增添了拉丁文和政法等；② 1911 年增添了语文、普通话、公文翻译、打字等；③ 1913 年增添了缩写、换兑、救伤等。④据《申报》1915 年 2 月 22 日报道，青年会夜校的课程于此时已多达 19种，除上述提到的课程外，又新添了汇兑、商算、商律、测绘、商业地理、铁路车务、教育法等。⑤ 这反映出青年会夜校的规模在不断扩大。不仅如此，据《申报》所载，青年会夜校在 1909 年 5 月 2 日有学生 400 余人，⑥ 而至 1915 年 2 月 22 日，从该辅导班肄业的学生已达 1318 人⑦。这说明青年会夜校获得了越来越多中国学生的认可与欢迎。

2. 青年会妇女学堂

自 1915 年起，青年会妇女学堂的招生广告便如雨后春笋般涌现，如同青年会夜校的招生广告一样连续数月刊登于《申报》。可以说，《申报》见证了青年会妇女学堂逐步兴盛的过程。鉴于相关信息过多，本文着重分析其中几则较有代表性的广告。

1915 年 1 月 15 日《申报》以《妇女青年会半日学校招生》为题，刊登了第一则青年会妇女学堂的招生广告，介绍该学堂的招收对象为"幼妇至于闺秀一例兼收"，教授课程"除中西各科学外，又有体操、钢琴、烹饪、针黹、音乐、英语等班"。⑧ 1916 年 1 月 7 日《申报》以《妇女青年会纪闻》为题，特别介绍了青年会妇女学堂的领导多为社会知名人士的夫人，如会长为黄佐庭的夫人，董事则有夏瑞芳的夫人等。⑨ 由这些领导的身份可知该学堂在当时社会具备的号召力和影响力必然不低。至 1918 年夏，青年会妇女学堂的第一届学生毕业，《申报》又介绍了她们的就业情

---

① 《青年会夜馆开学》，《申报》1905 年 9 月 29 日，第 9 版。
② 《青年会半夜学堂广告》，《申报》1908 年 2 月 23 日，第 5 版。
③ 《青年会半夜学堂添招新生广告》，《申报》1911 年 9 月 7 日，第 6 版。
④ 《青年会半夜学堂可加增汝之薪俸》，《申报》1913 年 9 月 3 日，第 5 版。
⑤ 《青年会半夜学堂新课室落成大广额招生》，《申报》1915 年 2 月 22 日，第 5 版。
⑥ 《中国青年会增设幼童部体操场购地募捐启》，《申报》1909 年 5 月 2 日，第 6 版。
⑦ 《青年会半夜学堂新课室落成大广额招生》，《申报》1915 年 2 月 22 日，第 5 版。
⑧ 《妇女青年会半日学校招生》，《申报》1915 年 1 月 15 日，第 4 版。
⑨ 《妇女青年会纪闻》，《申报》1916 年 1 月 7 日，第 11 版。

况：该学堂的毕业生受到"各省女校争先聘任"。① 这说明青年会妇女学堂的教学质量得到了各省女校的认可。此外，该广告还介绍了该学堂的招生条件，要求年龄在 18 岁以上，体格健全，是中学或师范毕业生。与 1915年的招生条件"幼妇至于闺秀一例兼收"相比，此时青年会妇女学堂的招生条件有了明显的提高，说明该学堂获得了众多学生的报名，进而具备了挑选学生的资格。总之，由以上几则广告可知，青年会妇女学堂在教学上取得了成功，并赢得了社会各界的认可。

二 中国体育事业的推动者

清末民初，《申报》共刊登了近千篇关于青年会推广体育项目和举办各类运动会的报道，展现出青年会与中国体育事业之间的紧密联结，凸显出青年会作为中国体育事业的推动者的社会角色。

（一）体育项目的推广者

在推广体育项目的初期，青年会常组织一些新奇的节目，以吸引民众前往其会所观看体育项目的演示。但到了后期，随着青年会举办体育项目演示会的次数增多，该团体也逐渐由一个新奇节目的组织者彻底转变为一个体育项目的推广者。《申报》的报道全程见证了青年会在推广体育项目上的社会角色的转变。

1. 新奇节目的组织者

从 1910 年起，青年会为了推广体育项目，常组织一些新奇的节目，如《申报》1910 年 3 月 22 日刊登的一则青年会体育演示会的广告，以《世界大奇观》为题：

> 敦请青年会全班体育专家演惊奇夺目大技艺，外加像声肚言、幻术快手、卫军乐队等。②

从广告的内容可知，青年会组织这场演出的真正目的是向民众演示体育项目，但为了吸引民众前往观看演示会，青年会特以"世界大奇观"作为广告的标题来博人眼球，并在文中把即将展示给民众的体育项目写成了"惊奇夺目大技艺"，与"像声肚言""幻术快手""卫军乐队"等节目一

① 《中华妇女青年会附属体育师范学校半日学堂招生》，《申报》1918 年 7 月 1 日，第 2 版。
② 《世界大奇观》，《申报》1910 年 3 月 22 日，第 7 版。

起介绍给民众，而青年会则更似一个新奇节目的组织者。再如《申报》1910 年 3 月 24 日刊登的另一则广告，以《体育奇观》为题：

> 本埠青年会于上年由美国聘请专门体育教育晏斯纳君来沪，组织体育部。先选体格强健者十余人联成体育师范班，悉心研究于体育各科，均已习练娴熟……爰定于十六日十后二假三马路大舞台戏园续显各技。用五彩布景，另招俄国大幻术家变演肚言像声，及各种奇异幻术，为沪人士所创见。识时君子届日盍往一观乎。[①]

尽管这则广告开篇即介绍了青年会举办这场演出的目的是向民众演示"体育各科"，但与上一则广告如出一辙，该广告再次利用"奇观"字样的标题来博取读者的注意，并依旧在文中把体育项目的演示与俄国大幻术家表演的"奇异幻术"等新奇节目一起推荐给民众。尽管这种宣传方式不失为一个吸引民众前往观看体育项目演示会的好手段，但演示会上的新奇节目难免喧宾夺主，使民众更容易把该演示会当作一场新奇节目的表演，进而使青年会成为一个新奇节目的组织者。

2. 体育项目的演示者

青年会通过组织新奇节目的方式，开辟了举办体育项目演示会的道路。由《申报》的报道可知，此后青年会不再需要借助新奇节目来吸引民众前往观看，而是彻底成为一个体育项目的演示者。因《申报》中涉及青年会举办各类体育项目演示会的广告较多，本文仅择其中较有代表性的体育项目之一——游泳展开论述。

此时期《申报》中共有十余篇关于青年会举办游泳项目演示会的广告。从这些广告的内容可看出青年会在推广游泳项目上的良苦用心。以 1917 年 9 月 5 日《申报》刊登的一则青年会举办游泳项目演示会的广告为例：

> 其目次分十二节：（一）穿圈游泳（排列队伍在水面攒圈，作水浪纹状）……（十二）海中遇险（甲乙两人旅行舟中遇水盗，甲善泅水逃生，乙被淹水中不知游泳，将溺毙会善游泳农夫二人，其而救其生，并同报警于捕合追水盗而获之。其中均夹滑稽引人兴趣，此可谓水中演剧，当别饶趣味也）。[②]

---

① 《体育奇观》，《申报》1910 年 3 月 24 日，第 1 版。
② 《青年会游泳大会预志》，《申报》1917 年 9 月 5 日，第 10 版。

由以上内容可知，青年会即将向中国民众演示 12 个游泳项目，并且每个游泳项目又包含了不同的泳姿。其中，仅潜水一项就包含了"寻常入水法""木人入水法""飞鸟式入水法"等 17 种泳姿。而最后一项"海中遇险"，则以情景剧的形式展示各种游泳技巧，格外引人注目。由表演的流程和形式可知，青年会为这场演示会颇花心思。值得说明的是，当时中国极少有机构拥有室内游泳池，因而青年会能够费力推广此项运动则更显其可贵之处。

由《申报》的报道可知，此时期青年会不断举办各类体育项目的演示会，向中国民众推广的体育项目多达数十种，除游泳一项外，还有跑步、篮球、铁杠、双杠、网球、人梯、跳远、跳高、竞走、器械运动、柔软体操等。从《申报》对青年会其他体育项目演示会的宣传，可看出青年会举办这些活动的频度之高与规模之大，进而可知青年会着实为一个体育项目的用心推广者。

（二）运动会的举办者

1905 年 10 月 30 日，《申报》刊登了一篇以《学生课余赛球》为题的报道，介绍了青年会与另一学堂为振学生之"尚武精神"而共同举办的一场球赛，比赛途中忽遇大雨，"两校生争胜于泥淖中，历一时许，始各争得平均之数而止"，明言"我国体育之发达，种族之强盛，盖起点于此乎"。[①] 这是《申报》刊登的第一篇关于青年会举办运动会的报道，文字中尽显中国"强体强国"之精神。此后数年，《申报》持续报道了青年会举办的各类运动会。这些运动会有的是单项竞赛，有的则是综合性运动会。

1. 单项体育竞赛

该时期，《申报》报道了青年会筹办的多场单项体育竞赛，且这些竞赛中的体育项目多是青年会在此前便已推广过的。以游泳项目为例，此时期青年会举办了大大小小的多场游泳竞赛，且每场竞赛皆获得了民众的热情观看。其中小型的游泳竞赛多由青年会内部会员参加，如据《申报》1922 年 10 月 3 日报道，青年会举办了一场由其内部中西会员参赛的游泳竞赛，当天的"参观者颇极一时之盛"；[②] 再如《申报》1926 年 8 月 21 日报道，青年会举办了一场由其童子会员参加的游泳竞赛，"当晚参观者甚

① 《学生课余赛球》，《申报》1905 年 10 月 30 日，第 10 版。
② 《青年会比赛游泳纪》，《申报》1922 年 10 月 3 日，第 15 版。

踊跃，旁及看台咸无余地"。①

除以上小型的竞赛外，《申报》还报道了青年会筹办的一些大型游泳竞赛，如《申报》1926 年 7 月 25 日报道，青年会广征社会人士参加在其会所内举办的一场公开游泳竞赛，当晚的参赛项目多达 12 项，选手的竞争异常激烈，最终共有 30 余位选手获奖。报道还特别描述了民众前往观赛的踊跃情景："欲往观者甚多，该会体育部因场内座位有限，特发入场卷三百纸，借以限止。届时男女来宾踊跃赴会，后来而无场券者有向隅之叹。"② 再如《申报》1926 年 9 月 30 日报道，青年会筹办了一场"中日游泳友谊赛"：

> 国人以缺少游泳池之故遂于游泳一项鲜有进步。明年之远东运动会为期不远，我人正宜乘此提倡以作准备。上海四川路青年会因有游泳池之设备，乃竭力从事提倡，先有上海公开游泳比赛，继有会内童子会员比赛，今又有中日国际游泳友谊比赛。③

由报道对青年会游泳场地和该团体此前举办的游泳比赛的介绍，可知青年会为推动中国游泳运动所做的努力与不可替代的作用。此外，报道还道出了对中国体育事业更上一层楼的殷切期盼，如此更加彰显出青年会对中国体育事业之贡献。另外，除游泳项目外，《申报》还报道了青年会举办的篮球、网球、足球等项目的单项竞赛，展现出青年会为推广各项体育运动所做出的不懈努力。

2. 综合性运动会

除独立筹办的单项竞赛外，《申报》还报道了青年会联合其他机构举办的综合性运动会，且常以"无论何人，均可往观"④ 的形式供人免费观看，以达扩大宣传之效力。由《申报》报道可知，青年会举办过各类综合性运动会，包括"春季运动会"⑤、"夏季运动会"⑥、"京津各校运动会"⑦和"北京天坛运动会"⑧ 等。以 1914 年的"京津各校运动会"和"北京

---

① 《昨晚青年会童子会员游泳比赛》，《申报》1926 年 8 月 21 日，第 11 版。
② 《昨晚青年会公开游泳比赛之结果》，《申报》1926 年 7 月 25 日，第 11 版。
③ 《中日游泳友谊比赛将举行》，《申报》1926 年 9 月 30 日，第 8 版。
④ 《青年会开会运动》，《申报》1910 年 6 月 4 日，第 2 版。
⑤ 《青年会春季运动会记》，《申报》1913 年 5 月 18 日，第 10 版。
⑥ 《华人青年会开夏季运动会》，《申报》1906 年 6 月 9 日，第 17 版。
⑦ 《京津间之各校运动会》，《申报》1914 年 5 月 14 日，第 6 版。
⑧ 《北京天坛运动会纪略》，《申报》1914 年 5 月 23 日，第 6 版。

天坛运动会"为例，这是青年会和多所学校联合举办的两场大型运动会，参加运动会的学校包括了"北洋医学校""中国公学民国大学""汇文大学""通州协和医学校""天津南开中学"等在社会上具有较大声望和良好信誉的学校，由此可知这两场运动会在当时社会的影响力。

在这众多的运动会中，当属青年会举办的"第一届全国运动会"影响最大。1910 年 10 月 1 日，《申报》刊登了这场运动会的预告，文中道明青年会将"邀集各省体育家准九月十五日（10 月 17 日——引者注）起，假南洋劝业场开中国第一次运动大会"。① 在运动会正式开始的前一天，《申报》又用大篇幅为这场运动会做宣传，以《全国大运动会之先声》为题：

> 本埠青年会发起借南洋劝业会场举行之全国联合大运动会，定期九月十六日九时起至二十日午时止。约翰大学、邮传部高等实业学校、东吴大学堂及青年会附属中学均停课一星期，以便与赛及观赛者赴宁襄此盛举。特定专车数辆，准于星期一即十五日早晨九时齐集动身。闻此次运动粤省及香港派来运动队共二十七人，直隶派有二十人，武昌亦有二十人，南京与苏州共二十人，本埠选派往赛者约共四十人内，邮传部实业学堂十六人，约翰学堂十四人，青年会八人，华童公学二人。此外又有邮传部实业学堂及约翰大学选得网球及蹴球两队同往竞赛。②

该报道再次强调了这场全国运动会由青年会发起，并介绍了运动会的时间、地点、参赛项目以及来自各省和各校的参赛队伍等。令人为之动容的是，圣约翰大学、邮传部高等实业学校、东吴大学堂和青年会附属中学，为了保证学生能够准时参加运动会，特意停课一周，并定专车赶往南京。报道对这一情况的描述更加烘托出这场运动会即将迎来的盛大场景。此外，在运动会开办期间以及之后的一段时间，《申报》又报道了运动会的盛况："连日观会者有四万余人"；③ "十九日晚，劝业会场举行提灯大会，鼓励运动会员，到者万余人"。④ 可以说，此时期青年会在中国体育事业上大放光彩，充分体现出其为推动中国体育事业的发展所做出的不可替代的贡献。

---

① 《青年会举行运动会》，《申报》1910 年 10 月 1 日，第 18 版。
② 《全国大运动会之先声》，《申报》1910 年 10 月 16 日，第 19 版。
③ 《公电》，《申报》1910 年 10 月 20 日，第 3 版。
④ 《公电》，《申报》1910 年 10 月 23 日，第 3 版。

三　慈善与公益活动的志愿者

除智育与体育事业外，由《申报》报道可知，青年会还举办了大量的慈善与公益活动。此时期，青年会积极投身社会慈善与公益事业，无论是赈济灾民，还是禁烟和助力弱势儿童，都展现出了强烈的服务社会意愿。

（一）慈善机构

由《申报》的报道可知，青年会扶危匡难的方式主要是筹集善款和物资、为难民提供住所，以及协助其他机构和个人开展慈善活动等。

据《申报》1911年6月2日报道，青年会举办了一场名为《哀鸿泪》的慈善音乐剧演出，"来宾极多，几无虚座"，动人的表演令现场的观众"惨然下泪"：

> 当场有周芝君女士，急取手上真珠手镯一只及金钱一枚，掷台助捐。续有来宾纷纷掷洋蚨、钞票、小洋约百数十元……是晚筹资及掷台捐约共千余元，并无丝毫开支业，已悉数交由华洋义振会分解灾区矣。①

该报道不仅充分肯定了社会各界对青年会举办这场慈善演出的支持，还公布了筹得善款的数目和去向，彰显出青年会在此项事业上的透明化，进而令其更得社会之信任。如据《申报》1913年10月14日报道，上海兵灾之时，由上海救济会募得的部分善款使交给青年会支用。② 这充分体现出上海救济会对青年会慈善之心的信任。

除举办慈善演出外，《申报》还报道了青年会为灾民筹集物资和提供住所等慈善之举。如《申报》1911年12月27日报道，青年会深感战地灾民之不幸，呼吁民众为这些灾民捐赠衣物，以免他们遭受严寒之苦。③ 再如《申报》1913年8月3日报道，青年会联合"美华书馆""棉纱公所"等处，共收留难民约两三万人。④ 为此，《申报》特发文感谢青年会：

> 中国青年会，以城内南市及南乡一带逃至租界避难之贫民无处住

---

① 《青年会演剧助赈志盛》，《申报》1911年6月2日，第2版。
② 《敬告捐助上海救济会诸君公鉴》，《申报》1913年10月14日，第4版。
③ 《代汉口、南京战地灾民募收旧衣会启》，《申报》1911年12月27日，第6版。
④ 《英租界访函》，《申报》1913年8月3日，第7版。

宿，极堪怜悯。昨特发起集众议，定以该会楼下之余屋及空场任人投宿，并商准各教堂、各学堂亦以余屋留宿，俾免流离失所。该会诸君之慈善实足令人钦敬。①

该报道言辞恳切地表达了对青年会为难民提供住所的赞扬，同时也为青年会的慈善形象起到了很大的宣传作用。总而言之，此时期青年会如同其他慈善组织，广得社会各界的认可与支持。

另外，青年会因长期举办慈善活动，其会所逐渐成为各慈善机构和社会人士开展各类慈善活动的重要场所。如据《申报》1908 年 12 月 23 日报道，上海孤儿院借（上海）青年会会所开慈善大会；②《申报》1915 年 9 月 8 日报道，广东慈善会在（上海）青年会会所"开演最新影戏，助赈粤灾"；③《申报》1917 年 10 月 11 日报道，江苏督军李秀山为赈济天津灾民，在（南京）青年会会所召开天津水灾救济会；④《申报》1920 年 9 月 23 日报道，天津领事团为救济直鲁豫三省受旱灾民，在（天津）青年会会所召开讨论救济法之会议。⑤ 这一系列的报道无不彰显出社会各界对青年会作为一个慈善机构的认同与肯定。

（二）公益机构

清末民初，青年会为革除社会陋习，促进社会和谐，积极联络其他社会团体和机构开展公益活动，其中尤以禁烟运动和助力弱势儿童等活动最为显著，这在《申报》中有充分的报道。

就青年会举办的禁烟运动而言，由《申报》1909 年 2 月 4 日报道可知，中国慈善戒烟总会便是在上海青年会会所成立的。⑥ 同年 3 月 7 日，《申报》特为青年会组织的"除烟大会"做宣传。⑦ 次日，《申报》又报道了此次"除烟大会"的盛况，以《慈善戒烟大会纪事》为题：

昨日四时，中国慈善戒烟总会及青年会开除烟大会，青年会会长黄佐廷宣布开会，南阳大臣代表曾子安观察宣读南洋大臣训词；万国

---

① 《中国青年会》，《申报》1913 年 7 月 25 日，第 7 版。

② 《纪孤儿院慈善大会》，《申报》1908 年 12 月 23 日，第 3 版。

③ 《广东慈善会筹赈处》，《申报》1915 年 9 月 8 日，第 9 版。

④ 《南京电》，《申报》1917 年 10 月 11 日，第 3 版。

⑤ 《天津电》，《申报》1920 年 9 月 23 日，第 6 版。

⑥ 《慈善戒烟会成立》，《申报》1909 年 2 月 5 日，第 2 版。

⑦ 《谢券》，《申报》1909 年 3 月 7 日，第 3 版。

改良会代表丁君义群演说……①

由该报道可知，青年会在这场戒烟大会中扮演了重要角色。首先，这次"除烟大会"由青年会与中国慈善戒烟总会联合举办；其次，会议的地点设在上海青年会会所；最后，大会先由青年会会长黄佐廷致辞，再由其他与会人员宣读训词和演说禁烟要务等。由此可见，青年会在这场会议中发挥了重要的作用。

此后数年，《申报》不断刊登青年会举办禁烟活动的报道。从报道的内容来看，参会人员中不乏社会各界重要人士。如据《申报》1913 年 5 月 19 日报道，苏都督之代表曹福赓、黄克强之代表耿覯文，以及严浚宣（上海华界戒烟局长）等人至上海青年会会所召开禁烟讨论大会；② 《申报》1917 年 2 月 14 日报道，中西男女来宾约五百余人，至青年会会所开禁烟大会；③《申报》1919 年 1 月 5 日报道，"中华民国建设会、江苏省教育会、上海总商会、万国禁烟会……等二十团体"在青年会会所欢迎焚土委员，到会者还有"大总统特派委员张云搏"等。④ 通过《申报》对参会人员身份以及参会人数的报道可知这些禁烟活动的盛况，以及青年会在中国禁烟事业上扮演的重要角色。

就青年会举办助力弱势儿童的活动而言，以其联合上海盲童学校举办的关爱盲童教育的活动最为引人注目，《申报》对此有详细报道。1917 年 6 月 25 日《申报》刊登了一篇题为《表示盲童教育之成绩》的报道：

青年会于前晚八时，请上海盲童学校校长传步兰君，演其所制之盲童教育视频。首由主席朱少屏君登坛言我国盲人无虑百万，大半未能受有良善之教育，且乏自养之能力而仰赖于社会者亦綦重。传步兰君之尊甫传兰雅博士有见于此，捐出巨资创办盲童学校教之读书、写字以及琴歌、手工，凡为吾人所能者，盲人实有自立之能力。⑤

报道中的青年会联合上海盲童学校，通过向民众播放盲童教育视频，介绍中国大部分盲童缺失教育的现状，指出盲童"实有自立之能力"。这是青年会通过《申报》为盲童教育首次发声。由《申报》之后的报道可

---

① 《慈善戒烟大会纪事》，《申报》1909 年 3 月 8 日，第 3 版。

② 《禁烟大会旁听记》，《申报》1913 年 5 月 19 日，第 7 版。

③ 《禁烟大会开会纪事》，《申报》1917 年 2 月 14 日，第 3 版。

④ 《各团体欢迎焚土员纪》，《申报》1919 年 1 月 5 日，第 10 版。

⑤ 《表示盲童教育之成绩》，《申报》1917 年 6 月 25 日，第 10 版。

知，青年会每年都会组织关爱盲童教育公益活动。如据《申报》1918 年
12 月 4 日报道，青年会邀请盲童至其会所"试演成绩，如写字、读书、做
工等等技艺，并演述教法"；① 《申报》1919 年 11 月 28 日报道，青年会邀
请盲童至会所演示所学之文字、工艺、体操、音乐等；② 《申报》1919 年
12 月 14 日报道，青年会邀请盲童至会所演唱中英文歌、演奏乐器、背英
文诗、表演体操和舞蹈等。③ 此时期，青年会通过一次次地组织活动，展
示盲童的学习能力和自养能力，向社会证明盲童的自立能力并不低于大
众，呼吁社会关注和重视盲童教育。

当然，除关爱盲童教育外，《申报》还报道了青年会举办的其他助力
弱势儿童的公益活动，如演剧募捐南京贫儿教养院，④ 为杭城贫寒子弟建
立免费小学⑤等。总而言之，《申报》中的这些报道充分显示出青年会通过
举办各种形式的活动来帮扶弱势儿童的公益之举，该团体当之无愧为一个
助力弱势儿童的公益组织。

结　语

综上可知，青年会在清末民初扮演多个社会角色，包括"国民智识的
开启者"、"中国体育事业的推动者"和"慈善与公益活动的志愿者"，这
与以往任何来华基督教团体在中国扮演的传教角色存在较大差异。究其原
因，与青年会自身的特殊性直接相关。首先，青年会比其他基督教团体更
为开放和包容，欢迎非基督徒的加入，"在提供社会服务时，不以皈依基
督教为交换条件，而是'无排他性'地向所有宗教背景的对象提供"。⑥ 这
使得青年会在提供社会服务时，面向的群体是所有的中国青年，而非仅限
于基督徒。可以说，青年会为所有青年营造了一个平等和谐的活动空间。
其次，尽管青年会入华之目的是传教，但是相比其他教会以讲道和做礼拜
等活动为主，青年会的社会活动更加灵活与世俗化，这为其赢得了更多民
众的青睐。就青年会举办的智育活动而言，该团体通过科普讲座和辅导班

---

① 《青年会今晚盲童演技》，《申报》1918 年 12 月 4 日，第 10 版。
② 《盲童学校将开游艺会》，《申报》1919 年 11 月 28 日，第 10 版。
③ 《盲童学校游艺会》，《申报》1919 年 12 月 14 日，第 11 版。
④ 《松声》，《申报》1920 年 1 月 11 日，第 14 版。
⑤ 《青年会添设两等小学》，《申报》1914 年 4 月 4 日，第 7 版。
⑥ 黄晓波：《宗教非营利组织的身份建构研究：以（上海）基督教青年会为例》，上海社会
　科学院出版社，2013，第 70 页。

这样的通道传递出的新知识和新的教学方法，让民众耳目一新；就青年会举办的体育活动而言，该团体的最大贡献是为中国民众注入了对体育运动的新观念和新认知，令他们了解和学习不同的体育项目，进而开启探索体育运动的无限乐趣；就青年会举办的慈善与公益活动而言，该团体以身作则，亲力亲为救助弱势民众于苦难，引导中国民众树立正确的价值观和社会责任感。可以说，青年会在此时期充分扮演一个综合性社会服务机构的社会角色。

需要注意的是，在《申报》刊登的几千篇关于青年会的报道中，与宗教活动相关的报道仅有百余篇。与这一现象不相符的是，青年会的宗教活动并不比该机构开展的其他活动少。据谢洪赉在其1914年出版的《青年会代答》中，对青年会"德育"宗旨做出明确说明："本会讲求德育，以基督教旨为本，将普通之道德伦理容纳其中。"可以说，此时期传播基督教教义是青年会"德育"活动的主旨。并且，青年会还在其德育部里设立了圣经研究会、唱诗会等基督教会部门。① 有这些部门作保障，青年会的宗教活动必然不少。既如此，为何《申报》大量报道了青年会的智育活动、体育活动以及慈善与公益活动等，却对其宗教活动的报道如此之少？法国学者高万桑（Vincent Goossaert）即注意到这一现象，他指出：自太平天国运动结束后，《申报》对于宗教事务的报道呈日趋批评的态度，报道的数量在1900年后明显减少。② 对此，学者推断，《申报》的这一变化，应与1900年后中国知识精英开始将中国宗教传统视作国家现代化发展的制约相关。③ 这大抵可以解释为何《申报》极少报道青年会的宗教活动。但无论青年会在清末民初开展的宣教活动是多是少，都无法忽视该团体于此时期与中国社会的互动，以及所扮演的社会角色。

---

① 谢洪赉：《青年会代答》，基督教青年会组合，1914，第5~6页。
② 〔法〕高万桑：《晚清及民国时期江南地区的迎神赛会》，康豹、高万桑主编《改变中国宗教的五十年：1898~1948》，台北：中研院近代史研究所，2015，第77页。
③ Vincent Goossaert et al. , *The Religious Question in Modern China*（Chicago：The University of Chicago Press，2011），pp. 50 - 53；陈斌：《论民初历法变革对佛教发展的影响——以1913年佛诞纪念会为例》，《安徽史学》2018年第6期，第88页。

小知识人的大革命

——以《王伯祥日记》为中心

丁　乙　谭雅丹*

提　要　在国民革命这股飓风的吹拂下，身处上海的小知识分子王伯祥亦通过各种方式做出回应。他与同人办学校、办杂志、演讲、结社、入党，呐喊着要成为"革命的教育者"与"有意识的拳匪"，并最终将目光落在了新旧分裂与代际冲突严重的江苏教育界。在左翼社会文化网络的裹挟下，王伯祥参与到新政权中，致力于教育改造与学校改组。但"清党"以后国民党的变化让这批中小知识分子与它渐行渐远，感到幻灭的王伯祥在短暂入仕后最终退出政界。王伯祥的这段体验在国民革命前后的中小知识分子中有一定的代表性，探析王伯祥对于国民革命的迎拒离合，有助于深入理解 20 世纪 20 年代知识分子与国民革命的关系。

关键词　王伯祥　《王伯祥日记》　知识分子　国民革命

20 世纪 20 年代的"国民革命"（大革命）可开拓的空间其实还相当广阔。罗志田曾指出：近代中国知识分子与革命的关系，特别是在从社会史、思想史这些视角看当时文化人如何因应时势以及知识社群自身的升降转换等方面，我们的具体研究仍很不够。① 而国民革命这台机器是如何与中下层知识分子进行互动，后者的思想经过了怎样的"发酵"与"跳跃"，

---

* 丁乙，浙江大学马克思主义学院讲师；谭雅丹，复旦大学马克思主义学院博士研究生。

① 罗志田：《乱世潜流：民族主义与民国政治》，中国人民大学出版社，2013，第 198 页；罗志田：《民国史研究的"倒放电影"倾向》，《社会科学研究》1999 年第 4 期。

又是以何种身份，经历了怎样的遭遇，通过何种方式参与到其中，成为地方革故鼎新过程中不可或缺的一股力量？而在出仕又"归隐"的过程中，他们对于"异化"的新政权又产生了怎样的情绪？因为各种原因，这些问题在以往的研究中也没有得到应有的重视。[①]

以后见之明来看，革命意味着整个社会权势结构的根本性转变，但如不能回到历史现场，跟随当事人的视角，一些"若有若无"的边缘化细节便会在历史脉络中被轻易抹去。尤其当这场革命波及那些无法定性（介乎"新旧"之间、党派背景模糊）且并不具备全国影响力的中小知识分子时，我们或许更能"自下而上"地感触到这场革命背后所隐含的一些特质。本文以《王伯祥日记》为主要材料，参以叶圣陶的文字著述，及相关报纸杂志，尝试勾勒国民革命前后王伯祥及其友人叶圣陶的微观体验与心路历程，并探析以王、叶为代表的中下层知识分子与国民革命的互动离合。

一　"革命的教育者"与"有意识的拳匪"

王伯祥（1890～1975），名钟麒，字伯祥，50岁以后以字行，江苏苏州人。对历代典章制度、文学流变、地理沿革、名物训诂、版本目录等学，均有造诣。除了他撰写、编校的著述文字之外，最为珍贵的是他留存下来的一百四十多册日记，日记从1924年开始，到1975年止，举凡写作著述、学术活动、交游往来，均有记录。该日记无疑是半个世纪中国知识

---

① 随着研究的深入以及相关日记史料的出版，近年来的个案研究在这方面有所突破，如蔡炯昊《读书人与"革命"的互动：北伐前后周作人对"革命"态度的变迁》，《民国研究》2014年第2期；冯筱才《"中山虫"：国民党党治初期瑞安乡绅张棡的政治观感》，《社会科学研究》2015年第4期；沈洁《1920年代地方力量的党化、权力重组及向"国民革命"的引渡——以奉化〈张泰荣日记〉为中心》，《华东师范大学学报》（哲学社会科学版）2016年第6期；李在全《北伐前后的微观体验——以居京湘人黄尊三为例》，《近代史研究》2018年第1期；于海兵《革命青年的修身与自治——以〈袁玉冰日记〉为中心》，《学术月刊》2018年第5期；叶毅均《走向革命：1920年代范文澜急遽政治化的历程》，《中山大学学报》（社会科学版）2019年第3期；丁乙《1927年鼎革之际知识人的微观体验与命运沉浮——以舒新城为例》，《安徽史学》2019年第5期。此外，李志毓的《论新知识青年与国民革命》（《史林》2016年第6期）一文与本文的主题也较为接近，但该文将言说主体主要放在青年学生身上，与王伯祥这类小知识分子还是略有区别。

分子生命史、知识演进、学术转型、社会变革的珍贵记录与微观缩影。①

王伯祥从草桥中学毕业后，曾任教于角直的吴县第五高等小学，同时担任北大国学门通讯研究员，后辗转任教于厦门的集美学校，并一度北上，在北大预科教授国文。② 1922 年，因北大欠发薪水，经胡适推荐，王伯祥开始了长达十年的商务印书馆编辑生涯，担任史地部编辑。此时的商务印书馆可谓人才济济，王伯祥在此结识了一群志同道合的朋友，如叶圣陶、郑振铎、沈雁冰、丁晓先、杨贤江等。这些学界"新人"为商务印书馆开拓了学界资源，并给它带来了巨大的收益。他们大多有着多重职业与身份，部分人还有着不同的政党背景，他们通过新式学校、报章杂志与学会社团等媒介，编织起一个密集的社会文化网络，既能在后科举时代积累文化资本，提升社会地位，也能通过舆论的方式产生所谓的"合伙人效应"。

面对 20 年代初混沌的时局，王伯祥曾在一篇杂感中指出："中国最近的时局，正像一区茫无畔岸的大海；那些层出不穷的，零碎而且庞杂的种种问题，也正与那前起后伏的波浪同其汹涌。"隐约透露出他对于社会现状的不满，以及欲谋求改变的信念："对于这种太不成话的现状"，已经不太能容忍了。然而，他又"对于时局的解决"有些茫然不知所措，故呼吁大家开出更多能解决时局的药方。③ 而他自己也在用行动寻找药方。

"五卅"惨案发生后，因为离事发地不远，王伯祥、叶圣陶与郑振铎、沈雁冰一起办理《公理日报》，对"五卅"运动做了最直接的报道。关于《公理日报》的组织、发稿、运行，王伯祥在日记中做了详细的记录："往振铎家帮圣陶办《公理日报》发稿事。夜未上课，帮做《公理》事，至十二时始归寝，……各处被杀者据云有百余人……英人如此无理，简直非人类矣！"而与列强的蛮横无理形成鲜明对比的是本国政府的孱弱无能："然而反观本国政府，今日尚未有表示也，痛哉！"7 月 6 日，王伯祥又感慨道："英人之不肯悔祸，弥进弥惧，而我国之军阀、官僚乃竟推波助澜，一味防止爱国运动之扩大，是诚何心耶。"④ 随后，被激发起的民族主义情绪很快便转化为实际行动，王伯祥逐步从书斋走向社会。他应朋友邀请，

① 除王湜华撰写的《王伯祥传》以及商金林编著的《叶圣陶年谱长编》早在《王伯祥日记》出版前就对王伯祥的日记有过广泛征引外，《王伯祥日记》自国家图书馆出版社于 2011 年影印出版以来，并未得到应有的关注与重视。《王伯祥日记》，国家图书馆出版社，2011；张廷银、刘应梅整理《王伯祥日记》，中华书局，2020。本文所征引的是中华书局 2020 年版。
② 《注册部布告》，《北京大学日刊》第 987 号，1922 年 3 月 21 日。
③ 王伯祥：《时局杂感》，《努力周报》第 58 期，1923 年 6 月 24 日。
④ 《王伯祥日记》第 1 册，第 256、267 页。

到各处学校演讲：6 月 24 日下午，他与丁晓先赴浦东中学讲演；他在中华职业学校与神州女学演讲的题目都为《失败的外交》。[1] 在神州女学，与他一道演说的还有侯绍裘与沈雁冰。[2] 从王伯祥的日记中能明显感觉到，对北洋政府的失望，对军阀的憎恶，对外国列强的痛恨，这一点一滴的情绪都在积淀。

很长一段时间，"五卅"对于近代中国的实际影响被低估了不少。它对知识界的冲击，其实超出我们的想象。其中最重要的一点便是它极大地激发了中小知识分子的"国民革命"意识，使其思想"急剧的革命化"。[3] "五卅"如同一个放大镜与导火索，它将"帝国主义"从一个很遥远的、想象中的概念变成了近在咫尺而又迫在眉睫的威胁，并瞬间点燃了知识人的怒火。张国焘也曾提到，"五卅"事件所激发出的民族情绪，尤胜于"五四"。[4] "五卅"事件爆发后没多久，王伯祥在日记中记道："外人之肉真不足食，或将引起极重大之风波耳。我意，他们既不配做人，我们直不妨奋起扑杀之。什么拳匪不拳匪，不过没有彻底的干罢了。我愿有知识的人，应当大家起来，做有意识的拳匪"。[5] 就对义和团的态度而言，王伯祥在潜意识里已经发生了思维的跳跃——"做有意识的拳匪"，既然外人如此野蛮，"不配做人"，那么"有知识"的国人何不"奋起扑杀之"？由此也可见，中小知识分子脑海中朦胧的革命与反帝意识，固然与中共、国民党左派的舆论宣传、革命动员息息相关，但其实也是受到"五卅"等历次重大事件的刺激而一点一滴累积形成的。

王伯祥思想的急剧变化，当然还与他所处的"社会文化网络"关系密切。"五卅"至北伐的两三年间，商务印书馆、文学研究会、上海大学、景贤女中、立达学园等左翼色彩浓厚且彼此之间的成员又多有重合的机构、团体与学校，形成一个环环相扣的闭环组合。文化网络之外，还有党派理念的直接输送。1926 年 3 月 29 日，沈雁冰参加完在广州举行的国民党二大后回到上海，叶圣陶、王伯祥等一群挚友会聚于郑振铎家，听取沈的谈话。通过沈雁冰这一信息渠道，同人也在第一时间获知了国民党二大的相关信息。身处这样的社会环境中，王伯祥、叶圣陶都逐渐意识到，教育必须与革命相结合："为教育而教育，只是毫无意义的玄语；目前的教

① 《王伯祥日记》第 1 册，第 263、260 页。

② 《学界方面之昨讯》，《申报》1925 年 6 月 18 日，第 15 版。

③ 瞿秋白：《北京屠杀与国民革命之前途》，《新青年》（不定刊）第 4 号，1926 年 5 月 25 日。

④ 张国焘：《我的回忆》（二），东方出版社，1991，第 30 页。

⑤ 《王伯祥日记》第 1 册，第 255、258 页。

育应该从革命出发。教育者如果不知革命，一切努力全是徒劳；而革命者不顾教育，也将空洞地少所凭借。"所以叶圣陶指出，"从今起做个革命的教育者"。①王伯祥在日记中也下过决心，要为消灭军阀等恶势力而奋斗："呜呼！军阀互哄，民家受殃，无耻政客又出其卑污勾结之技能以从事挑拨，于中取利，国几乎其不亡！凡属血气，吾知其必能联手共起以与恶势力奋斗而同以'摧灭反革命'为目标矣。"②从这里也可以看出，"五四"以后，知识分子在内外刺激下，其突出的表征可能是"急剧政治化"与"革命化"，而非"边缘化"。③而且毫无疑问的是，王伯祥所身处的社会文化网络决定了他个人的社会位置、塑造了他的身份，并形塑了他的思想。④

1926 年初创办的《苏州评论》是王伯祥、叶圣陶等人希图搭建舆论阵地，响应国民革命的努力之一，该刊由王伯祥与丁晓先、叶圣陶等人自筹经费创办，通讯处就设在叶圣陶在上海的家中。创刊号中的《告读者诸君》提到：本刊"目的在谋苏州社会之革新。同人预拟之计划，欲先从舆论方面入手，借以唤起群众组织团体，以与盘踞苏州的恶势力奋斗"。同时希望"图谋苏州的事业，把苏州改善，因而各得其应享的福利"。⑤王伯祥、叶圣陶等人希图在地方上寻求政治启蒙与思想文化上的出路，充当地方上的"链接性角色"，推翻地方士绅对苏州教育界的统治，并与国民革命遥相呼应。

至此时，叶圣陶、王伯祥都已经意识到："要转移社会，要改造社会，非得有组织地干不可！"⑥1926 年底，王伯祥正式加入国民党，仪式在叶圣陶家举行，由叶圣陶与丁晓先主持。王伯祥在日记中记道："予因与君畴同时参加国民党，即书愿书焉。加入革新运动，此心早经默契，今特补具形式耳。"次日，几人又召开国民党党员会议，对于将来苏州教育事业颇多规划。在他们看来，"吾侪俱不脱酸相，所能努力者，只有教育一途耳"。⑦无论是叶圣陶所说的努力"做个革命的教育者"，还是王伯祥所谓的"所能努力者，只有教育一途耳"，他们都将奋斗的方向直接指向了江

---

① 叶绍钧：《倪焕之》，开明书店，1932，第 324 页。

② 《王伯祥日记》第 2 册，第 386 页。

③ 王奇生：《高山滚石：20 世纪中国革命的连续与递进》，《华中师范大学学报》（人文社会科学版）2013 年第 9 期。

④ R. Keith Schoppa, *Blood Road: The Mystery of Shen Dingyi in Revolutionary China*, Berkeley: University of California Press, 1995, p. 5.

⑤ 叶圣陶：《"我们"与"绅士"》，《苏州评论》第 6 期，1926 年 8 月 31 日。

⑥ 叶绍钧：《倪焕之》，第 304 页。

⑦ 《王伯祥日记》第 2 册，第 484 页。

苏教育界。

二　江苏教育界的新旧与代际

从 1925 年 1 月初东大易长风潮至 1925 年 5 月五卅运动爆发，这短短 4 个月实际上是教育界的"新旧之战"由幕后浮出水面的时期。如果说东大易长风潮只是教育界分裂的表征，那么到五卅以后，教育界的裂痕便再也无法弥合了。直至国民革命兴起，这涟漪一圈圈扩散开，引发了教育界的革命海啸。

在新文化运动这一股铺天盖地的大风的吹拂与影响下，王伯祥在阅读与学习中逐渐形成了自己的思想认知。与顾颉刚、俞平伯等人之间书信的频繁往还，使王伯祥与叶圣陶受到了新文化的洗礼。身处上海的王伯祥与身在北京的顾颉刚通过印刷品以及书信等媒介，共同构建了一个"想象的共同体"，两者之间在思想上并没有多少距离感，还能"同声相应"地发挥"合伙人效应"，形成一种"声气相通的拟似社团"。[1] 在顾颉刚的牵线下，王伯祥、叶圣陶不仅加入了罗家伦、傅斯年创办的新潮社，[2] 王伯祥还与叶圣陶合写了《对于小学作文教授之意见》一文，主张"力避艰古，求近口说"。[3] 王伯祥非常赞成顾颉刚发起的整理国故运动，并认为它可以与新文学运动并行不悖，相辅相成，而且这样可以防止"那班抱着师承衣钵的人，自以为得心传之秘"，"闭关自绝于世"。[4]

这样也就不难理解，为何身处东南的王伯祥会对东南教育界的"老派"颇有微词。王伯祥原本对《时事新报》副刊《学灯》杂志上连载的柳诒徵的演讲录《什么是中国的文化》很感兴趣，[5] 可读完之后却"大失所望"："柳翼谋之讲演，今日《学灯》已登完。越说越没道理，只是三十年前老顽固的口吻，徒然叫人看他不起罢了！"[6] 在王伯祥看来，中国传统的宗族礼法是早应该摒弃的："中国现在的环境这样紧迫，而社会上犹不脱宗法的面目，似乎违反社会进化的公例"，而其"所以能够维持到现在

---

① 王汎森：《思想是生活的一种方式》，北京大学出版社，2018，第 361 页。

② 《顾颉刚致叶圣陶》（1918 年 12 月 11 日），《顾颉刚书信集》卷 1，中华书局，2011，第 45 页。

③ 叶绍钧、王钟麒：《对于小学作文教授之意见》，《新潮》第 1 卷第 1 期，1919 年 1 月 1 日。

④ 王伯祥：《国故的地位》，《小说月报》第 14 卷第 1 期，1923 年。

⑤ 柳诒徵：《什么是中国的文化》，《时事新报·学灯》1924 年 2 月 9 日，第 14 版。

⑥ 《王伯祥日记》第 1 册，第 19~20 页。

的原因，实由于宋明以来道学先生——新儒家——的拥护"。① 王伯祥还将对柳个人的微词上升到对整个东南大学的批评：东大"夙以守旧闻，其实连旧的实际也没有，守什么呢？他们最大的成绩，只是努力于反时代思想的宣传而已"。②

有意思的是，王伯祥虽然属于"反江苏省教育会"派，但他在文化理念上所着力抨击的柳诒徵虽身处江苏省教育会势力范围内的东南大学，其实也是坚定的"反江苏省教育会"派。在柳诒徵看来，"一系一会"把控下的东大，其"腐败为尤甚"；③ 东南学阀们"把持一省，武断一校，逢迎武人，联络官吏，植党营私，排除异己"。④ 在这里，王伯祥的政治诉求其实与柳诒徵完全是契合的。柳诒徵算是文化上的"老派"，但在政治倾向上并不算"旧"。这就提示我们，当我们探析各类知识分子对本国传统文化的态度、对未来民族国家的构想等问题，并期望分清楚他们的派别，给他们贴上标签时，往往很难划定清晰的标准与界限。

至少在 1927 年以前，南京高等师范学校（东南大学）往往以"旧"的形象出现在中国现代学术版图上，而与趋新的北大暗暗角力。而柳诒徵正是东大阵营的核心人物，在他周围隐隐然形成了一个"南方学派"。此时的江苏由复古守旧的齐燮元所掌控，而省内最著名的大学东南大学又以"反动"著称，与"学阀堡垒"江苏省教育会关系密切。对于 1925 年初的东大易长风潮，王伯祥自然是站在"反郭派"阵营中，如他在 3 月 9 日的日记中就对郭秉文的支持者徐则陵、陆志韦大加挞伐："知昨日东大新校长胡敦复就职，被教育科主任徐则陵、教授陆志韦鼓动学生殴打侮辱。可恨可恨！东大学风如此，拥郭者纵然有百喙，其将何辞自圆！"⑤ 同时在他看来，正是有军阀的提倡，"国故"才得以畅行。

叶圣陶、丁晓先在与王伯祥的闲谈中，也就"当代贤豪多所评骘"。叶、丁均"颇推重吴稚晖、汪精卫诸人"，而"于省教育会系黄任之、沈信卿辈，则痛斥之"。⑥ 吴稚晖、汪精卫都是当时国民党的骨干人物与理论宣传家，他们的言论思想在追求革新、趋向新潮的小知识分子、大中学学生中很有市场，自然也深受亲国民党的丁晓先等人的推崇。日记中的黄任

---

① 王伯祥：《中国家族主义与社会》，《文学旬刊》第 158 期，1925 年 2 月 2 日。
② 《王伯祥日记》第 1 册，第 61 页。
③ 柳诒徵：《东南大学留长拒长之真谛》，《民国日报》（上海）1925 年 3 月 21 日，第 7 版。
④ 柳诒徵：《学者之术》，《学衡》第 33 期，1924 年 9 月。
⑤ 《王伯祥日记》第 1 册，第 227 页。
⑥ 《王伯祥日记》第 1 册，第 241 页。

之即黄炎培，沈信卿即沈恩孚，二者均为江苏省教育会的头面人物，也是国民党、中共在教育文化领域着力抨击的对象。在后者的舆论宣传与话语建构中，江苏省教育会成了"学阀"的代名词。在中共的舆论阵地《中国青年》《中国学生》中，随处可以见到对于"学阀"的批判文字。这一套话语体系多由中共与国民党左派的经典理论家进行阐释与陈述，并借由各类报纸、手册、传单、口号、标语等介质，通过种种宣传方式灌输给党员、团员、小知识分子、在校学生，从而达到动员民众与建构革命正当性和合法性的目的。① 而不论是吴稚晖、汪精卫，还是王伯祥的挚友丁晓先、杨贤江等人，均为这些言论机制的发明者与传播者，王伯祥身处这样的社会文化网络中，思想自然深受影响。

　　除政党的舆论宣传、主义的吸引之外，教育界的代际、世代问题也是导致教育界分裂的一个背景性因素。无须多说，被贴上学阀标签的江苏省教育会的核心成员，大多是江苏教育界的老辈，他们大多是 19 世纪 60、70 年代出生，如黄炎培（1878）、沈恩孚（1864）、袁希涛（1866）、蒋维乔（1873）、张一麐（1868）、仇亮卿（1873）。他们在清末的舞台上便已经大放异彩，并已站在江苏教育界权力格局的中央。对于"黄炎培式"的这类手握教育界权柄的士绅精英，李璜将其特征概括为："年纪在四五十上，论学问是会做几篇八股策论文章，论功名是清廷举人、进士，或至少是秀才，论阅历曾经到日本去速成归来，或甚到欧美去考察或亡命过来，论事业曾经举办新政或提倡革命。这类人在前清末年以至民国十七年中的政治界或教育界，握着最高的权柄。"② 在国民革命前后，他们的权势结构受到了前所未有的挑战。

　　站在他们对立面的大多是 19 世纪 90 年代出生的年轻一辈，如杨贤江（1895）、恽代英（1895）、侯绍裘（1896）、杨杏佛（1893）、沈雁冰（1896）、叶圣陶（1894）、王伯祥（1890）、罗家伦（1897）。这些人大多在 20 世纪第二个十年接受了新式教育，青年时代接受过五四的洗礼，在教育界与舆论界均已崭露头角。同时，因为一直在遭受外界列强的刺激与内部军阀为非作歹的折磨，终于在 20 世纪 20 年代，在"主义"的指引下，投向了政党、组织与主义的怀抱，成长为推翻教育界老辈的革命青年。有学者指出，青年在面对理想主义与现实间的张力和鸿沟时产生的悲观情

---

① 丁乙：《1927 年政权鼎革之际沪苏教育界的革命实践——以"打倒学阀"为中心的考察》，《史林》2019 年第 2 期。

② 李璜：《国家主义者的生活态度》，《醒狮》第 191 期，1928 年 10 月。

绪，大多出于对上一辈价值观念、行动实践的不满与叛离。① 代际的落差以及由此产生的冲突，也就成了江苏省教育界新旧之战中不可忽视的变量。

王伯祥在日记中所提及的吴稚晖、汪精卫与黄炎培、沈恩孚恰好是舆论战场与教育场域新旧破立的两面，而王伯祥等人实际上正是双方所要争取的对象。不过，王伯祥等人早已做出了自己的选择，对于好友丁晓先所提倡的"借党力为大规模之运动"，"欲实现三民主义必由教育入手，改革教育非先打到（倒）教阀不可"的计划，王伯祥听后表示"此言实获我心，深愿及早见之也"。② 而从"改革教育非先打到教阀不可"也不难看出，教育场域中这场没有硝烟的新旧之战已经不可避免。这也在某种程度上折射出民初舆论场域的激化与教育场域的变迁和代谢。两年后，实践意义上的"教育革命"便跟随着国民革命军的步伐，在东南教育界渐次开展起来了。

三　出仕又"退隐"

1927 年 2 月下旬，国民革命军的前锋已进逼至长江下游，王伯祥此时的心情很复杂。一方面，他对于战争极度恐惧，再加上当地军阀有意封锁消息，管控舆论，如李宝章令各报"勿登载军事消息"，谣言随之四起。王伯祥一连"闷损"多日，只能借酒消愁，"勉自求醉"，"处此岌岌局势中，度时正复不易也"。但同时，因为倾向革命，他又期盼国民革命军的到来。当有传言说党军已到新龙华时，王伯祥等人还以为"事势迁流太速，不之信也"。可次日看报得知消息确证后，又"为之大喜"。不久后，王伯祥便感叹道："局面更新，已恍如隔世矣。"③

国民革命其实打破了原有的地方权力格局与社会秩序，革命后的政权更迭在某种程度上意味着权力结构的重组与知识精英的"换班"。④ 鼎革之际，王伯祥、叶圣陶的众多好友如罗家伦、丁晓先等相继进入国民党政府充任职务，丁晓先当选上海特别市临时政府委员，旋即又被任命为市教育局代理局长。倾向革命的王伯祥本可以借此时机，进入新的权力格局之

---

① Lewis S. Feuer , The Conflict of Generations: The Character and Significance of Student Movements, Basic books, 1969.

②《王伯祥日记》第 1 册，第 239 页。

③《王伯祥日记》第 2 册，第 523、539、546、547 页。

④《郑超麟回忆录》，东方出版社，2004，第 115、150 页。

中，但他对于入仕与否仍保持着一份谨慎。3 月 23 日，已经接管上海市教育局的丁晓先告诉王伯祥，"市政府有文告数事相烦，即挟我登车，同往商榷。……竟夜未合眼焉。职务羁人之可怕如此，予决不愿牵入此涡矣"。但随后丁晓先"坚邀赴市政府及教育局襄理一切"。在丁的再三邀请下，王伯祥终于入职，并在当晚"拟定市政府秘书处组织概要，备明日起草"。次日记有："略看报会客。起草市政府秘书处暂行组织条例……无聊之极，又起草市教育局暂行组织条例九条。四时甫过，已无所事，闷损甚矣，决俟晓先回后面洽一切，明晨将飘然引归耳。"① 因为自己的书生脾性实在与政务生活不合，王伯祥早已下了"退隐"的决心。

但王伯祥刚去教育局办理好辞职，便看到报上"吴县行政委员会聘予任秘书长"的消息，王伯祥心中"茫然"而不知所措。在辞职未果后，②他与众好友商量，决定"由省党部致函苏州市党部，组一委员会先行接管省立各校……至秘（书）长一席听苏州党部意旨再行决定去就"，③ 委员会的人选，便是王伯祥与他的苏州好友，即叶圣陶、吴致觉、计硕民、王芝九、丁晓先等七人，同时打算次日便启程赴苏，共谋新政，改革教育。早在 1926 年 8 月，中共曾指出，苏州教育界"知识阶级大都绅士气味极浓，有革命性的很少；即就民校（按：国民党）而论，至今还没有一个中学教员加入，小学教员之已加入者为数亦极有限。这实在是一种特殊的现象"。④ 国民革命军抵达之后，对于苏州教育界的改造随即便提上了日程。

苏州市党部成为地方政权接收的主要对象，而对于教育界的改造，第一步便是对苏州境内中小学校的接收与查封。4 月初，苏州公立学校接管委员会成立，基本委员由市党部推请叶圣陶、王伯祥、丁晓先等九人组成，王伯祥担任秘书一职。⑤ 受国民党江苏省党部委派，叶圣陶、王伯祥等人分别前往接收工专、苏州女子蚕业学校、一师、二女师、二中、医大、二农等七校。⑥ 此时的王伯祥忙得有些分身乏术，一面忙于接收各处的学校，一面受到各校邀请，前去讲话，宣传党化教育。如 4 月 5 日他的行程就包括：上午在二中附设之委员会办公处开会；接收完女师与二农

① 《王伯祥日记》第 2 册，第 547～550 页。
② 《苏州之行政会议》，《申报》（上海）1927 年 4 月 7 日，第 8 版。
③ 《王伯祥日记》第 2 册，第 550 页。
④ 《苏州特支关于近两星期内工作状况的报告（1926 年 8 月 13 日）》，中央档案馆、上海市档案馆编《上海革命历史文件汇集（南京、无锡、苏州、丹阳、徐州）（1925～1927年）》，1988，第 407 页。
⑤ 《王伯祥日记》第 2 册，第 552 页。
⑥ 《苏州公立学校之接收》，《申报》（上海）1927 年 4 月 7 日，第 10 版。

后，又收到了二中维持会之邀请，折返谈话。①

接收苏州女子蚕业学校的过程有些曲折。该校位于苏州城外的浒墅关，需要花费半天的时间坐船前去。王伯祥与叶圣陶连去几次，均"以船未接洽妥当而止"。② 叶圣陶晚年曾回忆起当时的接收过程："学校里只留下一位校长郑辟疆，问我要不要造册子。我说，只要把学校的大印交出来就完事。他抖抖索索地从内衣里摸出钥匙，拉开抽屉，取出校印，双手送到我手里。……大印收了一大堆，那些校长倒来要钞票发薪水了。我们两手空空，只好把收来的大印都交到市党部。"③ 可见，军务倥偬的鼎革之际，大多数学校里其实已经没剩下多少人，而真正的接管程序无非就是查收校印与名册、暂时封锁学校而已。没多久，王伯祥又与一班接收委员前往蚕业学校，"仍挽郑辟疆继任校长"。④ 不过，同处苏州、同为省立的医科大学，其校长吴济时则因与江苏省教育会关系较为密切，而一度被作为"学阀"打倒，⑤ 并被学生扭送至公安厅。两相对比不难看出，国民革命的革命对象也是有针对性的，教育革命也并非全盘推倒重建。

党化教育的实施与对学校的接收几乎同时。3 月初，新上任的苏州市教育局局长沈昧之开始着手召集全体职教员开训练班，训练党化教育。他延聘王伯祥为负责党化教育事务的主任。只是王氏尚未就职，便被急转直下的政治形势打断。当国民党右派与国民党左派及中共在军事上出现互相挤对的苗头后，王伯祥还以为，"今日只知摧敌，左右之争，大可从缓耳"。然而没多久国民党便宣布"清党"，王无奈感慨："大局突变，党派之别异益显，天下恐从此多事矣。"而当"清党"扩大化并波及自己身边的好友时，王伯祥也立马清醒，"急求摆脱"，次日便与叶圣陶、计硕民商量解散接管委员会的事宜。征得同意后，王伯祥"将各校印记等件亲往教育局缴存"，终得"全盘卸责矣"。并感慨："半月来重负，至此得释，甚以为快。"⑥

建政之初，国民党在各方面都存在人才真空问题，尤其在党务与宣传方面，急需人才。罗家伦由学入仕，正好成为政界与知识界沟通的媒介，国民政府便通过罗家伦等人，网罗教育界的知识精英进入政府。王伯祥、

---

① 《王伯祥日记》第 2 册，第 553 页。

② 《王伯祥日记》第 2 册，第 552~553 页。

③ 叶至善：《父亲长长的一生》（修订本），四川文艺出版社，2015，第 93 页。

④ 《王伯祥日记》第 2 册，第 555 页。

⑤ 《医科大校职驱吴运动》，《苏州明报》1927 年 4 月 12 日，第 2 版。

⑥ 《王伯祥日记》第 2 册，第 549、555、556 页。

叶圣陶等人自然也成了罗家伦极力争取的对象。王伯祥日记中记有："下午志希来访，坚欲邀予与圣陶往宁担任中央党务养成所教课。当以种种原因，回绝之。"随后又写信"辞谢党务教课事"。①

虽不愿从政，也不愿意担任党务教席，但从自身职业的角度，为国民党编纂党务训练书籍，王伯祥还是颇为愿意的。国民党当政以后，曾在总政治部下添设编史委员会，计划将一切有关此次国民革命之史料，随时就地搜集。先编带宣传性质之略史，为一般兵士及民众读物。② 由此，国民革命史渐成为一门显学，与党务训练相关的教科书编纂也成了一门新的生意。而党务训练的负责人同样也是罗家伦。王伯祥便与何炳松商议"编辑《新时代史地丛书》，都凡三十二种，用应党务训练之需"，并认为这虽然是"一投机之事"，但"为馆谋此，职分使然耳"。没多久，丛书便已有成议，扩为四十册，每册三万字至五万字，王伯祥分认《太平天国革命史》及《中日战争》各一册，余则部中人及延外间人分任之。③ 这样，王伯祥得以在知识分子的生计与尊严之间达到一种平衡。

四　"幻灭而已"："后革命"时期王伯祥的体验与观感

革命之前，王伯祥、叶圣陶等对北洋政府的失望可谓溢于言表。在国民革命"成功"，南京国民政府已然建立之时，王伯祥先前所憧憬的革命新时代却并未到来，失望更是接踵而至。1927 年 8 月，王伯祥的朋友曾给他寄来一篇小文《幻灭的悲哀》，系"彼半年来从事政治之觉悟书也"，王伯祥非常赞同文中的一段话："天下的老鸦一般黑，彼此之间都可作如是观。所谓善政恶政者，据法朗士言，不过自己之政与敌人之政而已。"王伯祥看完朋友这篇小文后，结合自己在鼎革以及清党前后的经历，发出了"黑暗与政治竟不可分如是耶"的感叹。④ 王伯祥等人此前对于国民革命的期待与向往，转瞬间便被清党以后的现实政治所打破。

首先是商务印书馆无端被军队占据。8 月 30 日，王伯祥记有："本馆俱乐部自国民革命军到此后即有暂改为编译所之议。五月间正在迁移之际，二十六军政治部强划一半借去。……此国民革命前途之大暗礁也！"愤怒之下，王伯祥发出了"幻灭而已，灰心丧气而已，何有于革命哉"的

---

① 《王伯祥日记》第 2 册，第 579、665 页。
② 《总政治部增设宣传机构》，《申报》（上海）1927 年 5 月 14 日，第 6 版。
③ 《王伯祥日记》第 2 册，第 576~577 页。
④ 《王伯祥日记》第 2 册，第 595 页。

感慨。其次是匪徒遍地，治安混乱，政府治理不力。鼎革之际，王伯祥日记中关于匪徒强盗的记载非常频繁。如"里口衡大酱园本晚被劫……崔符不靖如此而侈言大政，当事者不感羞耶"；"尚公校役在本馆发行所取款归，行经宝兴路，突遇暴徒拦劫，款去而人且殉之焉。吁！局面如此，真有人生何世之感矣！"① 新旧政权更迭时土匪丛生的现象并不奇怪，只是当革命后的实际情形与革命前的心理预期落差太大时，难免会让人失落。

更让王伯祥耿耿于怀的是国民党对于书籍的查禁以及对思想言论的管控。王伯祥曾于闲暇之际，以简明扼要的文字编写过一部白话本国史教科书，但被南京国民政府禁止印行出版。对此，王伯祥在日记中曾略有表露："大学院审定批回本，指摘处不惟不中肯，且竟有大谬不然者。如此烂竽充数，居然挟政治之力以临（凌）人，真欲令人气破肚皮也。一按其人，率北京高师及北大之学生投奔蔡元培营谋差缺不遂之流，随手位置者，则又不必为之认真矣。惟学术界亦牵连腐化，终觉耿耿难已耳。"政治腐败牵连出的学术腐化，无疑是导致这部教科书无法出版的根本原因。王伯祥一气之下，将这部书封印起来，并请叶圣陶题写了"禁本本国史"，做了藏之名山留诸后世的打算。1928 年 10 月 10 日，是南京国民政府建立以来的第一个国庆节。在王伯祥眼中，"所谓国庆，小民实无与其事，只增怨怅耳。空言训政而惟图个人之位置，抑异己而申比阿，饰门面而拒诤谏，吾知其难久矣，庸何庆"。次日他翻看《申报》《新闻报》《民国日报》《中央日报》《时事新报》《时报》及各该报之《双十增刊》，也觉得"殊无精彩，陈陈老套耳。要人之训词性质者更各报传登，尤为乏味"。② 革命以后，原本众声喧哗的报刊界也陷入了同质化、统一化，不由得让人觉得乏味。

南京国民政府虽然建立，但列强对中国的压迫仍未停止。济南惨案前后，日方曾派军舰分赴上海、福州，并增兵济南。同时还开展舆论战与心理战，在无线电中用北京话为济南惨案强词夺理，王伯祥听闻后不禁咬牙切齿，"恨不捉发话人脔切而肆诸市也。人方以我为鱼肉"。面对日方的咄咄逼人，王伯祥"气愤蕴结，真欲哭无由也"。这样的悲愤与无奈不仅是因为日方的强势，更在于国府的无能："试一返观我朝野，曾足应付一击否？不禁浩叹！"王伯祥恨不能亲自上战场，因为"在民族感情之下只有敌对"，只能"以牙还牙，以眼还眼"。而此时，义和团的形象再次在王伯

---

① 《王伯祥日记》第 2 册，第 603、642、617、647 页。

② 《王伯祥日记》第 2 册，第 768、789 页。

祥的脑海中浮现，成了王伯祥进行民族主义想象的精神资源："义和团乎！今而后佩公等之精神矣！"① 对外敌逼近的咬牙切齿，对政府无能的灰心丧气。王伯祥这一情绪在教育界有相当的普遍性。

1928 年 5 月 30 日，本为五卅三周年之纪念日，南京国民政府因害怕民众的纪念活动，而要求商务印书馆内各部门均停业辍工。在王伯祥看来，"惟当局力为戒严以杜捣乱。纪念何等重大，戒严是何意义，乃混为一谈，民众曾刍狗之不若矣"。日记中还有一段话颇有意思："昌言革命，所得如是，不革不将更愈于此耶！"② 一语点破了国民党在革命前的宣传与革命后的实践相脱节的情形，既然革命以后的日常生活还不如革命之前，那还不如不革命了。王伯祥细腻而又曲折的心理活动背后透露出的无疑是一种无尽的悲凉与失落。

从王伯祥的经历不难看出，许多中小知识分子与国民政府之间关系的区隔与紧张，其实自革命刚刚完成、南京国民政府成立之际就已经形成。国民党在从革命党转向执政党的过程中面临着多重困境，例如革命性的消退、清党的合法性问题、意识形态体系的真空、社会治理的不力、思想言论的管控等。它没能适应新的角色，更没有很好地处理与应对这些难题，因此，知识分子的幻灭、失望之情在所难免。面对革命后的种种遭遇，王伯祥不禁发问，这样的局面离所谓的"革命成功"，"相去何啻万里耶！"③ 无疑，在王伯祥等人眼里，革命已然"失败"。

五　余论

国民革命对于大江南北的众多小知识人而言，终究不过是一场通过文字、报纸、邮件传递的所谓"纸上的革命"，而对于王伯祥则不一样，因为身处一个与中共有相当关联的左翼文化网络中，自诩为"中山信徒"且笃定要"做个革命的教育者"的他，也在用实际的文化实践、革命行动向"革命"靠拢。王伯祥、叶圣陶等人借助各种新式媒介，办理《苏州评论》，发挥"合伙人效应"，引导舆论并改良社会。五卅期间王伯祥又襄助郑振铎办理《公理日报》，并且发出了"做有意识的拳匪"的呐喊。

鼎革之际，王伯祥也在叶圣陶、丁晓先等人的鼓动与左翼社会文化网

---

① 《王伯祥日记》第 2 册，第 736～737、739 页。
② 《王伯祥日记》第 2 册，第 745 页。
③ 《王伯祥日记》第 2 册，第 749 页。

络的裹挟中，参与到新政权中，从事教育改造与学校改组的工作，这一点可以与舒新城的经历对照来看。舒新城站在被改造、被革命一方的同情者立场上，用日记记录了鼎革之际江苏教育界的革故鼎新与权势嬗递，甚至连他自己都被贴上"反革命"的罪名标签而牵连其中。[①] 王伯祥与舒新城的微观体验和经历使得鼎革之际教育场域的"革命"与"被革命"得到了某种意义上的呈现。然而王伯祥在进入新政府没多久，便感慨道："幻灭而已，灰心丧气而已，何有于革命哉。"这前后不过两三年的时间。王伯祥在国民革命前后跌宕起伏的人生轨迹与心路历程，不正是激变的 20 世纪 20 年代具体而细微的呈现吗？

从王伯祥的个人生命史来看，他并没有明晰的派系属性。他处于一个左翼社会文化网络中，圈子中的若干人物与中共有着较为直接的联系，并架起了党派与知识界的沟通渠道与桥梁。在他周围，国民党左派、中共的朋友们搭建的宣传机制以及创立的各类组织一定会对他思想的激进与思维的跳跃产生影响。但这种影响又是有限度的，这也是王伯祥有别于职业革命家的根源所在。王伯祥等人在国民革命前后的每一个决定与选择，都不十分明确而且多带有知识分子的一些特性与弱点。他们的步履多夹杂着一些犹豫与徘徊，许多选择可能是受身边其他人的影响，被别人牵着走；他们并不像职业革命家那样，一开始就有"主义"的号召，有组织的规训，有通盘的考量。也正因为党派色彩不太浓厚，王伯祥在经历了政权易手、清党等权力洗牌后，依旧能安然无恙。

透过国民革命前后王伯祥的心路历程与微观体验这一案例，我们不妨对知识分子与国民革命这一话题稍做延展。

第一，国民革命之所以能够取得某种意义上的成功，除了军事上压倒性的胜利外，还在于它发动了包括工人、农民、商人、妇女、学生以及知识分子、教育家在内的广大人民群众。在文教界这场没有硝烟的战争中，小知识分子、中小学老师对于国民革命、对于南方党军的价值认同绝不可忽视。他们在地方上设身处地地感知到当地教育界的"黑暗"，并在各种刺激下，下定决心要与原来的教育界决裂，并最终投向了革命阵营。这些地方小知识人的革命倾向是国民革命得以成功的"知识分子基础"。

第二，我们很难给这些国民革命前后的小知识分子贴上各式各样的标签，因为泾渭分明、条理清晰的标签不仅无助于我们看清他们的处境与抉

① 丁乙：《1927 年鼎革之际知识人的微观体验与命运沉浮——以舒新城为例》，《安徽史学》2019 年第 5 期。

择，而且还会模糊我们对于一个复杂生命个体的整体认知。更何况，每个人的思维都会随着局势与环境的变化而变化，这从王伯祥对于义和团与江苏省教育会的态度变化就能看出，所以在探析鼎革之际知识人的进退出处与心路历程时，一方面，应该将报章杂志上的文本与日记书信结合起来加以解读，而避免遮蔽知识人思想的复杂性与不确定性；另一方面需要进入历史情境，重返历史现场，将他们的选择与遭遇放在整个 20 世纪 20 年代的政治生态与教育场域之中加以考察。

第三，国民革命这台开足马力的机器，造就了一波又一波新的政治精英。它打破了原有的社会权力结构，促成了大规模的权力洗牌，加速了不同知识社群权势地位的升降转换。江苏省教育会自清末以来搭建起来的横跨的权势网络被彻底击溃，代之而起的则是党派精英。江苏教育界的权势嬗递也能从 1927 年前后江苏省教育行政人员的名单中得到体现。对比 1924 年的《江苏教育厅职员姓名略历》与 1927 年的《第四中山大学行政部职员履历表》不难发现，二者之间几乎没有重合，存在一个明显的断裂。而清党的发生让原来的教育革命阵线瓦解，这一阵线背后的中小知识分子，其日后的人生则有着不同的轨迹。清党一方面使得在国民革命的舆论阵地出力最多的中共知识分子直接出局，另一方面又逼迫左翼知识分子逐渐退到了舞台边缘，后者大多从政治活动中淡出，主动或是被动地在大都市的文化空间从事知识生产的工作，王伯祥就是这样一类人。最后，真正实现晋升并来到政治舞台中央的则是亲国民党的五四一代知识分子。在"建设新教育"，便"不得不推翻旧势力"的方针下，国民党倚赖众多党派精英与革命青年，并借助国民革命这台机器，完成了教育资源的重新整合与分配，教育场域既有的权势结构也发生了根本性的转变。

理想与追求：民国时期"好老师"的塑造

刘 齐[*]

提 要 老师的道德素养、人格品行、智慧能力、教学水平等，直接关乎所培养对象的全面发展，乃至国民素养的提高和经济、社会的发展。所以，民国时期，政府制定了一系列规程，确保"好老师"的培养。但由于经济、社会、战争等原因，民国时期师资匮乏、教师水平参差不齐的问题始终没有得到解决。邰爽秋等教育家提出了"好老师"的新设想，但也未能实现。"好老师"成为民国时期人们的一种理想和追求。

关键词 民国 "好老师" 邰爽秋

从"国将兴，必贵师而重傅；贵师而重傅，则法度存。国将衰，必贱师而轻傅；贱师而轻傅，则人有快；人有快，则法度坏"（《荀子·大略》），到"教也者，义之大者也；学也者，知之盛者也。义之大者，莫大于利人，利人莫大于教"（《吕氏春秋·尊师》）；从"善人者，不善人之师；不善人者，善人之资。不贵其师，不爱其资，虽智大迷，是谓要妙"（《老子·二十七章》），到"虽有至圣，不生而智；虽有至材，不生而能"，故"人不可以不就师矣"（《潜夫论·赞学》）。自古以来，教育就肩负着为国家培育人才的重要使命，而教师的重要性更是不言而喻。因此，有一支素质过硬、教学优良的教师队伍，是教育发展的起点和奠基石。

晚近以来，伴随着新式学堂的建立，科举制的废除，教育管理体制上的一系列变化，特别是民国建立之后，教师队伍从职能到素质，也在社会转型中逐渐发生转变。对此，学界早有关注，并从教师培养、教师管理、教师在职培训等多方面进行了讨论，也对教师的待遇、日常交往等个人生

---

* 刘齐，南京师范大学副教授。

活层面给予了关照。① 但总体上看，集中于大学老师，对中小学老师考察较少。此外，教师的基本职责"教书育人"，究竟表现如何，也应予以关注。事实上，这恰是一位"好老师"的必备要素。而"好老师"，更是民国时期从普通民众，到教育家，再到政府广泛关注的话题。

一　"好老师"的制度设计

晚清时期，各种新式学堂虽然建立，但在教学内容上基本还是维持传统旧式教育，即所谓"中学为内学，西学为外学，中学治身心，西学应世事"。② 正因如此，教师的教学并无变化。到最后，连政府都不得不承认名不符实的状况。宣统二年（1910），学部的一份调研报告中说："学生程度未能合格，教科设备又不完全，以不合格之学生入不完全之学堂。"③ 可以说，晚清之"新教育"，"规模虽具，而实效未彰"。④ 其教师状况，由此推之，可见一斑。

民国建立后，提高教师的数量和质量，培养充足、优秀的师资，便成为教育领域的头等大事。由于民间尚有大量私塾存在，1912 年，教育部出台了《整理私塾办法》。该办法明确指出"私塾在小学发达之后，自当归于消灭；然在小学未遍设之前，从事整理，亦未始非小学之一助。本部前以京师各私塾陋习过甚，深恐误人子弟，且碍教育之进行"，故"对于私

---

① 这方面的论著不胜枚举，仅列出主要著作：田正平、商丽浩主编《中国高等教育百年史论——制度变迁、财政运作与教师流动》，人民教育出版社，2006；吴民祥《流动与求索——中国近代大学教师流动研究：1898～1949》，浙江教育出版社，2006；高会彬《中国近代教师制度研究》，现代教育出版社，2009；张明武《经济独立与生活变迁——民国时期武汉教师薪俸及生活状况研究》，华中科技大学出版社，2011；杨娜《五四时期初中等教育教师群体与新思潮的传播》，中国社会科学出版社，2014；孙存昌《中国近代大学职能演化与教师发展》，复旦大学出版社，2015；曾煜编著《中国教师教育史》，商务印书馆，2016；姜朝晖《民国乡村教师社会角色研究》，人民出版社，2016；刘玉梅《近代教师群体研究——以直隶为考察中心》，人民出版社，2016；刘剑虹《移植与再造：近代中国大学教师制度之演进》，中国社会科学出版社，2016；陈光春《生成与失范：民国时期中学教师管理制度研究（1912～1949）》，华中科技大学出版社，2016；李艳莉《崇高与平凡——民国时期大学教师日常生活研究（1912～1937）》，福建教育出版社，2017；王建军《民国高校教师生活研究》，湖南教育出版社，2018；项建英《别样的风采：近代大学女教师研究》，浙江大学出版社，2018；申卫革、申海涛《近代中国中小学教员资格检定制度研究》，江苏大学出版社，2018。
② 苑书义等主编《张之洞全集》第 12 册，河北人民出版社，1998，第 9767 页。
③ 朱有瓛主编《中国近代学制史料》第 2 辑上册，华东师范大学出版社，1987，第 639 页。
④ 朱寿朋编《光绪朝东华录》（五），张静庐校点，中华书局，1958，第 5364。

塾整理事项，约有数端：一、教授科目须遵照小学定章，如技能学科，塾师有不能教授者，得倩他人兼任，或暂从阙；二、教科用书必须经部审定之本；三、教授时数须遵照小学课程办理，亦得酌加温习时间；四、塾内用具如讲台黑板等，必须粗具形式。又嗣后凡有开设私塾者，于呈报后，必须经该管学区劝学员分科试验合格，乃得准其开塾授徒"。① 这个办法，对教师教学内容的选择、教具的选用等方面做了规定，同时要求各地结合实际情况进行相应改良。

1914 年，教育部又推出了《整理教育方案草案》。其中，又进一步系统阐述了对私塾老师的处置办法。"私塾教育，其应在禁止之列者，当以不能改良为断；其法先行调查，并分发改良私塾说明书及讲演劝导各类浅说，由各区学董制表调查塾师数及私塾数，一面咨行各省巡按使，查照部发改良私塾办法，通饬各县办理，并饬委县知事充甄录塾师监试官，及委派考试委员。……其成绩最优者许充小学代用教员，次者得入塾师传习科"，"此项拟由部订定改良私塾办法代用小学规程，及塾师传习所规程，以便进行"。② 这项草案明确提出了要对塾师进行调查、甄别，"其成绩优者"，可以去做小学教员。这一方面是对大量存在的塾师的初步安置，另一方面也反映出这一时期小学师资的匮乏。

为了解决这一问题，教育部除继续改良私塾外，也开始改革师范学堂，扩大师范学堂的招生规模，并颁布了一系列法规法令。如 1912 年 9 月的《师范教育令》，1912 年 12 月的《师范学校规程》，1916 年 1 月的《修订师范学校规程》，1928 年的《整顿师范教育案》，1932~1934 年的《师范学校法》《师范学校规程》《师范学校课程标准》等，使师范学校普遍设立，师范教育逐步有序开展起来。与此同时，为补充初等教育师资及提升师资质量而开办的师范讲习所和讲习科，以及为解决短期小学师资严重不足而开办的短期师资培训班，也都发展了起来。

同时，政府也采取一系列措施，确保教师的质量。以小学为例，成立了专门的小学教员检定委员会，发布了相关规程，对小学教师的任职资格进行了明确规定，并不断强化。为清晰展现这一变化，兹列于表 1。

① 《教育部行政纪要》，《近代中国史料丛刊三编》第 10 辑，台北：文海出版社，1986，第 38 页。
② 璩鑫圭、唐良炎编《中国近代教育史资料汇编·学制演变》，上海教育出版社，1991，第 739~740 页。

表 1　1916～1934 年小学教师任职资格相关规定

年份	规程	无试验检定	试验检定
1916	《检定小学教员规程》	（1）毕业于中学校，并充小学教员一年以上者； （2）毕业于甲种实业学校，并积有研究者； （3）毕业于专门学校，确适于某科目教员之职者； （4）曾充小学教员三年以上，经地方最高级行政长官认为确有成绩者。 具有第一款资格，经检定合格者，准充国民学校正教员、高等小学校本科正教员；具有第二、第三款资格，经检定合格者，准充国民学校专科教员及高等小学专科正教员；具有第四款资格，经检定合格者，准充国民学校正教员、助教员或专科教员并准充高等小学校本科、专科正教员或助教员。	（1）曾在师范学校、中学校或其他中等学校修业两年以上者； （2）曾任或现任国民学校、高等小学校教员满一年者； （3）曾在师范简易科毕业，期限在六个月以上者； （4）曾研究专科学术，兼明教育原理，著有论文者。
1933	《小学规程》	在学历方面，要求限定在师范大学及大学教育学院教育科系毕业者，高等师范学校或专科师范学校毕业者，旧制师范学校本科或高级中学师范科或特别师范科毕业者。	如不符合要求学历资格者，必须经过检定。
1934	《小学教员检定暂行规程》	无试验检定每学期举行一次。 无试验检定者须有下列资格之一： （1）毕业于旧制中学或高级中学以上之学校，曾充小学教员一年以上，或曾在当地教育行政机关或大学教育学院、师范学校等所办之暑期学校补习教育功课满二暑期者； （2）毕业于二年以上之师范讲习科或简易师范学校、简易师范科，曾充小学教员二年以上，或曾在上述暑期学校补习满三暑期者； （3）曾充小学教员三年以上，经教育行政机关认为确有成绩，或曾在上述暑期学校补习满四暑期者； （4）曾充小学教员三年以上，有关于小学教育之专著发表，经主管教育行政机关认为确有价值者。	试验检定至少每三年举行一次。 试验检定者须有下列资格之一： （1）曾在旧制中学或高中毕业者； （2）曾在师范学校或高级中学修业一年并允小学教员一年以上者； （3）曾在师范讲习科或简易师范学校或简易师范科毕业者； （4）曾任小学教员三年以上者； （5）学有专长并充小学教员一年以上者。

　　资料来源：《检定小学教员规程》，李桂林、戚名琇、钱曼倩编《中国近代教育史资料汇编·普通教育》，上海教育出版社，1995，第 486 页；《小学规程》，教育部编《教育法令汇编》第 1 辑，商务印书馆，1936，第 273 页；《小学教员检定暂行规程》，《教育法令汇编》第 1 辑，第 294 页。

　　对于参与"试验检定"的人员，按照规定，要进行考试，并且要进行若干年限的考察。如《检定小学教员规程》规定，试验采用口试、笔试、实地演习的方式。各科目平均分数 60 分及以上为及格，但修身、国文、算术三科分数必须各满 60 分，否则仍作不及格论。① 由此可见政府对小学教师基本知识的重视。1917 年，教育部又颁发《检定小学教员办法》，规定"实行检定后，如不合格者过多，教员不敷任用时，得以代用教员补充之"，"检定合格之教员，以满五年至八年为有效期间"。②

　　到了 1934 年，教育部进一步规范了试验检定的办法。以 60 分为及格，考试科目包括公民、国语、算术、自然、卫生、历史、地理、教育概论、小学教学法。试验有效期自发给检定合格证书之日起，定为四年。教学成绩特别优良，经省市督学查报有案，或经县教育局局长切实呈报，或服务期间在暑期学校得有成绩证明书者，期满后给予长期合格证书；成绩不良者，在合格证书期满后须重受检定。③

　　1936 年 7 月，教育部公布《修正小学规程》，在进一步严格上述条款的基础上，宣布实行小学教员登记制：凡具有小学教员法定资格者，均得向主管行政机关申请登记。"经登记之小学教员，主管教育行政机关应于每学年开始两个月前，公布其姓名、学历、经历一次，但遇人数过多时，得分期公布之。小学聘请教员，除因特殊情形，经由主管教育行政机关许可者外，应以登记公布者为限。"④

　　对于这一系列政令法规，从制度设计上来看，学历资格审定和实际教学能力资格审定，这种兼顾小学教师学识和经验的考核办法可以说是既能补充师资不足又能确保教师质量的有效可行的办法。从检定具体运作程序来看，整个检定工作在一种有序的状态下进行，力求教师资格审定的权威性及合理性。而对经检定试验合格后的教师，实施了一种有效期限的教师资格证书与长期教师资格证书相结合的管理制度。一方面规定教师资格证书均有一定的有效期限，另一方面又规定在有效期满后，对成绩优良者给予长期合格证书，无须再行检定。从检定科目、方法来看，大多参照小学的实际教学需要而定，强调基本知识、基本技能的掌握。⑤

---

①　李桂林、戚名琇、钱曼倩编《中国近代教育史资料汇编·普通教育》，第 485～489 页。

②　李桂林、戚名琇、钱曼倩编《中国近代教育史资料汇编·普通教育》，第 491 页。

③　李友芝等编《中国近现代师范教育史资料》第 2 册，出版社不详，1983，第 376～378 页。

④　宋恩荣、章咸编《中华民国教育法规选编》（修订版），江苏教育出版社，2005，第 270 页。

⑤　田正平、肖朗主编《世纪之理想——中国近代义务教育研究》，浙江教育出版社，2000，第 447～448 页。

随着这些规程的出台施行，相关检定工作也在各地陆续展开。小学教师队伍的整体素质较民国建立之初有所提高，但是总体来讲，依旧薄弱。

1928年，中央大学区的一份统计结果显示：江苏各县登记师资总数为20600人，合格者计8927人，占总人数的43.33%；不合格者计11673人，占总人数的56.67%。① 不合格之教师，竟至一半以上。另江苏省教育厅的调查报告显示，1933年江苏省小学教员共23304人，其中合格的17435人，不合格的5869人。② 不合格的教师逾1/4。

而1935年在对当时中国主要地区的小学师资情况进行调查后发现，毕业于师范学校的小学教师人数占该地区小学教师总人数超过1/2的地区仅有江苏和云南，其他地方的小学教师队伍主要是由非师范学校毕业人员和非学校毕业人员组成。③ 又例如浙江省小学教员，检定合格的只有11000人，仅占全体的41%。④ 而改良后的塾师也仅达到所有塾师数的35.31%，全国6.76%的学龄儿童依然在私塾中接受教育。⑤

可见，师资情况比民国建立初期虽有改观，但离制度设计中的"好老师"还有相当距离。

二　"好老师"在哪里

虽然政府对教师做了不少规定和要求，但在实际操作中，由于要补充师资不足，对数量上的重视程度就大于质量上的考察。相比"国外采取的提高教职申请者获取初任教师资格证书的要求，由独立的专门组织来确定教师资格证书标准和发证，在教师聘用和教师证书发放中严格执行政务公开和回避制度以及制定自愿遵守的较高的全国性教师资格标准等措施，国民政府在这方面所采取的措施相对单一"。⑥

那么，政府这些补充师资、保障教学质量的举措，是否落到了实处，取得了成效呢？

---

① 周佛海：《江苏地方教育之疲弊及其整顿方法》，《江苏教育》第1卷第3～4期，1932年，第10页。
② 陈锡芳：《三年来之江苏初等教育》，《江苏教育》第4卷第1～2期，1935年，第180页。
③ 《全国各省市小学师资之比较》，《公教学校》第13期，1935年，第11～12页。
④ 汪家正：《教师进修问题析论》，《江苏教育》第4卷第3期，1935年，第29页。
⑤ 中国第二历史档案馆编《中华民国史档案资料汇编》第5辑第1编《教育》，江苏古籍出版社，1994，第682～685页。
⑥ 卜玉华：《回溯与展望：中国中小学教师发展的世纪转型》，山东教育出版社，2007，第107页。

　　据教育家邰爽秋等的推算，全国需要实施义务教育的师资为 140 万人，实施成人补习教育的师资为 135000 人，两者统共为 1535000 人。"估计应需教师 2442141 人，而现有师范生及初高中学生合计仅 509186 人。即使全数皆变为师范生，也不过达到四分之一。无论如何，中国目前师资之供求，相差甚远，乃是极明显的事实。"① 其中特别强调，这个数目是根据 1925 年的人口数估计的，而现实需求肯定要比这个多。

　　同样，一直从事教育活动的陶行知，对师资的匮乏问题也有自己的推论，"据教育部统计，全国学龄儿童总数为四千九百一十一万。又据十九年（1930）统计全国有一千九十四万小学生，共需五十六万八千教职员。平均每教师教导小学生二十人，四千九百一十一万小孩子共需小学教师二百四十五万人。有些教育官主张普及教育要靠师范生，办师范学校要靠官办。好，我们只须看一看十九年度师范学校的毕业生数，就知道这些教育官是在做梦。这一年的高中师范、乡村师范、短期师范的毕业生，合起来算只有二万三千四百零二人。师范毕业生万岁，长生不死，要费一百年的培养才够普及小学教育之用。即使每人担任小学生数增到四十人，也要五十年才能培养得了，还要求求老天爷保佑他们一个不死才行……如果中国的普及教育一定要这样办，那便是癞蛤蟆想吃天鹅肉"。②

　　而曾在教育部高层任职的袁希涛对中小学的师资状况，更是深有感触。他算过这样一笔账："若就中国现在师范教育论之，据中华民国七年全国师范学校一览表（教育部普通教育司调查刊布）所列：师范学校数 196，师范学生数 28905，师范毕业生数 4118，以我四万万人口之国……应有师范学校四千所，而今仅得二十分之一。即以不敷用之法国为比例，亦应有一千六百所，而今仅得八分之一"，"今就中国中学教育论之，据中华民国七年全国中学学生一览表，中学校数 479，中学学生数 74405，中学毕业生数 11644，以我四万万人口中国之中学学生数，如以英为比例，则我约得五十分之一。如以美为比例，则我约仅得百分之一。如与法之高等小学毕业生相比较，则法之高等小学（三年）与初等小学（七年）共受教育十年，视我国之高等小学与国民学校仅七年者不同。故我现在之高小学生，非习师范若干时，不能任小学教员；又我现在全国高等小学生数亦尚不敷用，且将连累而扩充之也"。③

----

① 邰爽秋、黄振祺等编纂《中国普及教育问题》，商务印书馆，1938，第 90、91 页。
② 陶行知：《攻破普及教育之难关》，《生活教育》第 2 卷第 1 期，1935 年，第 2 页。
③ 袁希涛编纂《义务教育之商榷》，商务印书馆，1921，第 33 ~ 35 页。

对于目前已有的师范学校和其他师资养成机构，袁希涛认为，“有学校而乏教师，虽已加设长期、短期各师范校所，竭力猛进，仍觉缓不济急。而未谙教育者之滥竽充数，所见颇多。此由设校可以急进，而教师不能仓猝养成故也”。所以，他给出了“以我国师范学校与学生之少，而欲求普及，非有具体的计划不可”的建议。①

在这个建议中，袁希涛提出，“依中国现在学龄儿童折半数四千万人计，平均每四十人有一教员，计需一百万教员。民国四年至五年，统计全国国民学校教员十五万五千余人。其未谙教育不能受检定者，至少除去五万五千。姑定为已有十万，今尚需九十万人。又假定此学龄儿童内有十分之四为半日、间日等之简易学校，一教员可教加一倍之学童，计减十分之二之教员，应尚缺七十万。又每年教员因疾病死亡事故改业者之随时补充，数年内姑以总加三成计算，应共养成一百万以上之新教员。假定各省分年养成，速者以六年计，迟者以十年计。平均八年计算，每年应养成十二万教员。以七年一览表所列师范毕业生数比较，几加至三十倍”。②

计划是宏大的，但袁希涛深知，“以我国教育经费之支绌，欲加此三十倍之长期师范，经费讵能筹措，此难办者一。师范学校之教员，取之高等师范，或大学教育科。我国此项曾受高等教育之人才，亦不能骤产多数，此难办者二。师范生之来源，取之高等小学毕业生。据民国四年至五年之统计表，是年全国高等小学毕业生数只八万七千余人。数年以来所增恐亦不多。除志愿入中学或习职业外，势尚不敷习师范之用，此难办者三。有此三难，殆将无从措手矣。惟然使教育普及，而同时又能使教育无一不完美。此固甚快人意，而事实上殆不能成”。③

由此可见，无论是教育行政主管部门的负责人，还是身体力行的教育家，都对这一时期教师队伍的匮乏深表担忧，甚至是质疑，更对教育的普及表达了无奈。如果说师资匮乏是一个问题，而本来就为数不多的教师的素质参差不齐，更是令人担忧，“好老师”只是一种奢望。

显然，伴随着新式学堂的兴起和社会思想文化的变化，人们对教师的职业定位也有了新的要求。后来担任上海万竹小学④校长的李廷翰曾发表

---

① 袁希涛编纂《义务教育之商榷》，第 37~38 页。

② 袁希涛编纂《义务教育之商榷》，第 38 页。

③ 袁希涛编纂《义务教育之商榷》，第 38~39 页。

④ 1911 年 2 月，由上海市政厅建于城北明代名园——露香园万竹房遗址，取名上海市立万竹小学，是上海地区第一所市立小学。1956 年，由上海市人民政府命名为上海市实验小学，曾是教育部在上海唯一的部属重点小学，声名远扬。

《教师十要》，提出"同学少年，任教科者日众，鱼鸿多便，常以教授之法相切磋"，教师应做到多翻字典，多阅参考书，多访问，多取材，多看课文，多参观，多谈话，多自省，多练习，多进取心等。[①]

农工民主党的早期成员之一张觉初对教育有颇多论述，其在《敬告小学教师》一文中说："教育之善否，全善乎教师之善否以为断。教师果善，而教育之制度未善，尚不致于为病；教师不善，而教育之制度虽善，恐未可以为福。"[②]

总之，"好老师"是人们的殷切希望。在经过了辛亥革命、五四新文化运动之后，一系列新思潮、新观念、新主义涤荡着人们的思想，渗透进人们的心灵，传统的主张维护师道尊严、教师绝对权威的师生关系观念受到了巨大冲击，要求师生之间民主平等的呼声不绝于耳，旧有的"师父"观念荡然无存。

同时，由于这一时期不少教师系由清朝改良，知识结构仍为中国传统之儒学体系，对于数理化生等近代自然科学知识，只是一知半解，甚至全然不知。指导学生的知识应用能力也非常欠缺，实难满足学生对于新知识、新观点、新思想、新技能的渴求。故此，教师的知识能力也受到学生的广泛质疑与批判。但教师们似乎尚未意识到这一一触即发的危机，甚至还慨叹世风日下，道统无存。

对此，近现代教育家吴研因评论道，这是"两大破产"的表现："其一，教职员的信用宣告破产；其二，学科的信用宣告破产。平时中等学校做校长、教员的，何等尊严，何等显赫。……到了今番，随便怎样尊严显赫，也丝毫没有效用。"对于教师教授的东西，学生更生出了"平时功课到了紧急的时候不能应用，然则学他何为"[③] 的疑问。甚至产生"我们这些人，号称是受了高等教育的人了，但是请问回到家里扛得起锄，拿得起斧子、凿子，擎得起算盘的可有几人？大多数的毕业生除了作官当教具之外，还有第三条生路吗？……我们除了译书作文之外，能够不靠老农老圃的供给，自己扛起锄头，打来粮食，满足我们自己的需要吗？若是这几件事情都回答道不能，我们就可以明白，我们虽然受了十几年教育，依然是

---

① 李廷翰：《教师十要》，《教育杂志》第 1 卷第 11 号，1909 年，第 45 ~ 47 页。

② 张觉初：《敬告小学教师》，《教育杂志》第 7 卷第 11 号，1915 年，第 208 ~ 209 页。

③ 吴研因：《主持中等教育者今后之觉悟》，《教育杂志》第 11 卷第 7 号，1919 年，第 1 ~ 2 页。

无用的人"① 的质疑。

蒋梦麟在南京高等师范学校的一次演说中就提到过这样一件事情，恰好印证了吴研因的评论。"杭州有个学校的学生问他的先生道：'先生所教的，与我们外面情形不同，请你改良改良吧！'那个教员怒得了不得，向校长辞职。后来学生又对他说：'先生的学问，我们是很佩服的，我们请先生改良，并不是反对先生。不过我们的先生多呢！天上落下来的先生，窗子里钻进来的先生，外面跑进来的先生……'先生说：'只是什么话呢？'学生说：'近来新书非常的多，什么《新青年》哪，《解放与改造》哪……那一样不能做先生呢？'这位先生后来就辞职了。"②

此外，作家戎之随③在回忆学生时代时，也写下了这样一件事："他是从来不备课的，生活也比较放荡，临上课前甚至还不知道应该教些什么。这怎么能不出纰漏呢！记得有一次是讲一组练习里的一道题：证明若三角形两底角的平分线相等，则此三角形为等腰。课本并没有规定只许用一种证法，而他却下了一道禁令：不许用归谬法即穷举法来证明。这一来可就作茧自缚了。他老先生也已经意识到这不是一道很顺手的题目，但又要故作镇静，于是便象煞有介事地把一个同学叫起来回答应该如何证明，结果自然是答不出，他便厉声斥责一番，并令其站着'反省'。接着又把另一个同学叫起来回答，结果还是一样。被叫到的名字愈来愈多，教室里立着的电线杆也越来越多，到四十分钟过去，已经可以用'林立'二字来形容了。我是最后一批被叫到名字的人当中的一个，当然也加入了电线杆的'行列'。也许是时间之神故意跟我们的熊老师开玩笑吧，这一堂课的五十分钟似乎比平常要长得多，直到教室里已经立满了电线杆，再也无杆可立的时候，下课的钟声仍然没有传来。……不料他竟斜着身子，望着窗外，用鼻音咕哝道：'我也证不出来，——下次再讲吧！'这是无可奈何地宣布自己的失败呀！……这一堂课就在一种说不出的尴尬气氛中结束"，而"老师的过错，是留在我记忆里的老师的形象的不可分割的组成部分"。④

这样的例子，还有很多。而以上这些表现，事实上就是，"从前教师

---

① 惠：《教育的错误》，张允侯、殷叙彝等：《五四时期的社团》（三），三联书店，1979，第 20 页。

② 何仲英：《教师怎样才可以长进》，《教育杂志》第 12 卷第 1 号，1920 年，第 1 页。

③ 即季宾（1927～1997），笔名戎之随。江苏扬州人，江苏省作家协会会员。1945 年开始文学创作，代表作有散文《白发与血丝的回忆》《马齿苋》，寓言故事《龟兔赛跑续集》等。

④ 戎之随：《白发与血丝的回忆》，林从龙、侯孝琼编《我的老师》，四川教育出版社，1985，第 214、213 页。

怎样讲给他们听的，他们现在想竭力照法儿讲给学生听；从前他在那个学校毕业时候的程度怎样，顶到现在还是怎样。他们以为'我们教了好多年书了，有经验了，还怕什么不成？'倘若你再请他们看看书，他们必定笑道：'学生们那点程度，我们还怕不够教么？'所以课前向来预备很少，课后向来也没有想过用的教法对不对。听了上课钟，慢慢的拿本书上讲堂，点名费去多少时，发讲义费去多少时，谈话又费去多少时，然后'云天海外''东拉西扯'的，就题儿胡乱说一遍。今年教这班，明年教那班，不论他年级的高下，时候的今昔，还是用那一成不变的遗传法"。①

无敬业精神，见异思迁，态度消极，兴趣索然，致使乐业敬业精神不能充分表现出来，常常抱有"做一日和尚撞一天钟"的思想。而这与两千年前《学记》中所说的"今之教者，呻其占毕，多其讯言，及于数进而不顾其安，使人不由其诚，教人不尽其材。其施之也悖，其求之也佛。夫然，故隐其学而疾其师，苦其难而不知其益也。虽终其业，其去之必速。教之不刑，其此之由乎！"又有何异呢？

出现这样的问题，"最大的毛病，在苟且偷安，不知道长进。他们只知道做教师罢了，不知道教师的责任；教书罢了，不知道教书的所以然。有一课讲一课，一本书讲完了，再换一本书讲，书上怎么讲的，就怎么讲。假如时候还多呢，就慢慢的讲，时候不足呢，就快快的讲。我只在讲堂上按时上课，不荒误学生光阴，就算尽了责任。我只把书里说的讲得清清爽爽，就对得起学生。大多数教师作如是想"。②

在这样的情况下，一些教师甚至对自己的角色也产生了怀疑，"我想我这拿笔在白纸上写黑字的人，够不上叫劳工。我不敢说违心话，我还是穿着长衫在，我的手不是很硬的，我的手掌上并没有长起很厚的皮，所以我还不是一个劳工"，甚至痛骂自己是"社会上一个寄生虫"。③

当然，并非所有的教师，都如上述所列。但在变乱的环境下，在革新的时代，教师们认真执教，便愈加力不从心了。

三　如何做"好老师"

"要有新中国，必定先有新学生"，④ 而"新学生"之培养，必定要依

---

① 何仲英：《教师怎样才可以长进》，《教育杂志》第12卷第1号，1920年，第1~2页。
② 何仲英：《教师怎样才可以长进》，《教育杂志》第12卷第1号，1920年，第2页。
③ 光佛：《谁是劳工？谁是智识阶级？》，《民国日报·觉悟》1919年11月8日。
④ 邰爽秋：《教师之职务》，《新学生》第1卷第1期，1919年，第46页。

赖于教师。故教师之于学生和国家，不可谓不重要。但残酷的现实，令人心痛。"现在中国的教师，差不多有十分之八九，都是不堪设想。他们的惯技，是在十几年前的教材里，偷一点下来，鬼鬼祟祟的卖给学生，不问有用没用，都叫学生记下，考试的时候，还要他们照数托出，来做分数多寡的标准……这些十分之八九的教师，只可算为十八九世纪的老教师，断不能造出二十世纪新中国的新学生"。①

那作为要培养"新学生"的老师，究竟该具备怎样的素养，担负怎样的职责呢？无论是《国民学校令实施细则》，还是《小学校令》，抑或《检定小学教员规程》等对于教师的相关规定，只是对于学历和教学能力的审定，并无细致的说明。

但我们可以从对师范生的要求，一窥政府希望培养出的教师。教育部1912年公布的《师范学校规程》，有九项要求，即：

　　一、健全之精神宿于健全之身体，故宜使学生谨于摄生，勤于体育。

　　二、陶冶情性、锻炼意志，为充任教员者之要务，故宜使学生富于美感，勇于德行。

　　三、爱国家、尊法宪，为充任教员者之要务，故宜使学生明建国之本原，践国民之职分。

　　四、独立博爱，为充任教员者之要务，故宜使学生尊品格而重自治，爱人道而尚大公。

　　五、国民教育趋重实际，宜使学生明现今之大势，察社会之情状，实事求是，为生利之人而勿为分利之人。

　　六、世界观与人生观为精神教育之本，故宜使学生究心哲理而具高尚之志趣。

　　七、教授时常宜注意于教授法，务使学生于受业之际，悟施教之方。

　　八、教授上一切资料，务切于学生将来之实用，以克副高等小学校令暨国民学校令，并其施行规则之旨趣。

　　九、为学之道，不宜专恃教授，务使学生锐意研究，养成自动之能力。②

---

① 邱爽秋：《教师之职务》，《新学生》第1卷第1期，1919年，第46页。
② 宋恩荣、章咸编《中华民国教育法规选编》（修订版），第428页。

1935 年公布的《修正师范学校规程》中，明确提出师范学校的目标有七："锻炼强健身体，陶融道德品格，培育民族文化，充实科学知能，养成勤劳习惯，启发研究儿童教育之兴趣，培养终身服务教育之精神。"① 可以说，这七项目标就是每个教师所应具备的修养，就是每个教师必须具有强健的体魄、优良的品格、科学的知能、勤劳的习惯、研究儿童教育的兴趣与终身服务教育的精神，并能了解及发扬民族文化。

除了这几点以外，《中国普及教育问题》一书做了补充："第一点要补充的是，教师对他所实施的教育内容须能彻底明了并能运之于实用"，"第二点要补充的是，教师不仅须具备教导儿童的能力，同时还须有教导民众的知能。此外，教师还须具有生产的能力，组织民众的知能和艺术的兴趣"。②

由此，教师应有之素养如下：强健的体魄，优良的品格，科学的知能，劳动的习惯，生产的能力，艺术的兴趣，了解及发扬民族文化，了解民生教育内容，教导儿童与民众的能力，终身服务教育的精神。如是，则应该是一位"好老师"了。

上述对教师的主张，很自然地让我们联想到同一时代陶行知对教师的要求，即"有农夫身手、科学头脑、改造社会精神"，这种教师必能"用最少的金钱，办最好的学校，培植最有生活力的农民"，"他们能够依据教学做合一的原则，领导学生去学习那征服自然改造社会的本领"。③

可见，在教育家看来，能够符合当时中国社会之需要，特别是满足广大普通民众受教育的需求，就是很好的教师了。不过，无论教学内容怎么变，教学方法怎么改，学高为师、身正为范始终是教师遵循、学生敬慕的基本品质，更是成为一名"好老师"的必备素质。

邰爽秋非常看重教师的品德，在河南大学执教期间，他与正在中央大学就读的周祖训④合译了 W. W. 查特斯（W. W. Charters）与道格拉斯·韦普尔斯（Douglas Waples）合著的《联邦教师教育研究》（*The Common-*

---

① 《中华民国史档案资料汇编》第 5 辑第 1 编《教育》，第 440 页。

② 邰爽秋、黄振祺等编纂《中国普及教育问题》，第 123 页。

③ 陶行知：《中华教育改进社改造全国乡村教育宣言书》，《中国教育改造》，亚东图书馆，1928，第 129 页。

④ 周祖训（1909～2003），字绍言，今河南省安阳市内黄县周宋村人。1933 年毕业于中央大学教育学院。从教五十载，长期担任中小学校长，受陶行知的"知行合一"学说影响颇深，培养了大批栋梁之材。其事迹有傅治安的《著名教育家周祖训》（郑州大学出版社，2006）一书可参阅。

wealth Teacher – training Study）一书。① 他们很欣赏书中关于教师品德及表现品德动作的说明，认为这是"把教师处事接物的道理和方法完完全全的说出，可谓为一般教师的座右铭"。②

教师应具有的品德，计有八十二种，兹列于下：正确、适应、机警、有志气、有生气、赞扬美德、和易、仪表动人、多方兴趣、沉静、仔细、愉快、清洁、体贴、一贯、合时、合作、勇敢、有礼貌、果断、③ 确定、可靠、自重、有分寸、做事敏捷、热心、公正、坚定、语言流畅、有力量、先知、坦白、明辨、嗜好高尚、健康、乐助、诚实、想象力、独立、勤勉、独创、洞力、感动力、追求新知、智慧、对社会之兴趣、对职务之兴趣、对学生之兴趣、仁爱、领袖的能力、忠实、吸引力、谦逊、德行、整饬、虚心、乐观、创作、忍耐、毅力、快乐、声调悦耳、稳重、进步、守时、有目标、文雅、有涵养、有方略、有学问、自信、自制、滑稽的意味、简明、庄重、社交精神、天真、同情、有手腕、贯彻、节俭、不自私。④

在每种品德之后，都附有详细的说明。其中，"三种兴趣"是教师品德中值得注意的内容。所谓"三种兴趣"，即对社会之兴趣、对职务之兴趣、对学生之兴趣。

对社会之兴趣，就是要力助社会事业之推行，与学生、市民保持良好的互动并建立友好关系。对职务之兴趣，就是要忠心任职永矢弗谖，勿以一己之方便而妨害学校之利益，应牺牲一己为职务谋进展，在自己所教科目方面力谋持续研究，探究工作内容以求精练，对教育研究发生兴趣，参加专业的团体，阅读专门的杂志，进暑期学校，常常阅读本人所教科目方面之最近著作，明了新教学法等。对学生之兴趣，就是要对学生正当的陈述加以注意，陈列能使学生发生兴趣的材料，乐学生之乐，以巧妙的方法指导儿童发现自身的问题，注意儿童个性分别对待，安慰生病或心情不佳的学生，和学生一块儿做游戏，访问学生家庭，和已毕业的学生时常接近，并且帮助他们做有趣的事情，使教室成为学生有兴趣的场所，把学生

① W. W. Charters, Douglas Waples, *The Commonwealth Teacher – training Study*, Chicago：The University of Chicago Press，1929.
② 邰爽秋、周祖训合译《教师之品德及其品德动作》，《开封教育旬刊》第 1 卷第 5 期，1932 年，第 109 页。
③ 邰爽秋、周祖训合译《教师之品德及其品德动作》，《开封教育旬刊》第 1 卷第 5 期，1932 年，第 109 ~ 116 页。
④ 邰爽秋、周祖训合译《教师之品德及其品德动作》，《开封教育旬刊》第 1 卷第 6、7 期，1933 年，第 143 ~ 161 页。

看得比科目重等。①

　　这八十二种品德，可以说是面面俱到，要完全做到，实在不易。邰爽秋认为，"在可能范围内，行政当局与教师倘能联络一气，起而共同宣传，进而共同奋斗，委实不难办到"，但"因现在我国教育，并未十分发达。教师数且无多，子女有限，教员死亡的也属至少"。② 所以，邰爽秋择要言之，合为六条，即：尊重谋事的道德，尊重已定的聘约，尊重教育法令，尊重职务，保持专业的态度，保持研究的精神。这六条，便是邰爽秋对"好老师"的基本要求了。

四　余论

　　作为一个有着悠久历史的文明古国，尊崇教育，是中华民族的优秀传统。"建国君民，教学为先"（《学记》），发展教育始终是经邦济世的先导。在近代面对"千年未有之大变局"的形势下，教育更被赋予了抵御外侮、救亡图存、民族复兴的重大使命，"其所蕴含的意思随时代的变迁而增减调整"。③ 在此之下，老师作为国家开展教育活动的主体力量，不仅要"求新"，更要"求好"，以应时之所需、世之所急。

　　但现实却是，一方面是政府的筹划设计，另一方面是"好老师"严重匮乏，"缺乏维持秩序及训练的能力，未能熟悉教材，缺乏天资，不肯努力，缺乏自动能力，缺乏适应能力，缺乏常识，缺乏前进的精神，不能专心任事，对儿童无同情之了解，不了解世故人情，仪容不雅，缺乏道德标准"④ 的老师倒是比比皆是。

　　对此，老师们也是有苦难言，他们抱怨道：一为教员之任期短也，不足以启人之恒心；二为教员之后望少也，所任之业之前途如是，无足以启人之恒心；三为教师之事业险也，国家一旦有事，往往最先从教育开刀，如此，让人没有稳定感；四是全国事业之未入正轨也，教育的秩序也没有正式建立起来，所以，也很难为教师的生存提供一个安全稳定有序的环

---

① 邰爽秋、周祖训合译《教师之品德及其品德动作》，《开封教育旬刊》第 1 卷第 6、7 期，1933 年，第 151~152 页。
② 邰爽秋：《教师之权利与义务》，《中华教育界》第 18 卷第 5 期，1930 年，第 6 页。
③ 左松涛：《近代中国的私塾与学堂之争》，三联书店，2017，第 6 页。
④ 邰爽秋：《怎样指导教学》，邰爽秋等选编《地方教育行政之理论与实际》，开明书店，1935，第 67~78 页。

境。故此，教员而无恒，教育何由而发达？①

诚如这些老师所言，就当时情况而言，在短时间内，莫说"好老师"，就是培养出符合民国新标准的老师也是困难重重。所谓短期的师资训练班、简易师范、塾师改良等，也是无奈之举。②

教育是适应社会发展的需要而产生的，又对社会的发展起推动作用。它自产生之日起，就随着人类社会的发展变化而不断地发展变化。教育作为整个社会的一部分，必然与同时存在于社会之中的政治、经济、文化等发生和保持着极为密切的联系。所以，缺乏政府强有力的领导和支持，仅靠纸面上的设计和教育家的呼吁，要取得理想的成果是不可能的。而在20世纪上半叶我国农村经济基本处于崩溃境地的状况下，基层社会的矛盾是多重的。"中国人向来是以'地大物博'自居的，每一个中国人的心里都有'堂堂华国'的感觉。可是到了最近，中国到处却闹起穷来。"③ "一般的人连最低的生活都难于维持，那会更有能力去求闲暇的教育？教育不普及，则迷信及守旧，亦是当然的结果。"④ 最主要的是温饱问题还没解决，可能连教师自身也很难"做好"了。

其至连倡导"好老师"的教育家，也被认为做得"不好"。有人公开批评邰爽秋，说他"言不愿行，行不愿言之弊，积习已深。而且工于责人，昧于反省，居常指陈时政，批摘社会，类能头头是道，左右逢源。然试反求诸己，则尽其在我之义，初未尝用以自绳"。⑤

其实，这也是"好老师"的标准问题，究竟谁是"好老师"，决定了"好老师"该如何"好"。但有两点，可能是大家普遍认同的。一是无论是政府还是教育家，都把发展经济，提高民众生活水平，乃至改善整个社会风气，都寄托于教育，期待"好老师"，这在那样一个风雨如磐的年代，可能不仅是老师，也是教育难以承受之重。考虑过于简单，要求过于完

---

① 庄启：《造成良教员之法》，《教育杂志》第 8 卷第 9 号，1916 年，第 143～144 页。

② 1935 年 6 月 14 日，教育部颁布了《实施义务教育暂行办法大纲施行细则》，其中第十五条明确规定："各省市应自实施义务教育第一期开始以后，在省市立或县立初高级中学及师范学校内，广设短期小学师资训练班，招收相当于初级中学毕业程度之学生，予以短期之师范训练。其课程以研究小学教材及教学方法为中心。训练期满，考试及格，予以证明书，准其充任短期小学教员。"［宋恩荣、章咸编《中华民国教育法规选编》（修订版），第 289 页］20 日，行政院在《关于〈实施义务教育暂行办法大纲施行细则〉致教育部指令》中进一步确认了这一内容。这一减低程度、缩短训练期限的方式，事实上也是应对师资匮乏的折中之举。

③ 杨肃：《贫穷的中国》，《共信》第 1 卷第 17 期，1937 年，第 332 页。

④ 吴泽霖：《中国的贫穷问题》，《申报月刊》第 3 卷第 7 号，1934 年，第 35 页。

⑤ 筠：《邰爽秋应该痛哭》，《晨光》第 2 卷第 13 期，1933 年，第 5 页。

满，又缺少切实的保障，最后，不得不回到已有的现实，在原有基础上增删填补罢了。

再有便是对老师品德的要求。而这一点，始终如一。近半个世纪后，已是著名教育家的李秉德在回忆起自己的老师邰爽秋时，依然颇为感慨："他的感情是那么丰富，讲到令人悲愤处甚至会痛哭流涕"，"邰先生把他的精力、思想、感情贯注到这门课上。他自己对于解决所探讨的问题的真诚而迫切的心情，以及他对于自己的主张的身体力行的忠实态度，使我们这些学生深为感动，不由自主地也学着那样做"。虽然"连邰先生自己对这个问题也还没有答案，更谈不上固定的教材"，同时，"邰先生所开这门课是存在着很大的缺点的"，但"我现在不能以今日的水平来苛求我过去的老师"。① 也由此，本来主修英语的李秉德，与"教育"结下了不解之缘。

"善歌者，使人继其声。善教者，使人继其志。"（《学记》）从这个意义上说，无论教学方式方法如何，这些老师依旧坚持在乱世中推进社会进步，在变局中谋求教育发展，不仅培养出当时社会急需的大量人才，更培育出了参与今后国家恢复和建设的中坚力量，实属不易。

或许正如邰爽秋所说："我们做教师的，不妨先就不需多钱的简单设计，先行试办起来，等到别方面的情形适当之后，再设法扩充。因难见阻，不是我们办教育的人应有的态度，我愿全国教育界诸多努力！"②这或许也是一种希望自己成为"好老师"，也要更多人成为"好老师"的理想与追求。

---

① 李秉德：《学习一门教育课的回忆》，《教育研究》1981年第7期，第83页。
② 邰爽秋：《设计教学法（二续）》，《民国日报·觉悟》1921年8月30日。

教育复员与"挽救教育危机"大游行

——"五二〇"运动起因再探

杨　骏[*]

提　要　抗战胜利后的教育复员是国民政府教育部主导的一场教育资源调整与教育体制转换运动,是国民政府战后重建的重要组成部分。教育部制定的一系列旨在恢复教育行政秩序的政策,与当时中国的现实环境严重脱节,在执行中又急于求治并受到国民政府内部党派之争的影响,最终沦于失败。教育复员政策的施行不当激起了全国各地大中学校诉求各异的抗争,最终汇集在"挽救教育危机"的总旗帜下,掀起了"五二〇"运动的高潮。

关键词　教育复员　教育危机　教育部　"五二〇"运动

"五二〇"运动,是 1947 年 5 月发生在国民政府首都南京的以"反饥饿、反内战、反迫害"为口号的学生运动,运动历时一个多月,波及全国 60 多个城市,极大地动摇了国民党的统治基础,是国共内战时期最重要的学生运动。在中国共产党的革命史叙事框架下,"五二〇"运动是和五四运动、一二·九运动并立的三大爱国民主学生运动之一,是解放战争时期国统区第二条战线正式形成的标志。而在国民党的认识里,"五二〇"运动是共产党策划的"暴乱",对国民党政权伤害至巨。

对"五二〇"运动的观察,应当有狭义和广义两个观察角度。狭义的"五二〇"运动就是指以国立中央大学学生为中坚力量,以"反饥饿、反内战、反迫害"为口号举行的"五二〇"大游行;而广义的"五二〇"运动应当包括从 1947 年初开始发生的一系列大中学校的抗争运动,以及

---

*　杨骏,南京大学历史学院讲师。

"五二○"运动的余波。抗战胜利后发生的一系列学生运动与"五二○"运动之间存在着思想上、组织上、行动上的联系，可以看作一个逐渐发展的过程。从广义的角度考察，"五二○"运动肇始于1947年初国立英士大学学生发起的迁校运动，蓬勃于交通大学的护校运动，滥觞于各校学生对考核制度的反对，至当年5月全国各地的请愿学生汇集到国民政府首都南京，在坚持各自诉求的基础上，群起响应国立中央大学学生发起的"吃光"运动，最终团结在"挽救教育危机"的总旗帜下，于5月20日进行了"京沪苏杭区十六专科以上学校挽救教育危机联合大游行"，将"五二○"运动推向高潮。

相较于五四运动和一二·九运动研究成果丰硕，"五二○"运动的研究还有很大的拓展空间。对于"五二○"运动的起因，学界已有研究多归结于国民党发动全面内战，不断增加军费开支，引发国统区严重的经济危机，以及共产党的领导和支持。① 例如沙健孙曾在文章中写道："事实上，解放战争时期的学生运动并不是群众自发的散乱的行为，而是在共产党领导下的自觉的有组织的斗争。中国共产党不仅以自己的政治号召为斗争指明了方向，而且通过具体的组织领导工作保证斗争走上了健康发展的道路。"② 此外，有的学者在这一研究框架下也颇具代表性。有学者认为当学生运动与政党结合在一起时，就成了革命运动的一部分；当政党取得青年的信任，来领导青年时，青年运动就成为政治的一部分，"学生运动"也就变为"运动学生"了。这一理论强调政治力量对学生运动的介入，揭示了近代以来学生运动的普遍规律。政治介入固然是运动发生的最主要原因，但不同群体的各种具体而鲜活的诉求，在考察运动起因时也不能够忽视。吕芳上在研究中对此也有所分析，他把由各种经济社会问题，尤其是校政问题引发的校园内的风潮界定为学潮；把政治势力介入后从校园走向社会的学生运动界定为学运，这是在肯定学运起因多样性基础上做出的判断。理论是在对事实归纳和总结的基础上建构的，我们在研究学生运动个案时，可以发现绝大多数运动的起因都不是政治原因，而是经济的、社会的原因。通过对史料的梳理和研究可以发现，"五二○"运动的发生最初并未涉及政治问题，而是由教育行政问题引发的。具体而言就是战后国民

---

① 主要相关研究成果有：郑洸主编《中国青年运动六十年（1919～1979）》（中国青年出版社，1990），廖风德《学潮与战后中国政治（1945～1949）》（台北：东大图书股份有限公司，1994），翟作君、蒋志彦《中国学生运动史》（学林出版社，1996），金冲及《第二条战线——论解放战争时期的学生运动》（三联书店，2016）等。

② 沙健孙：《论全国解放战争时期的学生运动》，《近代史研究》1987年第3期。

政府的教育复员政策施行不当，使得学生群体的切身利益受到损害，从而引发了全国各地大中学校诉求各异的抗争。①

一　教育复员政策与各学校的抗争

（一）教育复员政策的出台

在抗战胜利前夕，退守重庆的国民政府就制定了一系列战后重建中国的方针和政策，战后教育复员与重建是其中的重要组成部分。在日本投降的第二天，国民政府教育部长朱家骅便向收复区教育界广播通告，"暂维现状，听候接收"，随即电颁了《战区各省市教育复员紧急办法事项》，令"各省市教育厅局，应即日办理教育复员工作"。为统筹全国教育复员工作，教育部于 1945 年 9 月 20 日在重庆召开全国教育善后复员会议，会议历时一个星期，通过了一系列教育复员的纲领性提案。②该次会议共有国民政府各部会首长、研究机构负责人、专科以上学校校长、省市教育厅局长、国民参政会代表、地方临时参议会代表以及各界专家共 191 人参加，戴季陶、翁文灏、陈立夫到会致辞。大会分为五个审议小组，分别审查了内迁教育机构复员、收复区教育复员、台湾地区教育整理、华侨教育复员及其他教育复员问题相关的提案。③虽然教育部从 1944 年就开始拟定复员方案，但推行缓慢，没有制定出最终方案。此后抗战胜利，全国教育善后复员会议也随之仓促举行，主要存在与会代表名额较少且分配不均以及会期短暂的问题。与会人员分配不均，导致代表性不够全面，收复区与大后

① 近年来，学界对于"五二〇"运动的成因有不少新的研究成果。贺江枫在《内战时期"五二〇"学潮的起因》（《二十一世纪》总第 120 期，2010 年 8 月号）一文中对"五二〇"运动形成的原因提出了新的看法和解释。他在做出运动是青年学生在当时苦闷现状下的呐喊的判断后，分析了中共、民盟、国民党三方在运动中所起的作用，指出国民党方面的朱陈派系斗争、教育政策失误、党团政治的失败必须为运动的发生以及扩大负重要责任。贺金林在《抗战胜利后国民政府教育复员研究》（博士学位论文，中山大学，2007）中研究了抗战胜利后国民党的教育复员，通过对其间发生的迁校、更名等风波的论述，揭示了教育部的政策失误与学校学潮爆发之间的关系。陈庆华在《南京国民政府时期公立高等教育就学援助研究》（硕士学位论文，华中师范大学，2014）中研究了战时高等教育中的公费问题，除了肯定公费制度在战时的积极作用，也对公费制的弊端进行了批判，并对公费制与"五二〇"运动的关系进行了讨论。
② 教育部教育年鉴编纂委员会编《第二次中国教育年鉴》（一），商务印书馆，1948，第 12~13 页。
③ 《全国教育善后复员会议报告》，1945 年教育部自印本，第 1~2 页。

方的教育界人士在许多问题上存在分歧；会期短暂，一周的会期通过了
116 件提案，部分提案的通过不免草率。教育复员方案的制定存在先天不
足，在执行过程中与现实脱节，加之国民党派系斗争的影响，因此教育复
员政策推行伊始，就激起了各地学校的强烈反弹。

（二）国立英士大学的迁校运动

国立英士大学是一所在战时建立的学校。由浙江省主席黄绍竑 1938 年
创办于浙江丽水，为纪念浙江籍的辛亥元老陈英士，定名为浙江省立英士
大学。1939 年秋录取第一批新生，1942 年日军发动浙赣作战，英大被迫先
后迁往云和、泰顺。1943 年，英士大学由省立升为国立，成为浙江省除浙
江大学外第二所国立大学。

1943 年陈立夫主掌教育部时，曾由行政院决议通过英大战后当迁设于
上海、吴兴两地，一以符纪念英士先生殉国之旨，二亦为补该校之先天不
足。因此 1945 年底，英大即从临时驻地泰顺迁往温州，整装待命复员。但
教育部遵循合理配置教育资源的方针，将英大复员校址定在教育资源落后
的金华。教育部事后曾解释这一决定："英大校舍之决设金华，系根据战
后复员会议决议，及宪法规定，须按地区分配设校，谋大学教育平均发
展。且杭州已设有浙大、之江两大学，为调剂浙东浙南文化，故在浙江中
心区金华设英大。教部且已令准该校建立新校舍计划，促令按期完成。"①

英大在内外局势均未稳定的情况下，匆匆迁往金华。战后的金华，满
城颓壁残垣，虽然校方将金华所有破庙、祠堂、寺院、监狱一并征用修
缮，无奈地窄人多，仍然不敷使用。1947 年初，英大全校师生举行迁校问
题民意总测验，结果主张迁校者达 97%。4 月 25 日，文理、法、农、工四
院学生自治会联合成立"迁校运动委员会"，致电教育部要求允许英大迁
离金华。在此期间，两任校长均辞职而去，全校陷入群龙无首的状态。4
月 28 日，各院学生代表八人星夜乘车赴杭，晋谒教育部长朱家骅，要求解
决校址与校长人选问题，但只得到朱家骅"新校长回京发表，校址不应更
改"的回复。② 英大学生对朱家骅的回复非常不满，从 5 月 2 日起一致罢
课，并提前组织晋京请愿团。

5 月 8 日，英士大学"晋京请愿团"五六百人到达杭州站，要求拨车
开行，被站方拒绝，双方几乎发生冲突，并导致开往上海的多个车次被阻

---

① 《英大迁校风潮扩大　教部派员处理》，《申报》1947 年 5 月 7 日，第 5 版。
② 《英大迁校运动　学生代表向朱教长请愿》，《申报》1947 年 5 月 2 日，第 5 版。

滞误点。9日清晨,英大晋京请愿团学生从杭州站自行推动客车两节,前往笕桥车站,希望从笕桥站搭乘火车赴沪转京。不料笕桥站站务人员将笕桥与临平间铁轨拆去两节,学生无可奈何,只得滞留在笕桥站。当日晚9时,英大学生代表在杭州招待记者,说明请愿目的:(1)要求确定校址;(2)任命学术上有地位之校长;(3)恢复医学院。10日凌晨,教育部次长杭立武接见学生代表,并传达蒋介石手令,表示如学生不回金华,即将英士大学予以解散。①

12日,请愿团推选代表10人,由浙江省教育厅长李超英陪同晋京交涉。14日朱家骅接见,对于请愿学生的三点要求做出答复:(1)校长人选,不成问题;(2)迁校及恢复医学院事,碍难接受。同日,教育部电令杭立武,限英大学生当日返回金华,否则一律开除。15日,英大留杭学生分批赶赴南京,预定三日内在南京集合,集体向教育部请愿。②

17日,英大学生抵达南京者已达300余人,暂住于中央大学丁家桥宿舍,准备参加18日陈英士逝世三十一周年纪念大会。18日,英大请愿团部分学生赴公余联欢社参加革命先烈陈英士先生殉国三十一周年纪念大会。19日上午10时许,英大晋京请愿团200余人结队至教育部请愿,经过交涉,教育部方面答应英大迁校问题提交秋季召开的全国教育会议上商讨;关于校长问题,教育部会慎重考虑,尽可能满足学生的期望;关于恢复医学院问题,应允全国各大学如有增设或恢复医学院计划,当优先恢复英大医学院。教育部此次的答复,较之前的强硬态度,总算是有所妥协退让。英大请愿团达到了部分请愿目的,遂于23日由政府安排直达快车返回金华。③

(三)国立交通大学护校运动

国立交通大学是民国时期的著名高校,其前身为盛宣怀于1896年在上海创办的南洋公学,是近代中国成立最早的大学之一。1928年10月,学校移归铁道部管辖,将设在上海、唐山、北平三处的交通大学各学院合并,统称"铁道部交通大学",分上海本部、北平铁道管理学院和唐山土木工程学院。1937年8月,学校划归教育部。八一三事变爆发后,学校迁至上海法租界继续办学。日军侵占上海租界后,交通大学总部从上海转移

---

① 《英大请愿学生已撤离铁路线　请愿问题仍在交涉》,《申报》1947年5月11日,第5版。
② 《英大学潮　程其保抵金调处》,《申报》1947年5月18日,第5版。
③ 《英大请求迁校　雷震允代设法》,《中央日报》1947年5月20日,第4版。

到重庆九龙坡办学，重庆商船专科学校并入交大组建造船等新专业，并创办电讯研究所。学校规模扩大，教学设施逐步完善。1945 年 10 月，重庆交大总校师生分批复员回上海。

回到上海的交通大学由于国民党内部派系斗争的影响，处境十分艰难。教育部长朱家骅为了排斥交大校长吴保丰，不仅经常扣压和大量削减交大的日常经费，而且于 1946 年秋强令停办航海、轮机两科，1947 年初又不准设立水利、纺织、化工三系，还打算撤销管理学院，甚至要更改交大校名，妄图将交大肢解，降低交大的学校等级，使交大处于风雨飘摇之中。教育部准备砍系改名的消息传来，交大全校师生群情激愤，航海、轮机两科学生首先发起护校运动，其他系科学生纷纷响应，要求教育部收回成命。4 月初，1000 多名学生联名要求开展护校运动，敦促学生自治会出面领导。5 月 9 日，交大召开了系科代表大会，组织了护校团，并决议通过四项要求及三项行动。四项要求为：（1）交大校名不容更改；（2）要求交大自由发展航海、轮机、水利、纺织四科，不容停办；（3）要求交大与其他国立大学享受平等待遇；（4）要求平越唐山工学院①归还交大。三项行动为：（1）自 5 月 10 日起罢课，至达到目的为止；（2）全体学生晋京请愿；（3）必要时晋谒蒋主席及前校长孙科、叶恭绰、张嘉璈等，并吁请平越唐山工学院学生支持，采取一致行动。②

5 月 13 日清晨，交大学生开始集合，占全校学生总数 90% 以上的近 3000 名学生，分别登上了 57 辆卡车，前往铁路北站。其间遭到站方多方阻拦，但交大学生发挥聪明才智，于下午 6 时 45 分自行将列车驶出车站。列车头上贴着笔力雄健的"交大万岁"四个大字，车厢上贴着"国立交通大学晋京请愿专车"的红色大字，浩浩荡荡地向南京方向进发。晚上 7 时 40 分左右，列车被青年军 202 师第 4 团截停于麦根路车站，经过斗争，列车得以继续开动，于当晚 12 时左右抵达真如车站。

5 月 14 日凌晨 2 时，朱家骅由吴国桢、宣铁吾、凌鸿勋、顾毓琇等陪同乘汽车赶到交大请愿团停车处，隔着一条深沟用扩音器向学生喊话，大意为同学们的要求已经应允，希望大家从速返校，勿执迷不悟。朱家骅来到现场绝非自愿，而是在请愿学生坚持晋京的压力下不得已而为之。他在讲话最后强硬地表示："交大学生集体中断交通，已经不是大学生的行为

---

① 交通大学之唐山工学院，抗战期间一度迁至贵州平越办学，北平铁道管理学院也合并在内办学，故有此称。

② 《从护校斗争到反饥饿反内战反迫害》，邵有民等主编《红浪——"五·二〇"运动在上海》，上海教育出版社，2002，第 152 ~ 153 页。

了，你们要马上回校，不然就全体开除。"学生对他的讲话报以嘘声，并拉响汽笛，以示抗议。朱家骅讲完即返回市区，吴国桢、吴保丰以及校友代表赵祖康则继续劝导学生返校。5月14日凌晨，经过交涉，上海市市长吴国桢从朱家骅处取得其亲笔签署允准五项要求的书面答复，交给学生代表，内容共五条：（1）交大校名不更改；（2）轮机、航海二科不停办；（3）学校经费依照实际需要增加，与其他大学平等；（4）员工名额按班级人数照章增加；（5）如有未尽事宜，师生及校友可派代表晋京面商。护校主席团经过研究，认为朱家骅本人已签字保证，护校要求基本达到，遂向同学们宣布"这次护校已经取得基本胜利，我们回校去继续罢课，再派代表到南京谈判，直到完全胜利为止。如果谈判达不到全部要求，我们再第二次全体到南京请愿"。随后学生分乘上海市公用局专门调来的40辆公共汽车返校。①

（四）专科以上学校对考核制度的抗争

大学及专科以上学校毕业考试改为总考制，系从1940年暑期开始实行，其与之前毕业考试不同之处在于，除了本学期课程外，还必须加考以前所修主要科目三种，加考科目由各校自定，不及格者不得毕业。其难度显然超过普通的毕业考试，给毕业生增加了很大的压力。总考制实行以来，非议不断，因其弊端逐渐显现，甚至酿成过学生因压力过大而自杀的悲剧。抗战复员后的1946年，因复员工作繁剧，加之该年度应当总考之毕业生，多有被抽调加入远征军、青年军服役者，因此教育部训令该年度毕业总考由各校斟酌办理，不做统一要求。1947年3月，教育部认为复员告一段落，决定统一恢复毕业总考，招致一片反对之声，全国专科以上学校随即发动了反对毕业总考的请愿运动。

5月5日，国立中央大学、私立金陵大学、金陵女子大学本届毕业学生，因向教育部援例请求免除本届毕业总考未经获准，随即成立三大学本届毕业同学联合会，决议联合全国各院校共同向教育部请愿。7日，中大、金大、金女大组成的三十五年应届毕业同学联合会召开记者招待会，说明请求免除本届毕业总考理由，并列举各种困难，其重要者有下列数端：

（一）上年度因复员关系，提前结束，若干课程，未及授完，或根本未开，留至本年度补授，故本年度功课特忙；（二）本学期开学

---

① 《从护校斗争到反饥饿反内战反迫害》，邵有民等主编《红浪——"五·二○"运动在上海》，第162～163页。

过迟，上课时间极为短暂，功课紧迫，尤可想知；（三）笔记或书本，因复员迁徙，多有散失，而校中图书馆，又不能借得图书，故总考实无从准备；（四）复员后教授多有变动，所用教材、人各不同，对于总考，尤增困难；（五）从军复员同学，免修学分中有若干系总考必考科目，彼等既无笔记，又无从借得书籍，更不知所措。①

5 月 11 日，位于镇江的国立江苏医学院之全体学生，通电响应南京三大学反对本届毕业总考的请愿，并呼吁社会各方同情声援。同日，上海市专科以上学校之暨南、交通、圣约翰、上法、大夏等十校代表，在交大恭绰馆举行反对毕业总考座谈会，决议成立上海市专科以上学校本届毕业同学反对总考联合会，以响应南京中大等三校，准备发布宣言请舆论界支持，并拟于最短期内向教育部请愿。5 月 14 日，上海市专科以上学校本届毕业同学反对总考联合会在圣约翰大学交谊室举行第一次各校代表大会，到会的有暨大、约大、交大、大同、之江、上医、光华、东吴等十校代表20 人，推定暨大、约大、交大三单位为主席团，决议事项如下：（1）具呈教育部，要求废止总考；（2）发布宣言；（3）通电全国各大专，要求响应；（4）推派代表晋京请愿；（5）联络各界；（6）拒绝总考。② 5 月 15日，北平各大学学生酝酿反对毕业总考。北大文、法两院本年度毕业生皆已签名。清华学生早于 12 日即响应京沪各大学反对总考，并联合全校毕业班学生签名，拟定请求暂停总考的请愿书，呈请学校当局转呈教育部。③

对于这次各大学反对毕业总考的运动，教育部算是较快做出了回应，于 5 月 10 日以快邮代电向各大学发出训令："查专科以上学校毕业总考，仍应照常举行，业经通饬遵照，如各校以复员未久，办理困难，仍得参照上年四一〇六〇号训令，由校依实际情形斟酌办理。"④ 教育部此次的做法，显然是想对各大学反对总考的风潮做出妥协，以期将其消弭于初起之时。但教育部没有使用最快捷的电报，而是使用介于紧急公文和普通文件之间的公文才使用的快邮代电，时效尽失。即使与教育部同处一城的金大也直到 12 日才收到这份训令，上海、北京的大学基本到了 15 日、16 日才收到。其间，反对总考的风潮越闹越大，而由中大发起的"吃光"运动正

① 《中大等应届毕业生反对毕业总考　昨招待京市记者说明理由》，《申报》1947 年 5 月 8日，第 5 版。
② 《大专学生反对总考　将派代表晋京请愿》，《申报》1947 年 5 月 15 日，第 5 版。
③ 《中大金大反对总考　清华继起响应》，《燕京新闻》1947 年 5 月 12 日，第 4 版。
④ 《教育部公报》第 19 卷第 6 期，1947 年，第 18 页。

在持续发酵，全国各地的学校普遍呈现骚动的迹象。此种技术细节上的失误，使得教育部扬汤止沸的努力完全付之东流。

（五）国立中央大学"吃光"运动

在战时，国民政府采用了贷金制和公费制援助高校学生学习和生活。贷金制是对失去经济来源的学生给予贷金，以维持其在校基本生活，在毕业后于一定年限内返还的制度。而公费制分全公费和半公费，全公费免学、宿、膳费，半公费免学、宿费，国立专科以上学校在校学生享受全公费和半公费的名额各占学生总数的30%。[1]

1946年12月，国民政府按照当时物价指数，规定大学中公费生每月副食费为法币2.4万元，之后到1947年5月上旬一直没有调整。在这期间，大米、猪肉、大豆、豆油、煤球的价格一路飙升，平均上涨达4.3倍。而大学生每月的副食费实际购买力为仅够买两根半油条或者一块豆腐，而这笔副食费承担的支出包含菜金、调料费（油盐酱醋）以及燃料费（柴、煤）等部分，在物价飞涨的背景下，已经是严重的入不敷出，大学生每月能吃到的菜蔬少得可怜，导致学生中出现大面积的营养不良的情况。5月13日上海医学院学生体格检查，约有15%的学生营养不良导致抵抗力下降而得了肺结核病，一个学生因为贫病去医院卖血，暴病而亡。[2] 各地学生面对生存困境，普遍处于激愤状态，新的斗争一触即发。

1947年4月20日，中央大学四〇届系科代表大会第一次会议召开，会议期间，许多代表提出紧急建议，要求教育部增加公费生的副食费并增拨中大的建设费用，这一提议在大会上无异议通过，后责成学生自治会理事会向教育部交涉。[3] 中大校方鉴于学生伙食确实到了无法保证营养的地步，再次向教育部请求增加公费生副食费的同时，也采取了临时补救措施，从5月4日起公费生副食费标准从2.4万元增加到4万元，增加的部分由中大校方先行垫资。不料行政院得知中大自行增加公费生副食费到每月4万元后，于5月8日前后在报纸上发表声明，重申大学公费生副食费

---

① 《战时国立中等以上学校及省立专科以上学校学生给予公费办法》，中国第二历史档案馆国民政府教育部档案，全宗号：五，案卷号：765。

② 袁志平：《反饥饿、反内战、反迫害运动由此开始——访五·二〇运动参加者浦作、纪锡平、贺彭年》，《上海党史研究》1997年第3期，第29页。

③ 《40届第1次系科代表大会记录》，中大学生自治会档案，存中国第二历史档案馆，转引自华彬清《五二〇运动史——1947年伟大的正义的学生运动》，中共党史出版社，2007，第37页。

仍保持每月 2.4 万元，并未改动。行政院的声明固然有考虑到保持国内高校平衡的因素，但对于中大学生无异于火上浇油。行政院的这一声明，彻底引爆了处于临界点的中大学生之怒火。

5 月 10 日，中大学生伙食团①在膳厅门前贴出布告：近来物价猛涨，每月 2.4 万元副食费无法维持到月底，决定召开席（桌）长会议共商办法。当晚，席长会议在食堂召开，会议分米食团和面食团进行。② 米食团会议上，席长们情绪激动，纷纷表达对政府措施的不满并提出各种抗争办法。其中有席长提议，应该立刻按今年 2 月份的水准开伙，吃光了再说，经过讨论多数人赞成。于是第一膳团（即米食团）席长会议做出三项决议：（1）从明日起按实物计质开伙（以 2 月 28 日标准计）；（2）由伙食团干事将记录转告系科代表大会，请大会早开，以策划增加公费办法；（3）通知学校、系科代表大会关于本膳团只能开支 4 日事。③

中大学生要求增加副食费的行动在社会上引发了高度关注，各家报纸纷纷予以报道。《文汇报》5 月 13 日刊登一篇题为《中央大学学生要求增加副食费》的报道：

> 目下首都米价，已破卅万关，各项物价随之直线上升，中大学生副食费现仅每月二万四千元，营养固谈不到，三餐尚难期一饱，在悲愤交困中，毅然决定明日（十二日）起罢课，促使政府增加副食费。……他们建议归纳有三点：（一）要求教育部增加副食费为十万元，并按月就米价上涨予以调整；（二）系科代表大会应授权伙食团，即动用本学期尚存之全部膳费，恢复二月份菜蔬素质，至吃完之日为止；（三）待全部膳费吃光后，开始实行绝食，并作饥饿大游行，列队赴有关部院请愿。④

各报对中大学生争取增加副食费的报道内容丰富，引人注目，"吃光"运动之名不胫而走，遂成为各高校争取增加副食费斗争的统一名称。

---

① 中大学生伙食团是由在学生食堂用膳人代表（用膳人 8 人为一席，每席推一人为席长即代表）选举伙食委员会，委员抽签决定分工，总负责人为伙食团团长，委员任期均为一个月。

② 米食团又称第一膳团，是中大学生伙食团中最大的膳团；另有面食团，人数较少。另丁家桥分部也有膳团。

③ 《席长大会记录（1947 年 5 月 10 日）》，中大学生自治会档案，存中国第二历史档案馆，转引自华彬清《五二〇运动史——1947 年伟大的正义的学生运动》，第 41 页。

④ 《中央大学学生罢课要求增加副食费》，《五二〇运动资料》第 1 辑，人民出版社，1985，第 136 页。

5月13日，中大学生代表先后赴教育部、行政院交涉增加公费生副食费事宜。此次交涉未果后，中大第五次系科代表大会于5月13日下午举行，会议通过全体同学集体请愿。[①] 15日上午8时，中大学生及部分教工在大操场集合，音乐院和剧专学生也前来参加，总计游行队伍约4000人。上午9时许游行队伍以中大杏黄色校旗和"要求增加副食费至10万元"横幅为前导出发。游行队伍到达教育部后，朱家骅向学生发表讲话，大意为：公费制度原为战时规定，战后为救济青年，仍维持此项制度。生活补助费调整后学生副食费可增至4.8万元，自5月份起实行，并决定将6、7月份副食费提前发放。至于学生要求增加至10万元，为绝对办不到的事，因为不能不顾到国家整个的财政。你们应好好求学，国家决不会亏待你们，你们所要求者我不能答应，你们这种行为是违法的，社会也不会同情的。学生当即要求"请朱部长一齐去，到他认为所能解决的地方去"。[②] 朱家骅没料到学生提出这个要求，随即避入楼内。

主席团判断从教育部无法得到满意答复，即整队转赴行政院再度请愿，在行政院交涉无果后，请愿学生返回学校。中大召开了第六次系科代表大会，讨论的事项主要是明日（16日）是否复课和今后行动问题。经过简单讨论，大会做出决议如下：

一、关于明日（16日）是否继续罢课问题，议决：

1、明日起暂休止罢课[③]。（49票对47票通过）

2、发宣言，由理事会起草后，交常设委员会通过。（56票对11票通过）

3、举行记者招待会。（62票对0票通过）

二、关于联合全国各大学一致行动问题，无异议通过。

三、关于增加副食费问题，议决继续交涉。[④]

中大学生率先走上街头，发出了反饥饿运动的第一声呼喊，不但得到

---

① 《40届第5次系科代表大会记录》，中大学生自治会档案，转引自华彬清《五二〇运动史——1947年伟大的正义的学生运动》，第45页。

② 《中大等校四千余学生　昨举行饥饿游行》，《文汇报》1947年5月16日，第2版。

③ "休止罢课"是这次学生运动中创造的一种灵活的斗争形式，即罢课后，如所提要求没有得到政府当局圆满答复时，为不影响学业，先行停止罢课几天，到时如仍未得到圆满答复，即可恢复罢课。这一方式容易得到社会理解，操作上具有弹性，在中大提出后，各地学生运动亦有采用者。

④ 《40届第6次系科代表大会记录》，中大学生自治会档案，转引自华彬清《五二〇运动史——1947年伟大的正义的学生运动》，第53页。

南京各高校的支持，其影响也迅速波及全国，浙江、上海等地高校纷纷发来响应电，并联合组织请愿团赴南京参加中大的斗争。1947年5月20日上午，汇集在南京的宁、沪、苏、杭16所大专院校学生代表和南京各校学生6000余人，举行了京沪苏杭区专科以上16校学生挽救教育危机联合大游行，喊出了"反饥饿、反内战、反迫害"的口号，一场战后中国最大规模的学运风暴瞬间席卷全国。

二 事与愿违的教育复员

教育复员政策的制定，从决策层面上来说，一是要尽快恢复对收复区和光复区的教育行政主权；二是恢复全国的教育管理秩序，提高教育水平；三是在"抗战建国"的方针下，借教育复员的时机，对抗战前不尽合理的教育资源布局、学校和学科的设置以及教育经费的分配做出调整。从执行层面来说，最重要的两个方面就是内迁教育机构的回迁和收复区学校师生的安置。全面抗战期间大批高校内迁是一种特殊的现代教育资源的反向流动，极大地促进了中国西部地区教育的发展。抗战胜利后，西部地区省份恳切地希望留住部分学校，维持当地的教育水平，这就导致部分高校无法如愿回迁，而可以回迁的高校因为种种客观原因，也可能无法迁回原址办学。1943年，教育部曾有将英士大学迁往上海、吴兴之决议，战后却指定复员至金华，然金华也确无办学条件，由此英士大学发起了迁校运动，成为"五二〇"运动的先声。对于收复区师生的接收，国民政府要对他们进行身份上的甄别以及思想上的审查，这种带有歧视性的政策也立即激发了收复区师生的集体抗争。

大专学生反对毕业总考是涉及考核制度的问题。从教育部角度考虑，复员一年后，应当通过恢复会考和总考来平均各校教学水平及提升学生学业水准。如果复员学校的办学环境和条件确已恢复，这两种举措未必会引发如此大的动荡。可是1946年因为复员伊始条件未能具备而暂缓，而1947年各校环境条件并未得到改善，教育部就急于恢复会考和总考，如此政策制定无异于闭门造车。

交通大学的护校运动缘于教育复员时教育部饬令停办航海、轮机两科，其背后却潜藏着国民党派系斗争的纠葛。1944年，朱家骅与陈立夫互换职务，由国民党中央组织部部长调整为教育部部长，即通过掌握高校人事权清除CC系在高校中的势力。朱家骅为排挤CC系背景的交通大学校长吴保丰，夺取交通大学领导权，长期克扣交通大学的经费，致使交通大学复员后每月亏空约 7000 万元；饬令交通大学停办原有的航海、轮机两科，并决定更改交通大学校名，意图降低交通大学等级。① 教育部对交通大学的种种措施，是以教育复员政策调整之名，行派系权争之实。交通大学护校运动的发生，朱家骅应当负主要责任。

对教育经费分配和使用的调整，也是教育复员政策中的重点，关系到大中小学教育经费比重的调整，以及各学校和学生能获得的教育经费划拨数目，涉及他们的切身利益。1947 年 1 月 1 日颁布的《中华民国宪法》中规定："教育、科学、文化之经费，在中央不得少于其预算总额百分之十五。"② 然而，由于内战的爆发，军费预算在国民政府总预算中占据了绝大份额，1946 年、1947 年的教育文化经费预算都仅占中央总预算的 3% 左右（1946 年为 3.14%，1947 年为 2.92%）。③ 以 1946 年为例，全年军费约为6 万亿元，占当年财政实际支出总额 7 万亿元的约 86%，当时军队一个师一个月的费用，约可以维持 39 所大学一个月的开支。教育经费的分配本来就极易引发争议，教育经费额度不足无异于雪上加霜。④ 学生以军费开支为对比提出增加公费，实在是"不患寡而患不均"的表现。大学生们忍受了抗战时的艰难，希望胜利后可以享受和平，改善生活，当这一切希望都落空时，他们感到愤怒和绝望，不愿意再和国民党"共体时艰"，发起了"吃光"运动，直接导致了"五二〇"运动的爆发。

中国在抗日战争中受到巨大损伤，山河破碎，百废待兴，当全国人民还沉浸于抗战胜利的喜悦中时，国际国内局势却迅速发生变化。国际上美苏两强争雄并深度介入中国政治，而国内国共两党在战前和战时积累的矛盾并未因抗战胜利而缓和，反而更趋激化，当时的中国实在缺乏一个稳定的环境来真正落实教育复员政策。在抗战胜利初期，教育部积极地开展教育复员工作，制定了全面的教育复员政策，冀望于快速恢复和提高中国教育水平，但这看似美好的理想，却无法照亮战后中国黯淡的现实。社会动荡不安以及教育经费短缺，导致教育复员工作推行得十分仓促和草率，与现实严重脱节的政策不断暴露出隐患，诸如校址回迁、院系改制、考核制度及公费制度调整均激化了矛盾，引发了连绵不绝的学生抗争运动。

① 共青团上海市委编著《上海学生运动史 1945～1949》，上海人民出版社，1983，第 81～82 页。

② 《第二次中国教育年鉴》（一），第 23 页。

③ 《第二次中国教育年鉴》（二），第 24 页。

④ 张静如、卞杏英主编《国民政府统治时期中国社会之变迁》，中国人民大学出版社，1993，第 13 页。

余　论

抗战胜利，中国可说是惨胜，整个国家千疮百孔，百业俱废，民不聊生，国民党已无力应对战后新时代的挑战。在这种情况之下，国民党的教育行政部门应当休养生息，一切以稳定教育大局为主，而不应该昧于形势，急于求治，导致矛盾激生，风潮不断。国民党也在事后检讨这一问题："学潮泛滥必须有借口，而教部调整各校院系之命令，又恰逢其时，而又最能刺激学生。学潮既毕，殊值得检讨此种措施之利弊。"① 朱家骅及教育部在谋划教育复员全局时未能审时度势，而处理学潮时又措置失当，使得国统区的学生运动如地火般喷薄而出，渐成燎原之势。从战后国共两党斗争的角度观察，大学生对腐败政治的绝望以及政治力量的介入，是"五二〇"运动发生的主要原因；但参与"五二〇"运动各校最初的诉求与抗争，无不与教育复员政策密切相关。由此可以认定，国民政府战后教育复员政策的失败才是"五二〇"运动发生的最初和最直接的原因。

---

① 《国民党政府镇压四川学运函电》，《五二〇运动资料》第 2 辑，人民出版社，1987，第 310 页。

近代江南的能源贸易（1864～1937）[*]

裴广强[**]

提　要　全面抗战之前，江南本地的能源产量有限，无法支撑自身近代工业化和城市化所需，需要由区域外大量输入矿物能源。相比较而言，国外能源在输入江南的各类能源中逐渐取得主导性地位，国产能源则由于产能不足、运输不便等问题处于弱势地位。旧海关史料对 1864～1937 年净输入江南的能源数量存有相关记载，是迄今所见唯一能够提供近代江南长时段能源输入序列数据的资料，然而其存在一些明显的不足，尚不能够完全反映近代江南能源贸易的真实数据。对全面抗战之前江南的能源贸易问题开展研究，对于从近代能源转型角度把握江南从有机植物经济向矿物能源经济转变的实质内涵，更加深入地理解近代江南社会经济的发展和曲折，可以提供新的审视角度。

关键词　近代江南　煤炭　石油　能源贸易

能源是国民经济发展的重要物质基础，是一个国家或地区近代化得以持续推进的重要物质保障。从社会经济层面而言，上至工业体系和工业结构的建立完善，下至工厂机器和交通工具的运转无虞，乃至食物的加热熟化，无一不需要能源。能源的地位如此重要，以至于一些学者曾将不同时期占主导地位的能源种类作为划分人类文明阶段或历史阶段的标准，比如费尔南·布罗代尔认为工业革命"就是由木柴和木炭文明过渡到铁器和煤炭文明"。[①]

近代以降，江南由传统农业社会中发达的有机经济中心转变为具有矿

---

[*]　本文为国家社会科学基金一般项目"能源转型视野下近代江南社会经济与环境变迁研究（1840－1937）"（21BZS086）阶段性研究成果。

[**]　裴广强，哈尔滨工业大学（深圳）马克思主义学院副教授。

①　费尔南·布罗代尔：《资本主义的动力》，杨起译，三联书店，1997，第98页。

物经济特征的"工业堡垒"，其工业化及经济发展水平继续引领全国。由于江南本地能源生产能力非常有限，因而区域外能源的大规模输入和利用成为江南保持这一领先优势的基本物质前提。全面梳理近代江南能源贸易的基本脉络，也就成为近代江南经济史研究领域内一项非常重要的基础性工作。不过，迄今学界对这一问题的研究尚存在明显不足，主要表现在过多关注个别城市（主要是上海）与个别国家（主要是日本）的煤炭贸易问题，而对江南石油贸易的关注度尚不及煤炭，仅仅是在对全国石油进口问题的考察中予以粗线条描述，缺少专门性分析。[①]

本文在前人研究基础之上，尝试对抗战前江南与区域外（国外和国内地区）的能源贸易情况进行全景式梳理，并依据《中国旧海关史料》对 1864～1937 年江南能源贸易规模进行数量估算，对旧海关史料所载数据的准确度进行考辨。总的旨趣是希望通过对此问题的研究，初步揭示近代江南能源贸易的总体面貌，进一步深化对近代江南能源史及经济史的研究。另外，需要说明的是，本文所用能源一词系指以煤炭和石油类能源为主的矿物能源。

一　江南与国外之间的能源贸易

近代以来，输入江南的矿物能源按国别来源可分为外国能源和国产能源两大类。一般而言，前者由国际能源通道输入，后者由国内能源通道输入。由于能源的来源地以及具体运输方式存在差异，每条能源通道下还可细分为多条分支通道。

（一）南洋通道

通过南洋通道输入江南的能源，主要是英国、澳大利亚、越南、中国台湾[②]

---

① 相关成果主要有山下直登「日本資本主義確立期における東アジア石炭市場と三井物産——上海市場を中心に」『エネルギー史研究：石炭を中心として』1977（8）；蒂姆·赖特《中国经济和社会中的煤矿业（1895～1937）》，丁长清译，东方出版社，1991，第 39～65 页；张伟保等《经济与政治之间——中国经济史专题研究》，厦门大学出版社，2010，第 213～242 页；毛立坤《日货称雄中国市场的先声：晚清上海煤炭贸易初探》，《史学月刊》2013 年第 2 期；常旭《中国近代煤油埠际运销与区域消费（1863～1931）》，《中国经济史研究》2016 年第 6 期；张珺《近代中日煤炭贸易——以上海对日本煤炭的进口为中心》，《清史研究》2021 年第 2 期；等等。

② 需要说明的是，本文仅基于经济事实，将全面抗战之前运往上海的台湾、开滦、抚顺等地所产煤炭视为"进口"煤炭，因当时这些矿区实际已由帝国主义操控，煤炭的生产、运输、销售全过程都在英、日等列强监管之下，与外国所产煤炭无异。

等地生产（包括经香港转口）的煤炭以及东南亚地区所产的石油。由于这些能源广义上都经由南洋地区输入江南，故而将这一通道命名为南洋通道。就输入煤炭而言，该条通道在近代前期是江南最为依赖的路线，此后其重要性逐渐被东洋及北洋通道超越。从输入石油来看，该条通道的重要性更加凸显，可称之为抗战之前江南最主要的液体能源"生命线"之一。

　　大体来看，一战以前，通过南洋通道输入江南的外煤以英国煤、台湾煤和澳洲煤为主。早在19世纪70年代初，由南海、澳大利亚运煤到上海的船只就有40条。[①]据英国外务部统计，1872年上海输入煤炭数量接近16万吨，其中由英国运来4.5万吨，澳大利亚煤、日本煤各4万吨，台湾煤2.6万吨。[②] 在19世纪90年代之前，上海煤炭市场一度为英商销售的英松煤所垄断。从质量上来看，各种煤炭中以英国煤为最优，烟少耐烧。相比而言，日本煤和台湾煤因燃烧太快，火性不能持久，故充作轮船用煤时须额外多辟堆煤空间，带来诸多不便。基于此种原因，英国煤多为军舰及轮船所需燃料，较少为工厂及日常生活所用。此一时期内总计运至江南的英国煤和澳大利亚煤估计不在少数，不过一战发生后即在市场上"断绝"。总之，随着一战之后日本煤的强势输入和开滦煤、抚顺煤的开采，英国煤、台湾煤和澳大利亚煤已无法在江南总的煤炭输入量中占据重要地位。

　　越南煤是近代江南输入的最主要的无烟煤，其中又以东京煤及鸿基煤占多数。近代以来，国产柴煤在上海市场几于绝迹，上海无烟煤市场几为越南煤独占。1928年，中国进口煤炭和焦炭248万担，共计价值2300余万两，其中越南煤"约居十之三"，[③] 绝大多数被运往江南一带销售。20世纪30年代，上海每年可销15万～16万吨柴煤，几乎全部为鸿基无烟煤。[④]虽然1934年国民政府提高无烟煤进口税率的举措一度使越南煤输入量减少，但是之后越南煤削减售价，输入中国的势头慢慢复苏。东京煤公司将上海和长江流域作为最主要的销售市场，1926～1938年的十余年间，销至两地的无烟煤数量由8万余吨增长至10余万吨，最多时达到20万吨。1937年，东京煤产量的95.5%被销往上海，而1938年更是达到100%。[⑤]除此之外，香港、澳门等处也有一些煤炭转口至上海销售，但是数量并

---

① 《上海近事》，《中西闻见录》第8期，1873年。

② 《英领事寄英国为上海所行煤斤事》，《教会新报》第280期，1874年。

③ 陈重民：《中国进口贸易》，商务印书馆，1934，第92、106页。

④ 《上海之柴煤战》，《矿业周报》第287期，1934年。

⑤ 上海社会科学院经济研究所编《刘鸿生企业史料》（上），上海人民出版社，1981，第42～43页；《刘鸿生企业史料》（中），第271页。

不多。

通过南洋通道输入江南的石油资源，主要产自荷属印度的苏门答腊以及婆罗洲（加里曼丹岛）等地，内中尤以煤油为主。1864 年，上海已从英国、中国香港、澳大利亚等地进口煤油 4000 余加仑。①之后，苏门答腊以及婆罗洲等地石油资源得到开发，在炼制成煤油后被大量输往江南。得益于储油丰富且与中国距离较近，以及运费较廉的优势，两地所产煤油在近代江南的销售状况颇称兴旺。经营该种石油业务的企业为英国亚细亚石油公司，其与美国美孚石油公司、德士古石油公司并称为近代中国三大外资石油公司。20 世纪 30 年代初，上海、南京等地煤油市场几乎全为亚细亚和美孚所占。②而在某些时段，江南个别城市进口荷属印度煤油数量甚至超过美国煤油。如苏州 1903 年煤油进口中即以苏门答腊煤油最多。③再相比较，一般年份里进口苏门答腊煤油要多于婆罗洲煤油，以至于江海关在 20 世纪初的十年报告中甚至不单独统计后者输入数量。④

（二）东洋通道

通过东洋通道输入江南的能源，主要是日本煤炭和美国石油。这些能源主要由轮船自东向西横跨太平洋或沿朝鲜海岸后经黄海和东海运抵江南，故而将此通道命名为东洋通道。1917 年，日本横滨宝田公司就已运送煤油至杭州销售，但其油质低劣，销路不畅。⑤因而，由日本大量输入江南的能源主要是煤炭。江南进口的日本煤依其产地主要分为三池煤、筑丰煤、唐津煤、长崎煤、杵岛煤等数种，其中以九州岛所产煤最多。需要注意的是，日煤实际上还有相当一部分是产自中国东北的抚顺煤。凭借日本以及中国东北、江南之间相对便利、廉价的海路运输以及售价低于英国煤、澳大利亚煤而质量稍好于国产煤的优势，日煤逐渐大量输入江南。可

---

① 《各年海关贸易统计报告》，上海社会科学院经济研究所、上海市国际贸易学会学术委员会编著《上海对外贸易（1840～1949）》上册，上海社会科学院出版社，1989，第 361 页。

② 《上海之煤油输入额》，《国际贸易导报》第 6 期，1930 年；《南京燃料之调查》，《矿业周报》第 193 期，1932 年。

③ 《光绪二十九年（1903）苏州口华洋贸易情形论略》，陆允昌编《苏州洋关史料（1896～1945）》，南京大学出版社，1991，第 184 页。

④ 《海关十年报告之二（1892～1901）》，徐雪筠等译编《上海近代社会经济发展概况（1882～1931）》，张仲礼校订，上海社会科学院出版社，1985，第 55 页。

⑤ 《民国 6 年（1917 年）杭州口华洋贸易情形论略》，中华人民共和国杭州海关译编《近代浙江通商口岸经济社会概况——浙海关、瓯海关、杭州关贸易报告集成》，浙江人民出版社，2002，第 789 页。

以说，在近代输入江南的所有外煤中，最重要者无疑当数日本煤。自19世纪70年代至20世纪30年代初，日煤在江海关煤炭总输入量中长期占据第一位，之于上海的重要性远超国产煤。①

相比其他国家或地区相关史料的不足，关于日煤输入江南数量的记载则较多。输入上海的日煤1878年前后达到14.4万吨，1882年约为19万吨，1883年上升到27万吨，1884年以后基本每年在30万吨以上，②到20世纪初已超百万吨。如据上海税关报告，1908年上海进口英国煤、澳大利亚煤、越南煤合计约5.7万吨，而日煤却已达110万吨，内中九州岛煤占80%以上。③20世纪20年代之前，仅日本本土煤在上海的销量就已十分可观，1904～1918年维持在70万至90余万吨之间。1922年始，日本对中国实行倾销政策，日煤更加巨量地输入以上海为代表的江南地区，其数量要占日煤输华总量的70%～80%之多。④其中，尤以1926年为甚，该年上海进口外煤总量接近300万吨，而日煤达236万吨，占总量的近80%。⑤1931年，受到抵制日货运动的影响，日煤在上海进口煤炭中的比重有所下降，并逐渐被开滦煤以及国产煤超越，但1934年的绝对数量仍有近45万吨。⑥

美国石油在江南乃至整个中国同类能源的输入中，都占据绝对重要地位。19世纪80年代以前，输入中国的煤油主要来自美国。如1864年，上海已从美国进口煤油7000加仑。⑦此后，两地之间煤油贸易增长迅速。19世纪晚期，中美之间的石油贸易主要由美孚公司和德士古石油公司经理。其中，美孚公司于1894年在上海设立办事处，1904年开始由美国输入煤油。⑧德士古公司1916年前后进入中国市场，由于实行积极扩张政策，逐渐与美孚、亚细亚成鼎足之势。⑨总体看来，以上述两人公司为代表的美产

①　毛立坤：《日货称雄中国市场的先声：晚清上海煤炭贸易初探》，《史学月刊》2013年第2期。

②　《领事达文波1878年度上海贸易报告》，李必樟编译《上海近代贸易经济发展概况：1854～1898年英国驻上海领事贸易报告汇编》，上海社会科学院出版社，1993，第488页；Coal in Japan, *The North - China Daily News*, 1889.1.30。

③　杨志洵：《调查·上海石炭之需要》，《申报》1910年1月19日，第26版。

④　《上海对外贸易（1840～1949）》上册，第8～9、505页。

⑤　杨大金编《现代中国实业志》（下），河南人民出版社，2017，第45页。

⑥　《上海二十三年十二月份及全年煤斤输入量》，《矿业周报》第327期，1935年。

⑦　《海关贸易报告·上海（1888年）》，《上海对外贸易（1840～1949）》上册，第361页。

⑧　《美孚石油公司调查材料》，陈真等编《中国近代工业史资料》第2辑，三联书店，1958，第324～327页。

⑨　刘阶平：《最近我国市场的煤油战》，《国闻周报》第32期，1933年；浙江省政府秘书处服用国货委员会编印《浙江省会各业调查录》，1934，无页码。

煤油常年占中国煤油输入总量的 70% 以上。如据海关统计，1923 年美国煤油输入中国 1.8 亿加仑，占中国煤油输入总量的 83.3%。因此，煤油贸易成为"美对华最大投资"。[①] 美产煤油遍销江南，如 1936 年美孚公司和德士古石油公司在江苏农村煤油市场中所占份额超过 62%，在浙江所占份额相对较小，然亦有 43%。[②]

（三）　北洋通道

通过北洋通道输往江南的能源，主要包括从英国实际控制下的开滦煤矿经秦皇岛港出海，自北向南纵贯中国北部沿海运载的煤炭，以及由俄国（苏联）经北太平洋沿岸港口南下远途运输的煤油。

开平煤在上海销售较早，19 世纪 80 年代轮船招商局拱北号轮船即曾装载其由津抵沪。[③] 该种煤炭火力强，熔渣很少，尤其适于轮船燃用，故而受到江南一带轮船主的欢迎。到 1912 年，开平英商夺取滦州矿务局全部矿权，将两矿合并改组为英属开滦矿务公司。一战期间，江南一带工厂企业因偶逢"黄金时代"而获发展良机，对煤炭需求量大增。在此种背景下，开滦煤开始被以刘鸿生为代表的私人船主大量运至江南一带销售。开滦煤销量飞速增长，1914 年接近 40 万吨，到 20 世纪 20 年代中期已接近 100 万吨。总体来看，二十年间开滦煤在沪销售量增长 90 余万吨，年均增长率在 12% 左右。同时段内，其在上海煤炭总销量中的比重也由最初不足 5% 飙升到 47%。另据刘鸿生致开滦矿务局信函所言，上海开滦售品处自 1930 年至全面抗战爆发前的销售量每年均在 50 万吨以上，最高的一年接近 120 万吨，平均每年 85 万吨左右。[④] 可以说，二战之前，开滦煤和日本煤（包括抚顺煤）已垄断整个上海煤炭市场。

近代以来，俄国（苏联）也出口煤炭至江南一带销售。比如 1882 年，上海元亨洋行曾运到千余吨俄煤发售。[⑤] 总体来看，俄国（苏联）煤炭虽然常有运至上海者，但因运价和售价较高，成交量难与日本煤、抚顺煤及开滦煤相抗衡。由俄国（苏联）输入江南的主要能源当数煤油。据海关资

---

① 杨瑾珵：《美帝在中国的吸血站》，《大公报》1951 年 1 月 24 日，第 3 版。

② 《农村商品调查》，《农情报告》第 8 期，1936 年。

③ 《煤色甚佳》，《申报》1886 年 7 月 13 日，第 3 版。

④ 《刘鸿生企业史料》（上），第 8 ~ 9、47 ~ 63 页；《刘鸿生企业史料》（中），第 270 ~ 271 页。

⑤ 《俄煤招售》，《申报》1882 年 7 月 9 日，第 6 版。

料，1888 年俄油首次进入上海，"三条油轮从里海装来 2473590 加仑"。①
光绪十五年（1889），俄油占中国煤油总进口量的 24.5%，次年升至
39%。不过，后经 1905 年日俄战争、1917 年苏联社会主义革命以及 1929
年中东路事件，苏俄在华势力受到削弱，煤油输入量也大为减少。②国民政
府与苏联复交之后，苏油积极在江南一带开拓市场，其代理者为光华煤油
公司，其"尤能抱定牺牲目下之利益，努力推销，以争得将来优越之市
场"。③英、美、苏三国石油公司遂以江南市场为中心，展开了激烈的竞争，
使得每箱煤油价格由原先 10 元左右跌到 5 元左右。低价倾销政策曾一度使
光华煤油在 20 世纪 30 年代初超过亚细亚煤油，位居上海柴油市场次席。④
然而好景不长，到 1933 年苏联不再供应货源，光华公司全部资产亦因倾销
政策而损失殆尽，被迫与三大石油公司妥协，将全部油池、油库等资产作
价出售。到 1935 年，其在江苏市场的份额只有 6.4%，浙江为 15.1%，⑤较
之此前相去甚远。

二 江南与国内之间的能源贸易

就石油资源来说，近代以来国产很少，以致民国时期一些学者在谈及
国产石油数量时，"不忍读出，自露其丑"。⑥ 由于国产石油资源缺乏，故
输往江南的国产能源仅有煤炭。近代以来，江南这一"能源漏斗"同样吸
纳了众多国产煤炭输入。受中国煤炭地理分布格局的影响，国煤输入江南
的总体方向呈由北往南、由西向东的特点。根据运输方式组合形式的不
同，可将国煤输往江南的路线细分为三条分支通道。

（一）铁路—海运通道

通过此条通道输入江南的能源，主要包括由青岛、塘沽和秦皇岛等港
口运至上海的山东、山西和河北煤炭。

山东煤炭资源主要分布于该省中东部的淄川、博山、潍坊、章丘以及
西部的峄县、滕县等地，尤其以淄博一带最为密集，20 世纪 30 年代初矿

① 《海关贸易报告·上海（1888 年）》，《上海对外贸易（1840～1949）》上册，第 361 页。
② 祝仰辰：《中国石油之供求状况》，《中行月刊》第 8 期，1931 年。
③ 《国内要闻·中国市场之国际煤油战》，《银行周报》第 15 期，1933 年。
④ 张泽香：《吴兴现状之调查》，《湖州月刊》第 9～10 期合刊，1934 年，第 4 页。
⑤ 《农村商品调查》，《农情报告》第 8 期，1936 年。
⑥ 《杂俎·艺庐随笔·煤油》，《实业杂志》第 164 期，1931 年。

区多达93个。[①]1904年胶济铁路建成之后，淄川、坊子煤的销售范围大为拓展。但在20世纪初，由上述地区经胶济铁路运至青岛再出口至上海的煤炭数量不多，每月只在2000吨左右。[②]此后，随着铁路沿线煤矿出产量的增加，由青岛出口至上海的煤炭数量不断上升。如1928～1930年博山煤产量约占胶济铁路沿线总产量的70%，其出产的大山煤即多由胶济铁路运抵青岛出口至上海，专供工厂燃料之用。[③]

山西由于交通不便，所产煤炭难得畅销。一战之前，江南市场上很少见到山西煤的踪影。此后，少部分阳泉、大同等地所产煤炭借助正太—平汉—北宁铁路或者平绥—北宁铁路辗转运至塘沽装轮出口至上海。1930年，国民政府为鼓励晋北煤炭出口，规定平绥、北宁两路与晋北矿务局订立出口特价，由大同口泉车站转运至塘沽出口的煤炭可享受运输优惠。[④]但是，此项优惠措施到次年便被取消。大同矿商感叹由于无法降低高昂运价，即使晋煤"无偿奉还，亦有不能竞争之势"。[⑤]因此，抗战之前山西煤在江南市场上的销售数量非常有限。

河北煤中有一部分属无烟煤，主要产自长城、临榆（柳江）等煤矿，此外还有少部分井陉等地所产烟煤。柳江和长城煤矿于20世纪初修筑通往秦皇岛的轻便铁路，并在秦皇岛租有堆煤场。长城煤矿曾租用开滦煤矿的运煤船只，以提高运输能力。井陉煤矿则借助平汉铁路和北宁铁路往来运输。上述各矿所产之煤经秦皇岛港和塘沽港出口至东部沿海各地，不过就数量而言难称可观。1915～1925年，柳江煤、长城煤经由秦皇岛港运出的数量最少时仅有1500吨，最多时刚超过20万吨。[⑥]20世纪30年代初，临榆无烟煤亦曾运至上海，但数量不多，"非（上海）柴煤业劲敌"。[⑦]考虑到各矿煤炭销售地域较广，运往江南的部分当不多。

（二） 内陆水运通道（或铁路—内陆水运通道）

此条通道主要依靠大运河和长江航道，将山东、江苏、湖北、湖南、

---

① 胡荣铨：《中国煤矿》，商务印书馆，1935，第243页。

② 杨志洵：《上海石炭之需要》，《申报》1910年1月19日，第26版。

③ 淄博矿务局、山东大学编《淄博煤矿史》，山东人民出版社，1986，第171页。

④ 铁道部全国铁路商运会议办事处编印《全国铁路商运会议汇刊》，1931年10月，第166～167页。

⑤ 国煤救济委员会编印《国煤救济委员会专刊》，1933，第29页。

⑥ 《秦皇岛·海关贸易关册（1915～1925）》，王庆普总编《秦皇岛港口史料汇辑（1898～1953）》，秦皇岛港务局史志审编委员会，2000，第429页。

⑦ 《上海之柴煤战》，《矿业周报》第287期，1934年。

江西、山西、河南、河北等地所产煤炭运往江南。

津浦铁路未修筑之前，山东中兴煤矿和江苏贾汪煤矿依托大运河向江南输送煤炭。中兴煤矿在 1905 年和 1906 年设立镇江及瓜洲分销厂，并建立了一个覆盖江南北部区域的煤炭行销网络，镇江和瓜洲成为该矿于"江南销煤之总汇"。① 此外，徐州萧县白土山煤矿亦曾利用大运河输送煤炭，并在镇江和瓜洲等处添设分销厂。②

湖北、湖南、江西等地所产煤炭主要以汉口和长沙为集散地，再通过长江干道输送至江南一带。咸同年间，有利用放空回头淮盐船只运载湖南湘潭、衡州、醴陵、宝庆等处所产烟煤和白煤赴镇江销售者。③江南矿务总局鉴于萍乡煤矿出煤日旺，曾在镇江设厂分销，以达到"畅官煤销路"的目的。④不过一战之前，湖北煤、湖南煤、江西煤每年只有少量运至江南。如汉口煤"系萍乡所产"，"于上海尚未得欢迎之势"，每月煤和焦煤合计最多输入二三千吨。⑤20 世纪 30 年代初，湖北大冶柴煤产量可达 30 余万吨，但每年也只有 3 万吨左右运往苏杭嘉湖地区销售。⑥此外，安徽沿江一带小煤矿也通过长江向江南运煤，但数量极为有限。

1906 年平汉铁路修建完成之后，山西、河南、河北等地部分煤炭先运至汉口，再由长江水道辗转输送至江南销售。比如 1918 年，怡和洋行曾向河南福中公司定购白煤数千吨，经平汉铁路运至汉口交卸，再由轮船装载赴申。⑦山西阳泉广懋煤矿在 20 世纪 20 年代也曾在镇江建立分销处，由汉口发煤到镇江销售。⑧不过，由于转运周折，手续烦琐，加之远距离运价高昂，故而经由此路输往江南的煤炭数量难言称多。如 1933 年由平汉路运至汉口的山西、河南等省无烟煤仅有 1.44 万吨，转运至江南者当为数更少。⑨同年，河北井陉正丰煤矿亦于平汉路沿线及上海等处销售煤炭，⑩但数量亦不会太多。

① 光绪《峄县乡土志·矿业》，台北：成文出版社，1968 年影印版，第 25 页。
② 《推广白土山矿煤销路》，《申报》1911 年 6 月 5 日，第 12 版。
③ 孙平生：《镇江煤业和米市的兴起》，《镇江史志通讯》1988 年第 2 期。
④ 《设厂分销官煤》，《申报》1905 年 8 月 1 日，第 9 版。
⑤ 杨志洵：《上海石炭之需要》，《申报》1910 年 1 月 19 日，第 26 版。
⑥ 《上海之柴煤战》，《矿业周报》第 287 期，1934 年。
⑦ 《江和轮船载运山东白煤》，《申报》1918 年 6 月 25 日，第 11 版。
⑧ 《咨税务处广懋煤矿公司运销汉口、长江、上海等处煤斤可否准免五十里内常税请查核见复文》，《财政月刊》第 117 期，1923 年。
⑨ 《上海之柴煤战》，《矿业周报》第 287 期，1934 年。
⑩ 《煤商开会讨论救济国煤》，《矿业周报》第 266 期，1933 年。

（三）铁路通道

煤炭业与铁路事业息息相关，正如张伟保所言，轮船和铁路是近代运输革命的"两个法宝"，"打破了传统的运输体系"。①全面抗战之前，江南主要通过津浦铁路和淮南铁路向内部输入煤炭。

津浦铁路北起天津，南至浦口，于 1912 年全线通车。铁路通车后，山东中兴煤矿自筑临枣支线，与津浦线上临城站接通，同时与津浦路局签订互惠合同，使自产煤炭进入北至京津、南至宁沪的广阔市场。为推销业务，中兴煤矿在浦口设立分销厂，1926 年前最盛时有装卸工人 2000 余人。②从此，津浦铁路取代运河，成为中兴煤的主要运输通道。与此同时，徐州贾汪（华东）煤矿、安徽烈山煤矿、河南中福煤矿等亦凭借津浦铁路在南京浦口码头以及中山码头、三汊河、九甲圩一带建立煤炭堆栈，竭力在江南一带推广市场。③这些煤矿的煤炭在南京完成交易后，多由浦口装轮或借由火车运至江南各地销售。据 20 世纪 30 年代初中国银行调查所的调查，1923～1924 年为津浦线各矿最盛时期，当年中兴、贾汪、烈山等煤运至浦口销售者不下 50 万吨。④迨至 1936 年，中兴煤运抵江南有增无减，载至上海销售者有 60 万～70 万吨，直接销于上海者也有 30 万～40 万吨，其余则由上海转销至江南各地。⑤

利用淮南铁路向江南输送煤炭的主要是国民政府建设委员会主办的安徽淮南煤矿。出于救济长江中下游"煤荒"的目的，建设委员会于 1930 年开始筹办淮南煤矿，并于 1934～1935 年底建成长度为 200 余公里的淮南铁路。⑥沿此铁路，淮南、大通等地所产煤炭可运至浦口。浦口是淮南煤销量最多之地，由早期占淮南煤总销量的 57% 增加到 1933 年的 83%。如加上经浦口转运至无锡等地的煤炭，1934～1935 年合计销量在 38 万吨左右，占总销量的 70% 左右。⑦

二战之前，国产煤炭输入江南已严重依赖津浦铁路和淮南铁路，所以

---

① 张伟保：《艰难的腾飞：华北新式煤矿与中国现代化》，厦门大学出版社，2012，第 104 页。

② 吕华清主编《南京港史》，人民交通出版社，1989，第 143 页。

③ 实业部国际贸易局编印《中国实业志·江苏省》第 7 编，1933，第 12 页。

④ 《产业》，《中行月刊》第 5 期，1933 年。

⑤ 《上海销煤总量》，《国际贸易情报》第 43 期，1936 年。

⑥ 王树槐：《张人杰与淮南煤矿，1928～1937》，《中央研究院近代史研究所集刊》第 17 期下册，1988 年 12 月。

⑦ 李书侠：《国货讨论抵制仇煤之先决问题》，《申报》1933 年 8 月 10 日，第 13 版。

一旦两者运输断绝，将对江南煤炭市场造成严重影响。如北伐战争爆发之后，军人把持路政，平汉、津浦两条南北干线车辆被扣，加之铁路系统遭战争破坏，煤炭无从运到，直接导致长江中下游"煤荒"危机的发生。[1]又如1937年12月日军占领南京后，掠夺浦口存煤8000余吨，加之战争阻断铁路运输，致使来煤不继，南京煤炭市场遂陷于瘫痪。[2]从中亦可反映出在输入江南的众多国产煤中，中兴煤、贾汪煤以及淮南煤等具有重要地位。

然而总体来看，外国能源在近代江南总的能源消费结构中的重要性要远超国产能源。且不说石油资源完全靠外人供应，即便就煤炭来看，国产煤亦无法与外国煤相比。近代以来，虽然内陆省份的民族矿业有所发展，但是铁路运费太高，加之国内政局不稳，导致运至江南的煤炭售价高昂，无法与外煤竞争。尽管反帝爱国运动以及提高煤炭进口关税的举动暂时减少了外国能源的输入，但是由于上述阻碍因素一直没有得到根本消除，国产煤在江南能源市场上的处境始终不容乐观。国产煤的这种弱势地位，可以从江南能源市场上各种煤炭销售情况的对比中得到直接反映。1910年国产煤见于上海市场者仅有湖北煤和山东煤两种。[3]1922年以后，外商（主要是英、日、法商）经营煤炭量已占上海煤炭市场总销量的70%。[4]而在20世纪30年代初期，销售于上海的煤炭更是约有80%运自海外。[5]当时，日本煤、抚顺煤和开滦煤已在上海煤炭市场形成"三分鼎足"之势。以国产煤在上海销售情况相对乐观的1934年为例，该年日本煤、抚顺煤、安南煤、开滦煤仍占沪地输入煤炭总量的57%。[6]再据20世纪30年代初南京市社会局煤业状况调查，南京每月平均消费煤炭1200余吨，其中国产煤占43.2%，外煤占56.8%。[7]同一时期，杭州煤炭市场上国产煤占三分之二，非国产煤仅占三分之一。[8]不过，如果同样去掉被统计为国产煤的开滦煤和抚顺煤，则南京和杭州市场上纯粹国产煤的实际比例会更低。可以说，近代以来外国能源在江南逐渐形成的垄断性地位，在全面抗战之前始终没有

① 张伟保等：《经济与政治之间——中国经济史专题研究》，第219～222页。
② 经盛鸿：《南京沦陷八年史（1937年12月13日至1945年8月15日）》上册，社会科学文献出版社，2013，第608页。
③ 杨志洵：《上海石炭之需要》，《申报》1910年1月19日，第26版。
④ 姚鹤年：《旧上海煤炭行业的变迁》，《上海地方志》1999年第5期。
⑤ 范师任：《振兴国粹之我见》，《中国实业》第5期，1935年。
⑥ 中国经济情报社编《中国经济年报》第1辑，生活书店，1935，第127～128页。
⑦ 《南京市销煤数量》，《矿业周报》第166期，1931年。
⑧ 《浙江省会各业调查录》，无页码。

被打破。

三　近代江南的能源净输入量估算

能否对近代江南由外地输入的能源数量进行长时段定量估算？迄今为止，针对江南不同年份和不同地点能源输入量及贸易量的史料记载与既有研究成果较多，然而因统计口径、涵盖时段以及涉及范围无法划一等问题，彼此之间存在很大差异。从地理空间上看，江南的能源输入及地理分销格局以上海、镇江、南京、苏州、杭州等五口展开，其中上海与镇江同为煤炭和石油分销中心，南京主要为煤炭分销中心。至于苏州、杭州、无锡等其他城市，虽然也有煤商和油商于当地设立分销支店，但主要还是次级区域销售中心。在此，本文依据《中国旧海关史料》所载各海关年度能源进口一手数据，并结合相关资料，对 1864~1937 年江南五口能源净输入总量进行统计分析。所谓净输入量，是指输入国外能源和国内能源之和，减去复出口至国外和转口至本国口岸后的剩余部分。

（一）煤炭净输入量

近代以来，沪上工业发达，交通便利，故商人都将其视为煤炭和石油类能源的首要集散地。从上海煤炭净输入量在江南煤炭净输入总量所占比重来看，江海关一口多数年份占 90% 以上。而就上海净输入量而言，随着沪上社会经济发展的加快，由 19 世纪 60 年代的不足 50 万吨增至 1913 年前后的 100 余万吨，1923 年前后突破 200 万吨，到 1931 年前后达至峰值 350 万吨左右。应该说，在绝大多数年份中，江海关的净输入量都超过 50 万吨。从增长幅度来看，以民国初年到 20 世纪 30 年代初最大，晚清 40 余年间相对较小，这与上海整体工业化进程相符。

除上海外，江南内地四口煤炭净输入量有限。从图 1 可知，全面抗战之前四口都没有达到 50 万吨，较之上海远甚。相较而言，镇江比其他三口为多，在 19 世纪 80 年代即已超过 20 万吨，到 20 世纪 30 年代初最多时接近 30 万吨。考虑到其社会经济发展水平不及苏杭一带，大量进口煤炭当主要与镇江作为能源分销中心有莫大关系。同一时段，其他各口自始至终都没有超过 20 万吨者，在个别口岸的个别年份中，输入量甚至不足百吨。从趋势上来看，南京、镇江、杭州净输入量在 20 世纪 30 年代之前呈总体增长态势，均在 1930 年前后达至各自输入峰值。与之相比，苏州净输入量变动趋势较为紊乱，其输入峰值出现在 1914 年前后，此后一直呈波动和衰减态势。

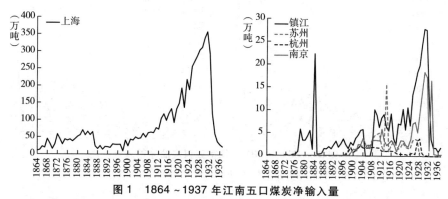

图 1　1864～1937 年江南五口煤炭净输入量

资料来源：中国第二历史档案馆、中国海关总署办公厅《中国旧海关史料（1859～1948）》，京华出版社，2001，第 1～127 册。

（二）煤油净输入量

　　近代以来江南煤油净输入量的变动趋势与煤炭具有共性，五口煤油净输入量增长趋势亦很明显。江海关仍独占鳌头，自 1864 年至 20 世纪初，几乎每年都占江南净输入总量的 60% 以上，有些年份高达 90% 以上。1910～1930 年，由于其他四口煤油净输入量增多，江海关的比重开始走低，维持在 50% 以下，个别年份仅勉强超过 20%。到全面抗战前夕逐渐反弹，基本恢复到 50% 以上。从数量上来看，据图 2，江海关由 19 世纪 80 年代的不足 10 万加仑增长至 1934 年的接近 1.7 亿加仑，增长幅度惊人。如果说 20 世纪 30 年代前其增长仍较缓慢的话，那么 1931 年后就呈现"井喷"现象。不过，在短暂的几年繁荣后即呈快速递减趋势，全面抗战前夕回落到不足 5000 万加仑。

　　两相对比，江南内地四口煤油净输入量在全面抗战之前均没有超过 4500 万加仑。不过，镇江在四口中的表现倒是又尤为突出，几乎每年均超过其他三口，在 20 世纪 20 年代中期甚至一度超过上海。截至 1906 年，仅美孚在镇江建立的煤油池总容量就在 200 万加仑以上。[①]当然，镇江输入的煤油并非全部用于本地消费，有相当一部分还通过多种方式转运至他处。除镇江之外，苏州、杭州和南京最多时勉强超过 1000 万加仑，增长速度和幅度也均较小。

---

　　①　民国《续丹徒县志》卷 8《外交一》，江苏古籍出版社，1991，第 597 页。

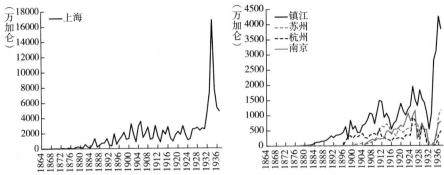

图 2 1864～1937 年江南五口煤油净输入量

资料来源：《中国旧海关史料（1859～1948）》，第 1～127 册。

（三）柴油及汽油净输入量

柴油与汽油亦为石油炼制产品，不过输入江南的时间要比煤油晚许多，如《中国旧海关史料》中对于江南各口输入柴油和汽油数量的记载晚至 1923 年始。较之煤油巨量的净输入量而言，1905 年上海仅进口美国汽油 4.7 万加仑。迨至 20 世纪 20 年代中期之后，随着内燃机的逐渐推广，江南各口柴油及汽油净输入量才有了较大增长。1923～1937 年，江海关柴油和汽油净输入量在江南五口中亦为最多，一般在 90% 以上。据图 3，就柴油而言，由 1923 年的 600 余万加仑增长至 1934 年的峰值 5700 余万加仑。到全面抗战前夕，回落并稳定在 4000 万加仑左右。同期内江海关汽油净输入量变动趋势则表现出不同于柴油的一面，在 1932 年之前没有超过 1500 万加仑，但之后短短五六年间飞速增长，到 1935 年达到全面抗战爆发前的输入峰值 9300 余万加仑。1936～1937 年虽有下降，但仍保持在 7000 万加仑左右。

与上海相比，江南内地四口柴油及汽油净输入量相对有限，各自输入峰值均没有超过 400 万加仑。柴油净输入量在 1931 年之前尚能保持低速增长，但在 1931 年后又重新回落到之前的进口水平。汽油净输入量更少，甚至在 1932～1934 年一度归零，1935 年之后方才恢复增长。值得注意的是，与煤炭和煤油的净输入情况不同，镇江在柴油输入方面较江南内地其余三口的领先优势大为缩小，而在输入汽油方面并无优势可言。从中反映出一个事实，即汽油主要用于输入地消费，转销别地的比例较小，其消费量与输入地整体社会经济发展水平有关。

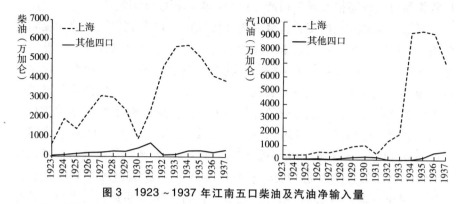

图3　1923～1937年江南五口柴油及汽油净输入量

注：按照1吨柴油＝314加仑的标准折算（童永锐《石油体积与重量单位的换算方法》，《石油知识》1995年第1期）。

资料来源：《中国旧海关史料（1859～1948）》，第96～127册。

（四）旧海关史料的不足

《中国旧海关史料》中所载数据在多大程度上符合能源贸易的真实性？需要注意的是，《中国旧海关史料》中对江南五口能源输入情况的记载是不全面的，不可避免地在不同年份存在不同程度的漏记。此种现象的原因主要有两点，兹以杭州关煤油进口情况为例加以说明。

其一，近代中国通行关税与地方厘捐税之间的税率变化，会对海关贸易数量的准确性产生影响。按照清政府规定，各类进口货物均须缴纳一定税费，但具体纳税方式可在关税和厘税之间二选其一。精明的商人对此熟稔于胸：如果厘税低于关税，则内地税减轻，进口货物运入内地自然趋纳厘税而弃缴关税；反之，则趋纳关税而避厘税。《马关条约》签订之后，厘局即将大宗货物酌减抽厘，较之条约所定海关正半税犹轻，"以示招徕之意"。1905年后，厘卡进一步下调基准税率，更比海关子口税为低，遂使大量进出口商弃海关而转向厘金局缴纳税金。海关资料中所载杭州煤油净输入量因此从1924年前的300余万加仑猛增到1925～1926年的900万加仑左右，增幅达180%左右。而待杭州煤油特税提高后，煤油净输入量即从1926年的830余万加仑锐减到1927年的470万加仑左右，降幅达43%。厘金的取消，对于江南内地四口能源进口方式影响深远。由于内地税率大减，输入煤油呈报缴纳关税者更形减少，之后才因1936年起沪埠进口货物须另缴浚浦捐及码头捐所导致的高税率而缓慢恢复。①

其二，运输方式的变化，会直接促使江南五口海关登记能源净输入量偏离实际净输入量。近代以来，江南内地各口与上海之间公路、铁路、民船、汽船往来均极便利。但属海关管辖者仅汽船贸易一项，由海关记录在册的能源贸易数量也仅代表汽船运销数量。实际上，随着铁路、公路以及民船的广泛利用，由汽船运载的部分逐渐减少。如杭州海关 1912 年进口美国煤油由火车运载部分（250 万加仑）已经超过海关所载汽船运载部分（160 余万加仑）。②再如 1918 年杭州某洋行进口 350 万加仑煤油，而考诸同年关册仅登记为 138 万余加仑，相差 2 倍有余。③连杭州海关工作人员在1923 年时也坦承，"关册所载各货数目，仅占本城全部贸易之少数，另有由火车及民船轮运进出之货为数甚巨，但只报统捐，不纳关税，故海关无册可稽也"。④厘金取消之后，所有往来上海与江南内地各口的能源贸易多于海关管辖之外另由他路运输，趋避关税，以致海关统计数目锐减。

以上仅以杭州关煤油进口情况为例，说明税率调整和运输方式变化对海关统计准确性的影响。基于相同因素的考虑，对近代以来尤其是 20 世纪之后江南各口其他类能源净输入量的分析，也应当作如是观。由此可见，《中国旧海关史料》中所载近代江南能源净输入量并不能代表其真实数量，甚至在某些年份尚不及真实数量的一半。不过，《中国旧海关史料》是迄今所见唯一能够提供近代江南长时段能源净输入序列数据的珍贵资料，在有关该领域内纷繁零散的史料堆中，其重要性自不待言。而且，就近代江南能源净输入的整体性变动趋势来看，在厘金取消之前海关年度报告中所反映的情况是值得充分重视的。因此，将 1864 ~ 1931 年海关史料中所载江南能源净输入量作为实际净输入量的最低估值，应该问题不大。只是由于缺少连续性和系统性的民船、铁路、公路以及传统陆路运销数量的相关资料，

---

① 《民国 15 年（1926 年）杭州口华洋贸易情形论略》《民国 16 年（1927 年）杭州口华洋贸易情形论略》《民国 25 年（1936 年）海关中外贸易统计年刊（杭州口）》，《近代浙江通商口岸经济社会概况——浙海关、瓯海关、杭州关贸易报告集成》，第 816、818、829 页。

② 《民国元年（1912 年）杭州口华洋贸易情形论略》《民国 4 年（1915 年）杭州口华洋贸易情形论略》，《近代浙江通商口岸经济社会概况——浙海关、瓯海关、杭州关贸易报告集成》，第 774、783 ~ 784 页。

③ 《民国 7 年（1918 年）杭州口华洋贸易情形论略》，《近代浙江通商口岸经济社会概况——浙海关、瓯海关、杭州关贸易报告集成》，第 792 页。

④ 《民国 2 年（1913 年）杭州口华洋贸易情形论略》《民国 12 年（1923 年）杭州口华洋贸易情形论略》，《近代浙江通商口岸经济社会概况——浙海关、瓯海关、杭州关贸易报告集成》，第 777 ~ 778、807 页。

目前对于通过以上各种途径输入江南的能源数量还很难进一步估测和量化。

结　论

本文对近代江南社会经济发展的物质基础问题——能源供给问题进行了研究，较为全面地探讨了全面抗战之前江南与外地间的能源贸易及其规模等问题。从中可知，甲午战争之前，江南已经实现了能源供给的多元化和国际化。其中，以日本、英国所产煤炭和美国、俄国（苏联）、英荷所产石油为代表的国际能源，以及以中国东、中部省份所产煤炭为代表的国内能源持续输入江南。在能源净输入量方面，不管是煤炭还是煤油、柴油、汽油，上海均遥遥领先于苏州、镇江、杭州和南京等江南内地四口。不过，由于受到各关通行关税与地方厘捐税之间税率变化，尤其是厘金取消和运输方式多样化的影响，《中国旧海关史料》所载江南五口能源净输入量尚不能全面反映近代江南的实际能源贸易量，仅可看作 1864～1931 年能源净输入总量的最低估值。

可以说，巨量矿物能源的供给，使得江南的能源消费结构开启了从以柴薪代表的有机植物能源为主，向以煤炭和石油代表的矿物能源为主转型的过程，成为促使江南社会经济近代化的重要基础和最为关键的推动因素之一。不过，正如本文的研究显示的一样，由于国产石油资源的欠缺以及煤炭供给能力的有限，国外能源在全面抗战之前江南总的能源市场中始终占据主导性地位。此外，总体来看，江南各口能源净输入趋势存在强烈波动倾向，具体表现在不同年份最高输入量与最低输入量之间落差极大，一般年份内小范围的波动亦很频繁。从中透露出一个基本问题，即近代江南的能源市场缺乏稳定性，能源的输入容易受到其他因素的影响，能源安全与保障存在很大隐患。这一安全隐患不但突出地表现为近代江南"煤荒""油荒"问题的频发，亦潜移默化为一种可影响整体经济发展态势的不可控因素，对近代江南的社会经济发展进程造成潜在的负面效应。作为社会经济运行物质基础的能源部门的此种表现，明显地揭示出江南"外源性"近代化具有的外在依附性面相。这也正从一个侧面反映出近代江南基于半殖民地半封建社会的基本国情而呈现的区别于西方国家工业化进程的典型特征。从这个角度来看，近代江南社会经济发展的基础实际上是异常薄弱的，无法保障自主发展的独立性与安全性。因此，我们在对全面抗战前江南社会经济发展态势保持适度乐观态度的同时，更应该持有一份清醒与审慎。

【学术综述】

国外关于九一八事变研究述评[*]

王广义　王可研^{**}

提　要　国外学者对九一八事变的研究，逐渐突破"一国中心论"的研究视野，运用国际史观或全球史观重新审视九一八事变对中国及世界的双重影响，研究领域由军事史、政治史扩大到社会史、思想史等，呈现出国际关系、战时文化、东北移民等与战争之间的复杂关联。收集整理国外学者关于九一八事变的研究状况及特点，反观国内学界的研究成果，使其在研究时注意辨别史料真伪、拓宽研究领域和创新研究方法，以期对研究抗战史的国内外学者有所启发，对相关论题研究有所助益。

关键词　九一八事变　抗日战争　国外研究

1931 年爆发的九一八事变影响到各国在华利益，对该事件的研究亦成为国外学者关注焦点，随着各国档案资料的陆续开放及学者之间交流的加强，关于九一八事变的研究逐渐深入细化，成果也更加丰富。本文将系统梳理和归纳欧美、俄（苏联）、朝、韩、日本等国关于九一八事变的研究状况，并在此基础上总结出研究特点，以期更好推进国内外抗战史研究发展。

一　国外关于九一八事变的研究成果

1. 欧美方面

九一八事变打破了一战后凡尔赛 - 华盛顿体系的秩序平衡，促使 20 世

*　国家社科基金重点项目"日本馆藏中共东北地方党史档案资料的收集、整理与研究（1921～1949）"（项目编号：21ADJ005）。

**　王广义，吉林大学马克思主义学院教授；王可研，吉林大学马克思主义学院博士研究生。

纪 30 年代的国际关系发生根本性变化。欧美学者关于九一八事变的研究，通常将其归入西方或者国外的中国抗战史研究范畴当中，主体是研究日本发动九一八事变对西方各国外交政策的影响，研究内容多集中于国际形势、地缘政治、条约体系、外交政策等方面。英国学者克里斯托弗·索恩的《外交政策的限制：西方、国联与远东危机（1931～1933）》是介绍九一八事变后西方国家及国联所采取的外交政策的权威性著作。① 伊恩·尼什《日本与国际主义的斗争：日本、中国和国际联盟（1931～1933）》② 聚焦在国际联盟如何应对 1931 年在东方爆发的紧急情况及日本政治态度的冲突，指出九一八事变是日本与国际社会的第一次严重对抗，是一战到二战期间的主要国际危机之一，它使有关国家都意识到旨在解决太平洋问题的国际联盟和其他集体安全文书的弱点。此外，莫利·詹姆斯·威廉《日本爆发：伦敦海军会议与 1928～1932 年九一八事变》、③ 乔纳森·哈斯兰《苏联外交政策 1930～1933：大萧条的影响》④ 等都对九一八事变后的远东关系进行论述。

　　由于日德结盟关系及中国东北特殊的地缘政治利益，德国学者对中国东北危机及中—日—德三国关系的研究产生浓厚兴趣，最有代表性的是史蒂芬·赫尔的《东北冲突：日本、中国与国联（1931～1933）》⑤ 从国联介入和调停九一八事变入手，通过论述国联自身矛盾和各成员国在日本侵华战争问题上的分歧来说明国联在构建和维护国际安全体系方面的失败。卡尔·阿道夫·马什科的《和平探测者：中日冲突中的德国调停》、⑥ 雷纳特·温舍《德帝国主义对待 1931～1933 年中日冲突态度及德国共产党反对远东战争危险的斗争》⑦ 等都对德国关于九一八事变的态度及德国远东政策进行论述，说明德国对日支持态度为德日联盟作了铺垫。汉斯·韦伯

---

① Christopher G. Thorne, *The Limits of Foreign Policy*: *The West*, *the League*, *and the Far Eastern Crisis of 1931 – 1933*, London: Hamish Hamilton, 1972.

② Ian Nish, *Japan's Struggle with Internationalism*: *Japan*, *China and the League of Nations*, *1931 – 1933*, London; New York: K. Paul International, 1993.

③ Morley James William, *Japan Erupts*: *The London Naval Conference and the Manchurian Incident*, *1928 – 1932*, New York: Columbia University Press, 1984.

④ Jonathan Haslam, *Soviet Foreign Policy*, *1930 – 33*: *The Impact of the Depression*, London: The Macmillan Press, 1983.

⑤ *Stefan Hall*, *Der Mandschurei – Konflict*: *Japan*, *China und der Volkerbund 1931 bis 1933*, Tübingen: universitas Verlag, 1999.

⑥ Carl Adolf Maschke, *Friedens führer*: *die Deutsche Vermittlungim Chinesisch – japanischen Konflikt 1931 – 1941*, Potsdam.

⑦ Renate Wuesche, "Die Haltung des deutschen Imperialismus zum japanisch – chinesischen Konflikt von 1931 – 1933 und die Kampf der Kommunst," *Unire rsitas Gadjah Mada*, 2014.

格的《日本占领"满洲"是否违反国际法?》① 从国际法角度论述日本在中国东北地区的行动所引起的法律性问题争议。德国学者雅思贝·维克的《通往衰败之路：法国与"满洲"危机（1931～1933）》② 深入论述法国在远东地区的绥靖政策。

欧美学者关注九一八事变后中国国内的政治局势及中国民族主义。在关于日本侵占中国东北的大量研究中，中国民众强烈的反日情绪只被模糊提及，一种说法将其简化为"中国民族主义日益挑战日本在中国东北地位，迫使日本政府采取行动"，另一种说法是"1931 年当中国民族主义重申对中国东北主权时，军队以政变作为回应"，抑或是"中国内部动荡为日本军事解决中国东北问题提供了新机会"，这些说法并未揭示中国国内政治局势如何加剧日本侵华。牛津大学教授拉纳·米特的《"满洲"神话：近代中国的民族主义、反抗与合作》③ 主要论证九一八事变对中国现代民族主义形成的重要性，重新评估民族主义在现代中国历史上的作用。斯蒂芬·卡夫的《绥靖政策的反对者：受过西方教育的中国外交官和知识分子以及中日关系（1932～1937）》④ 论述九一八事变爆发后中国外交官和知识分子试图通过改善中国外交政策来解决危机，并坚决反对对日绥靖，作者却认为蒋介石的绥靖或渐进主义有道理，并指出反绥靖主义者可能比蒋介石对日绥靖政策更早让中国毁灭。柯博文的《面对日本：1931～1937 年中国政治与日本帝国主义》⑤ 考察了九一八事变爆发后中国国内政治形势以及国民政府的对外绥靖政策。他还著有《蒋介石与中国抗日运动：邹韬奋与救亡会（1931～1937）》，⑥ 指出蒋介石不愿意用动员的方法建立政治基础，也没有有效利用国内民族主义这一强大的政治力量，最终没有形成可以推

① Hans Wehberg, "Hat Japan durch die Besetzung der Mandschurei das Völkerrechtverletzt," *Die Friedens – Warte*, vol. 32, no. 1（Januar 1932），pp. 1 – 13.

② Jasper Wieck, *Weg in die Décadence Frankreich und die Mandschurische Krise 1931 – 1933*, Pariser Historische Studien, Bd. 40, Bonn: Bouvier Verlag, 1995.

③ Rana Mitter, *The Manchurian Myth*: *Nationalism, Resistance, and Collaboration in Modern China*, Berkeley and Los Angeles: University of California Press, 2001.

④ Stephen G. Craft, "Opponents of Appeasement: Western – Educated Chinese Diplomats and Intellectuals and Sino – Japanese Relations, 1932 – 1937," *Modern Asian Studies*, vol. 35, no. 1（2001），pp. 195 – 216.

⑤ Parks M. Coble, *Facing Japan*: *Chinese Politics and Japanese Imperialism, 1931 – 1937*, Cambridge, Mass.: Harvard University Press, 1991.

⑥ Parks M. Coble, "Chiang Kai – shek and the Anti – Japanese Movement in China: Zou Tao – fen and the National Salvation Association, 1931 – 1937," *The Journal of Asian Studies*, vol. 44, no. 2（1985），pp. 293 – 310.

动国家一体化的强大动力。

有学者聚焦于九一八事变爆发后日本社会不同群体关于事变的反应研究。桑德拉·威尔逊《"满洲"危机与日本社会（1931～1933）》① 探讨了日本社会不同群体对日本巩固和扩大对中国东北的控制的反应，并对这一关键时期的公众舆论和舆论变化进行细微描述。作者还著有《"满洲"危机与日本温和派知识分子：太平洋关系研究所日本委员会》，② 旨在阐述日本温和派知识分子对中国东北危机的反应。路易丝·杨的《日本的整个帝国："满洲"和战时帝国主义文化》③ 主要强调普通民众在日本帝国主义建设中的作用，指出在中国东北危机中，一个由帝国主义激进分子、知识分子、农村改革家、激进军队工作人员组成的队伍，在文化、军事和经济因素的作用下，促成了日本大规模动员。理查德·斯托里《双重爱国者》④ 仍然是描述日本国内寻求激进改革的极端民族主义团体的经典著作，这些团体导致了那个时代政治的不稳定。

2. 苏联方面

基于特殊的地理位置，苏联与中国东北地区在历史上有着千丝万缕的联系，九一八事变爆发后，日本对苏联远东边境日益构成严重威胁，并对1931～1933年苏联在远东地区外交领域的决策机制产生重要影响，苏联政府与民众高度关注日本的侵略动向。国内学界对苏俄学者关于九一八事变的研究论述成果较少，只是零散收录在相关研究综述、参考文献中，翻译的相关著作也多集中于共产国际与中国革命、苏联对外关系研究等方面。译著如《苏联〈真理报〉有关中国革命的文献资料选编（1927～1937）》、《联共（布）、共产国际与中国苏维埃运动（1931～1937）》、《共产国际有关中国革命的文献资料（1929～1936）》第2辑，其中都涉及九一八事变相关内容。

苏联学者主要关注中苏关系演变及远东安全防御体系建设问题。随着苏联解体后档案的开放、文献数据库的扩充以及意识形态束缚的消除，俄国史学家的注意力不再放在社会主义和资本主义两种制度之间的对抗上，

---

① Sandra Wilson, *The Manchurian Crisis and Japanese Society, 1931 – 33*, London; New York: Routledge, 2002.

② Sandra Wilson, "The Manchurian Crisis and Moderate Japanese Intellectuals: The Japan Council of the Institute of Pacific Relations," La Trobe University, Melbourne, *Modern Asian Studies*, vol. 6, no. 3 (1992), pp. 507 – 544.

③ Louise Young, *Japan's Totalempire: Manchuria and the Culture of Wartime Imperialism*, Berkeley: University of California Press, 1997.

④ Richard Storry, *The Double Patriots*, Boston: Houghton Mifflin Company, 1957.

而是放在两个党派之间、国家利益之间的冲突上，这使得学者对 20 世纪上半叶的中苏关系、日苏关系进行了不同于以往的评估，九一八事变爆发后苏联的立场及苏联是否援助中国成为首要问题。《斯大林和卡冈诺维奇：1931～1936 年的书信》①和《苏联领导层通信（1928～1941）》②通过高层领导人之间的谈话记录反映苏联立场及对外政策，他们对中苏关系的看法反映了苏联当时对中国政策的官方立场。切列帕诺夫的《中日之间：苏联的远东战略（1931～1941）》③重点论述了九一八事变后苏联考虑到欧美大国妥协态度，苏法、苏英关系恶化等因素，对中日关系采取极为谨慎的态度，并坚持"最严格中立"政策。米罗维茨卡娅的《凡尔赛－华盛顿国际关系体系危机期间中苏关系（1931～1937）》④强调苏中外交关系的长期中断是日本入侵中国的原因之一，加上蒋介石考虑到国内政治不稳定，在中国利益重叠的西方列强持"观望态度"，迫使其不对日宣战。

日本对中国东北地区的侵略使得远东地区地缘政治气候不断恶化，并直接影响到苏联领导层在安全领域的决策，苏联政府采取一系列措施加强其在远东政治影响力和军事防御能力。菲利诺夫著有《苏联领导层和"满洲"危机：1931～1933 年政治决策和动员措施》⑤和《苏联领导人远东计划和"满洲"危机》，⑥前者介绍中国东北危机政治路线的形成过程及动员举措，包括加强军事工业的发展、防御结构的建设、运输基础设施的建立、人力资源的动员和增加财务费用，建立特种集体农场兵团，旨在同时解决军事和经济任务；后者主要探讨中国东北危机爆发期间苏联远东政策的制定和实施机制问题，并重点关注苏联领导人在远东计划框架内确定的

① Хлевнюк О. В. , ДэвисР. У, КошелеваЛ. П. идр： Сталин и Каганович： Переписка. 1931 – 1936 гг. , М： РОССПЭН, 2001.

② А. В. Ква – шонкин, Л. П. Кошелева, ЛА. Роговая, О. В. Хлевнюк. ： Советскоеруководство. Переписка. 1928 – 1941гг. М. ： РОССПЭН, 1999. 719c.

③ К. В. Черепанов： МЕЖДУ КИТАЕМ И ЯПОНИЕЙ. ДАЛЬНЕВОСТОЧНАЯ СТРАТЕГИЯ СССР В 1931 – 1941ГГ, ВестникОмскогоуниверситета. Серия 《 Исторические науки 》. 2017. № 4 （16）. С. 102 – 118.

④ Р. А. Мировицкая： ОТНОШЕНИЯ СССР С КИТАЕМ В ГОДЫ КРИЗИСА ВЕРСАЛЬСКО – ВАШИНГТОНСКОЙ СИСТЕМЫ МЕЖДУНАРОДНЫХ ОТНОШЕНИЙ （1931 – 1937 ГГ. ）, Китай в мировой и региональной политике. История и современность, 2009.

⑤ А. В. Филинов： РуководствоСССР иманьчжурскийкризис： политические решения имобилизационные мероприятия в 1931 – 1933гг, Русская история.

⑥ А. В. Филинов： ДАЛЬНЕВОСТОЧНАЯ ПРОГРАММА СОВЕТСКОГО РУКОВОДСТВА И МАНЬЧЖУРСКИЙ КРИЗИС （ СЕНТЯБРЬ 1931 – МАРТ 1935 ГГ. ）, Исторический журнал： научные исследования, 2018, 130 – 145.

目标是否已实现等问题。《对威胁的回应：1930 年代初的苏联远东地区》①
《动员计划和政治决策（1920 年代末至 1930 年代中期）》② 都对苏联动员
政策进行论述。

　　苏联政府为避免与日本发生严重冲突，一方面采取谨慎的对日政策，
另一方面试图发起一场意识形态运动，塑造日本作为"敌人的形象"。日
本作为敌人的形象对于苏联奉行集体安全政策，实现其在东西方的地缘政
治利益是必要的。罗兹基纳《形成"敌人的形象"：1930 年代苏联宣传中
的日本》、③《1930 年代苏联领导层的政治意识中日本形象形成的根源》④
和利夫申《20 世纪 30 年代"权力的形象"和"另一个形象"：政治目标
和宣传》⑤ 以日本敌人的形象为例，考察了九一八事变后苏联政府的宣传
手段，主要利用大众传媒、艺术文化及思想政治教育等方式成功塑造日本
作为苏联公众意识中的敌人形象。莫斯科国立大学菲利诺夫《"满洲"危
机时期（1931～1935）苏联高层领导与反日宣传》⑥ 则分析了 20 世纪 30
年代苏联领导层有关外界的主要信息来源以及这些信息在国家机器运作和
苏联外交政策方面的特殊性和重要性，主要渠道包括：苏联国家政治保卫
总局和内务人民委员会的报告、苏联外交官向该国最高领导人的汇报、科
学文献等。

　　此外，苏联学者在研究九一八事变相关问题时，还涉及美国对 20 世纪
30 年代战后中国危机评估问题。日本对中国东北地区的入侵与中国内部持

①　Тэраяма К.：Ответнаугрозу：советскийДальнийВосток в начале 1930 – х гг.，ЭКО
（Экономика и организацияпромышленногопроизводства. Всероссийскийэкономическийж
урнал）. 1997，№ 8. С. 155 – 160.

②　Кен О. Н：Мобилизационноепланирование и политическиерешения（конец 1920 – х –
середина 1930 – х гг. М：ОГИ，2008. 512 с.

③　ЛожкинаАнастасияСергеевна：ФОРМИРОВАНИЕ 《 ОБРАЗА ВРАГА 》：ЯПОНИЯ В
СОВЕТСКОЙ ПРОПАГАНДЕ1930 – Х ГГ，Государственноеуправление. Электронныйвест
ник Выпуск№ 13. Декабрь 2007 г.

④　ЛожкинаАнастасияСергеевна：ИСТОЧНИКИ ФОРМИРОВАНИЯ ОБРАЗА ЯПОНИИ В
ПОЛИТИЧЕСКОМ СОЗНАНИИ СОВЕТСКОГО РУКОВОДСТВА 1930 – Х ГГ，Вестник
Московского университета. Серия 21. Управление（государство и общество），2008，85 –
100.

⑤　ЛившинА. Я.，ЛожкинаА. С.：〈Образвласти〉и〈образдругого〉в 1930 – е гг.：полити
ческиезадачи и пропаганда，Государственноеуправление. ЭлектронныйвестникВыпуск №
35. Декабрь2012г，1 – 17.

⑥　ФилиновАндрейВладимирович：ВЫСШЕЕ РУКОВОДСТВО СССР И АНТИЯПОНСКАЯ
ПРОПАГАНДА В ПЕРИОД МАНЬЧЖУРСКОГО КРИЗИСА（1931 – 1935 ГГ），УДК 94
（47）. 084.6，181 – 190.

续的政治动荡，不仅引起美国社会的密切关注，而且引起了学者对"援助中国"方式、方法和模式的激烈讨论。布拉诺克的《美国"战斗中国"形象的理论问题研究》①阐述中国形象在美国外交政策思想和战略思想中的地位和作用，作者分析了 1931～1949 年相关报纸探讨对中国危机的评估问题，结果表明形成"中国事件"有两种方法：孤立主义和国际主义。传统上，孤立主义的报纸（以《芝加哥论坛报》为中心）坚持不干涉中国事务的路线，国际主义的出版物（以《纽约时报》为中心）主张"援助中国"的路线。他还著有《美国社会所看到的 1930 年代危机》，②主要考察美国社会对1931～1939 年国际关系危机的反应，通过分析《华盛顿邮报》《纽约时报》等报刊和美国领导人对德国在欧洲和日本在亚洲的侵略所作的评估，进一步了解这一时期美国媒体对中国危机评估的演变。

　　3. 朝韩方面

　　日本于 1910 年正式吞并朝鲜，并提出"日人殖鲜、鲜人殖'满'"的口号，妄图通过驱使朝民入华以达到侵略中国东北的目的。仁荷大学韩国研究所金成浩《东北朝鲜人民抗日革命斗争的"双重使命"与现实中的"一史两用"和"历史共享"》③就指出中国东北抗日斗争史，既是朝鲜抗日民族解放斗争史的主要内容，也是近代中朝两国友好历史的光辉一页，因此不可避免地成为中朝两国现代历史叙述中的"一史两用"或"历史共享"。李春善《朝鲜共产党人加入中共及其"双重使命"》亦论述朝鲜共产党人的"双重使命"和支援朝鲜革命问题。④

　　朝韩学者对九一八事变的研究和探索主要体现在中国东北地区开展的抗日武装斗争方面，学者不仅对中国东北地区抗日民族运动史相关人物及团体进行考察，还对在中国东北朝鲜人的社会状况、自治运动等问题进行探究，为更好理解中国东北地区抗日武装斗争奠定基础。崇实大学历史学教授黄敏镐著有《朝鲜独立军的建立及其在"满洲"的抗日武装斗争》⑤

---

① Буранок Сергей Олегович, Селифонтова Дарья Юрьевна: ТЕОРЕТИЧЕСКИЕ ВОПРОСЫ ИЗУЧЕНИЯ ОБРАЗА " СРАЖАЮЩЕГОСЯ КИТАЯ " ВСША, Самарский научный вестник, 2020.

② С. О. Буранок: КРИЗИСЫ 1930－Х ГОДОВ В ОЦЕНКАХ ОБЩЕСТВА США, Известия Саратовского университета, 2014.

③ 김성호 : 중국동북조선민족항일혁명투쟁의'이중사명'과현실에서의'일사양용''역사공향'문제, 인하대학교한국학연구소, Vol.0 No.29 2013, 353-384.

④ 김춘선 : 조선공산주의자들의 中共加入과'二重使命'연구, 한국근현대사연구38 집, 2006.09, 42-71.

⑤ 황민호 : 재만한국독립군의성립과항일무장투쟁의전개, 한국사학회, 사학연구제 114 호, 2014.06, 161-199.

和《九一八事变后朝鲜人的抗日武装斗争和国内媒体》，① 前者通过分析担任政治职务的李圭采审判记录，探索朝鲜独立党军队的组织过程及其抗日武装斗争；后者利用朝鲜媒体报道的中国东北地区抗日活动，指出九一八事变后国民部与中国东北地区共产阵营联合形成广泛的抗日统一战线，李洪光、金日成等在边境地区的活动对日本边界秩序造成致命打击。赵春浩《九一八事变后中国东北地区韩人自治运动和中国共产党的应对——以民生团自治和国民财富为中心》② 考察了九一八事变后朝鲜人在中国东北地区的自治运动，并着重于中共对这些自治运动的看法和对策。朴永锡的《"满洲"地区朝鲜人社会状况与抗日独立运动》③ 对在中国东北朝鲜人的社会状况进行论述。韩国国民运动历史协会的《九一八事变前后南"满洲"地区的抗日武装斗争和"满洲"》④《金日成与"满洲"抗战》⑤ 等都记录了中国东北地区的抗日武装斗争。

朝鲜人向中国东北地区迁移的历史引起朝韩学者更多的兴趣，以往朝韩学者对朝鲜族向中国东北迁移的历史研究多与朝鲜独立运动及经济原因联系在一起，但近年来学者开始从朝鲜人向中国东北迁移的不同阶段、迁移原因及迁移特点等角度进行探讨，并重新审视了该地区朝鲜移民生活及其对抗日运动的历史记忆。金正贤的《近代中国东北地区韩人移居与抗日斗争的记忆·纪念》⑥ 以殖民地时代朝鲜族向东北地区移民研究调查和实地考察为基础，从"散居"角度考察朝鲜族向中国东北移民特征，重点放在如何保存与殖民地时期朝鲜人抗日活动有关的历史遗址，将其作为朝鲜人的集体记忆场所，以维护朝鲜民族特性。刘元淑的《1930 年代"满洲"朝鲜族移民政策研究》⑦ 主要围绕九一八事变前朝鲜人移居中国东北和移民社会的特点，九一八事变后原住朝鲜人和自由移民的控制以及中日战争后集体计划移民政策展开论述。金周勇的《日帝强占时期忠清北道人的

① 황민호：만주사변이후재만한인의항일무장투쟁과국내언론한국민족운동사학회，한국민족운동사연구，2011，Vol. No.68．
② 조춘：'9.18'사변후，중국동북지역한인자치운동과중국공산당대응 - 민생단자치와국민부자치를중심으로，국민대학교한국학연구소，Vol.33，2010．
③ 박영석：만주지역한인사회와항일독립운동，서울：국학자료원，2010．
④ 한국민족운동사학회：만주사변전후남만주지역의항일무장투쟁과만주서울：한국민족운동사학회，2001．
⑤ 와다하루키，이종석：김일성과만주항일전쟁，서울：창작과비평사，1992．
⑥ 김정현：근대중국동북지역한인이주와항일투쟁의기억 「기념，만주연구제 12 집，2011.12，211-248．
⑦ 유원숙：1930 년대日帝의조선인만주이민정책연구，부산대학교사학회，釜大史學 Vol.19，1995．

"满洲"移民及生活》① 通过微观实证研究详细考察忠清北道人移民中国东北的政策及在中国东北的日常生活。

此外，朝韩学者还聚焦于九一八事变爆发后南京国民政府的动向及国联活动、满铁情报等问题。九一八事变爆发后，南京国民政府立即诉诸国联，希望国联及英美等国进行外交干预以解决冲突。石美子的《九一八事变后南京国民政府外交官的动向和抗战立场》②《九一八事变后南京国民政府职业外交官的作用研究 1931～1936》③ 考察了九一八事变爆发后南京国民政府的外交变化与职业外交官的活动及作用，详细论述了职业外交官施肇基、顾维钧、罗文干等开展外交活动的过程，他们以国联和西欧列强的消极态度及日军武力政策为依据，积极参与对日本和国联外交政策的制定过程，为制止日军侵略发挥积极作用。金渊轼的《九一八事变时期日本与国际联盟关系》从国际形势及日本外交政策的变化方面探讨九一八事变爆发背景，重点阐释国际联盟活动过程。④ 全景线的《满铁在中国东北的情报宣传活动》⑤ 强调九一八事变爆发后，满铁开展了公共关系领域的多种信息宣传活动，如通过制作纪录片、向日本内地派遣宣传队、出版物的制作发行等，积极支持关东军的军事行动。

4. 日本方面

日本学者对九一八事变的研究重视程度远超于他国，研究成果不少。从现有的研究成果来看，日本学界关于九一八事变的代表性观点主要分为三类。

其一是以日本著名学者井上清、江口圭一、臼井胜美、今井清一、伊势弘志等为代表的进步史学家，他们以严密的实证研究为基础，坚持论从史出，客观公正地描述九一八事变的整个历史过程。江口圭一、藤原彰等学者从历史连续性的角度考察"中日十五年战争"中日本的一系列侵略活动，这种历史观强调日本从发动九一八事变开始，再到日中全面战争，进而扩大到亚洲太平洋战争的这一过程存在内在联系，他们认为日本发动九一八事变的目的是推行整体上的法西斯化，并站在受害国立场上解明日本

---

① 김주용：일제강점기충북인의만주이주와생활，충북대학교중원문화연구소，중원문화연구 20 집，2013.6，31-59.

② 석미자：만주사변이후남경국민정부외교관의동향과항전입장，동양사학회，동양사학회학술대회발표논문집，2016.4,259-274.

③ 석미자：만주사변이후남경국민정부직업외교관의역할연구 (1931-1936)，년동양사학회동계연구발표회,2015.1,135-137.

④ 滿洲事變期日本과國際聯盟과의關係，서울대동양사학과논집제 21 집,1997.129-154.

⑤ 전경선：中國東北에서의 滿鐵의 情報宣傳活動，중국사연구제 69 호，2010，467-495.

对亚洲实施政治和军事侵略的真实情况，深刻揭露战时日本对以中国为中心的亚洲国家的战争罪行，严加追究昭和天皇甚至普通民众的战争责任。此外，在九一八事变的策划及事变责任者问题、扶植"满洲国"傀儡政权的内幕问题等方面，学者们通过对史实的认真研究，深刻揭示日本侵略中国全貌。

其二是以高坂正显、高山岩男、西谷启治等人为代表的"京都学派"和以白鸟库吉、矢野仁一等人为代表的"东京学派"。这两个学派本质上都为日本的侵略战争提供理论根据，坚持"大东亚战争观"，将侵略行径辩称为"正当行为"。西谷启治、竹内好等京都学派学者认为，战争不是侵略，而是面对西方扩张进行的国体"自卫"，西谷启治将战争期间的日本"国家生命"看成"世界史的血脉"，其用建立"东亚新秩序"，"携手"对抗西方作为发动战争的借口，将侵略行为歪曲为"解放亚洲的战斗"。东京学派学者白鸟库吉亦是如此，通过强化"满鲜一体"的殖民观点，以及刻意夸大东北地区与中原的差异与对抗，做出该地"自古不属于中国"的结论，此种历史观下所衍生出来的日军侵华战争，将九一八事变后日军对中国东北的奴役变成了政治上的他者。

其三是以日本右翼学者或支持右翼分子的评论家、政治家为代表，他们坚持"祖国防卫论""自卫战争论"的"自由主义史观"，将九一八事变爆发责任强加给中国，或是把九一八事变歪曲成受中国"排日反日"行动"刺激"发动的；或者宣称事变爆发纯属偶然，严重歪曲九一八事变的历史事实。松原一雄的《九一八事变与不战条约·国际联盟》① 严重歪曲历史事实。日本一些右翼学者组成的历史研究委员会编著的《大东亚战争的总结》将九一八事变描述为一种"合理战争"。"日军自卫说"在当代仍有其市场，我们必须时刻保持警觉。

除上述各类别代表性观点之外，日本学者对九一八事变的研究内容广泛且深入，涉及经济、军事、外交、文化等多个方面，笔者结合相关研究成果，对日本学界关于九一八事变的研究主题进行划分，并分别进行论述。

（1）国际关系及国联活动研究。外交关系研究比较有代表性的是宫田昌明的《九一八事变与日英关系》，② 文章主要追溯日本、英国和国联对九

---

① 松原一雄『満洲事変と不戦条約・国際聯盟』丸善株式會社、1933。
② 宫田昌明「満洲事変と日英関係」史学研究会（京都大学文学部内）『史林』第82巻第3期、1999、390‐423頁。

一八事变的外交政策，并将其与各自对华政策相联系，重新思考日本 1931 年 9 月至 1933 年 2 月退出国联的过程。寺山恭辅的《围绕不可侵犯条约的九一八事变前后的苏日关系》[①] 和《1930 年代初苏联对日政策——围绕九一八事变》[②] 试图通过探讨互不侵犯条约策略背后的动机来解释苏联的外交，即阻止东西方国家同时前进。

（2）九一八事变前后经济史研究。主要围绕满铁与九一八事变的关系，九一八事变前后的工业建设、自由贸易、劳资关系等方面。《九一八事变与满铁》[③] 论述在九一八事变中会社的运作，例如因事变而临时架设机关、军事输送、情报收藏以及宣传介绍，各主要机关的活动、救济、医疗、慰问及因事变而产生的经济费用支出等。西成田丰的《九一八事变时期的劳资关系》[④] 从劳资关系重组视角来揭示九一八事变时日本资本主义的结构变化。疋田康行的《关于日本对中国电信事业的投资：以九一八事变为中心》[⑤] 通过介绍九一八事变时期日本对中国的电气通信事业的投资，揭示日本资本输出的特质。泷口刚的《自由通商运动与九一八事变》[⑥] 论述事变爆发后自由通商运动的发展。

（3）九一八事变爆发前后文化史研究。拓殖大学教授浜口裕子《"满洲国"留日学生日中关系史：从九一八事变、中日战争到战后民间外交》[⑦] 论述了中国东北的教育事业与日本留学制度。佐藤尚子的《1930 年代中国的抗日教育活动：围绕九一八事变〈教育杂志〉的论说、报道的考察》[⑧] 指出，在近代中国教育代表性刊物《教育杂志》关于九一八事变的文章中，中国共产党和国民党许多师生在各种浪潮中积极开展各种形式的抗日

---

①　寺山恭輔「不可侵条約をめぐる満洲事変前後のソ日関係」史学研究会（京都大学文学部内）、『史林』第 74 巻第 4 号、1991、522 - 555 頁。

②　寺山恭輔「一九三〇年代初頭のソ連の対日政策——満洲事変をめぐって一」『ロシァ研究』第 25 巻、1996。

③　南満洲鉄道株式会社総務部資料課『満洲事変と満鉄』1934。

④　西成田豊「満洲事変期の労資関係」『一橋大学研究年報，経済学研究』第 26 巻、1985、241 - 312 頁。

⑤　疋田康行「日本の対中国電気通信事業投資について：満洲事変期を中心に」『立教經濟學研究』第 41 巻第 4 期、1988、1 - 55 頁。

⑥　滝口剛「自由通商運動と満洲事変」『阪大法学』第 64 巻第 3 - 4 期、2014、173 - 208 頁。

⑦　浜口裕子『満洲国留日学生の日中関係史満洲事変・日中戦争から戦後民間外交へ』勁草書房、2015。

⑧　佐藤尚子「1930 年代の中国における抗日教育活動：「満洲事変」をめぐる『教育雑誌』の論説・記事の考察」『広島大学大学院教育学研究科紀要．第三部，教育人間科学関連領域』2002、50・41 - 50 頁。

教育活动。逸见胜亮的《关于九一八事变前后师范学校政策的考察》① 对
九一八事变前后的学校及教育问题进行了探讨。

二　国外学者关于九一八事变的研究特点

长期以来，欧美、苏联（俄）、日本、韩国等国外学者对九一八事变
的研究经久不衰，并取得丰硕成果，这在一定程度上体现了九一八事变在
世界范围内的影响力，各国学者在研究取向以及史料提取上既有共性，又
有所差异，总体来说，主要有以下几个特点。

1. 研究领域不断扩大

从上述成果来看，关涉新时期中国抗战史的研究内容日益丰富，范围
日益扩大，特别是国际会议数量的增多及学者之间交流的加强，国外学者
对九一八事变的研究不再局限于事变爆发背景、事变决策主体、参与事变
的主要人物等事变本身，而是突破"冲击－反应""挑战－反应"的研究
模式，逐渐转向以中国内部因素为重点寻求事实依据，研究领域也由政治
史、军事史扩大到经济史、社会史、思想史等，广泛关注事变爆发后中国
内部政治经济局势、东北移民问题、战时文化问题等，并开始反思战争本
身对中国社会造成的深远影响。大阪大学小都晶子的博士学位论文《"满
洲国"的日本人移民政策与中国东北地区社会转型》② 与社会史紧密相连，
不再仅从与日本的关系上讨论中国东北移民，也不再以战前移民政策的展
开、输出过程、务农实态等为中心，而是从东北地区社会历史演变过程中
看待移民，通过实证分析"满洲国"在中国东北实施日本移民政策的过
程，考察傀儡政权的政策与东北地区社会的关系。欧美学者雷诺兹·布鲁
斯的《日本全面帝国："满洲"与战时帝国主义文化》③ 及诺曼·史密斯
的《抵抗"满洲国"：中国女作家与日本占领》④ 都详细描述了日本侵占
中国东北时期的战时文化。

---

① 逸見勝亮「満洲事変前後における師範学校政策に関する一考察」『北海道大學教育學部
紀要』第 17 卷、1970、73 - 88 頁。

② 小都晶子『「満洲国」の日本人移民政策と中国東北地域社会の変容』大阪大学、2007。

③ Reynolds, E. Bruce, "Japan's Total Empire: Manchuria and the Culture of Wartime Imperial-
ism," *The Journal of Asian Studies*, vol. 57, iss. 4 (1998), pp. 1181 - 1183.

④ Norman Smith, *Resisting Manchukuo: Chinese Women Writers and the Japanese Occupation*, Van-
couver and Toronto: UBC Press, 2007.

2. 研究方法多元化，跨学科研究趋势加强

随着国外学科分工的细化，比较历史学、数量史学等学科化趋势逐渐加强，大量的范式和方法被用于九一八事变研究中，国外学者突破单一学科的思维方式，注重运用比较史学、计量史学、历史影像学、口述史学、时空并置方法、跨学科方法等多种理论方法进行专题性研究，极大地丰富了九一八事变研究成果。俄罗斯萨马拉国立师范大学布拉诺克《美国"战斗中国"形象的理论问题研究》[1] 和《1931～1949 年美国历史学关于中国形象的理论方法研究》，[2] 这两篇文章对中国形象的研究既基于传统的历史研究方法，又基于历史影像学的跨学科方法，还涉及对美国期刊资料的社会学和文字学分析，揭示了美国媒体塑造中国形象的新趋势。明治大学伊势弘志的博士学位论文《日本陆军的国民统制政策与九一八事变》[3] 结合社会学、民俗学的研究成果，利用社会经济学分析方法，以国家制定国民政策与"国民国家论"及对此的批判有着密切的联系为切入点，围绕国家的性质来考察日本人的国民性。日本学者柴田德文的《美国进攻巴拿马的自卫权——与日本在九一八事变中的行动相比》[4] 运用比较史学方法，通过对比美国进攻巴拿马与日本侵略中国东北的异同，对基于自卫权行使武力的正当性进行探讨。韩国学者朴宣泠《东北抗日义勇军》从时间、空间两个层面入手，运用组织分析法、因果关系分析法和计量分析法，直观还原东北抗日义勇军战斗经过。

3. 研究视角更为广阔，打破以单一国家为中心

近些年来，全球史和跨国史研究方兴未艾，国外学者对九一八事变的研究更多与第二次世界大战史研究、太平洋战争史研究重叠和交织，其中一个重要原因是各国学者越来越重视将九一八事变置于更广阔的历史背景下加以深化探究，重新审视九一八事变对中国及世界的双重影响，例如从国际视域研究九一八事变后的东北抗战与第二次世界反法西斯战争的关联性、事变爆发后各国反响与第二次世界大战爆发之间的必然性等。以往学

① Буранок Сергей Олегович, Селифонтова Дарья Юрьевна: ТЕОРЕТИЧЕСКИЕ ВОПРОСЫ ИЗУЧЕНИЯ ОБРАЗА " СРАЖАЮЩЕГОСЯ КИТАЯ " ВСША, Самарский научный вестник, 2020.

② Буранок Сергей Олегович: Теоретико - методологические подходы к изучению образа Китая 1931 - 1949 годов в историографии Соединенных Штатов Америки, Научный диалог, История и археология, 2020.

③ 伊势弘志『日本陸軍の国民統制政策と満洲事変』明治大学大学院、2011、1‐171 頁。

④ 柴田德文「アメリカのパナマ侵攻に見る自衛権——満洲事変における日本の行動と比較して——」『国士舘大学政経論叢』第 4 巻第 3 期、1992。

者往往局限于仅以一国如美国为中心，抑或是以"西方中心论"进行研究，这种研究视角不利于从全局把握和反映事变全貌，产出的学术成果也有一定的局限性，从上述已有的成果来看，这种研究视角在一定程度上被打破，选题也更加新颖丰富。俄罗斯莫斯科东方研究学院中国系高级研究员丘多德耶夫《第二次世界大战前后的苏联和中国》① 论述了 1931～1945 年中苏关系转变过程，指出苏联中国在第二次世界大战中保持同盟国战线。

4. 研究资料来源广泛

国内外数据库的合作交融使得各国学者有机会接触到大量原始资料，对九一八事变的研究并非将事件简单化、图形化、公式化，也并非只从现代视角出发、未结合当时历史环境、只看历史表面现象就得出结论的"后置"史观，而是引用一国或多国档案、外交文件、报刊、回忆录、资料汇编、传记史料等原始文献描绘事变相关问题。以伊万诺夫《在关东军后方：关于远东战线中朝 88 旅的真相》② 一书为例，作者运用中国、俄罗斯、朝鲜、韩国等多国档案资料，介绍中国东北抗日游击运动的产生与活动，揭示九一八事变后中国和朝鲜游击队的斗争历史。再以日本都留文科大学伊香俊哉的《从九一八事变到日中全面战争》③ 为例，该书以士兵的体验记、回忆录、照片为基础，从国际法角度反驳了日本"自卫"论，阐述了日本军部及政府是如何恶化对中国的政策并发展为全面战争的。当然，在研究资料的使用上，国内外学者也应该利用好东北地区发行的报纸、伪满洲国的行政文件、"满洲拓殖公社"等当地机关和"驻满日本领事馆"的报告书、地方志等文献资料以及田野调查的成果，发掘更多不同类型的九一八事变资料，构建一个系统化、专业化、序列化的九一八事变国内外资料体系。

5. 存在意识形态歧见，学术性与政治性问题难以区分

在对九一八事变包括对战后整个国际关系的论述中，一些学者仍存在固有问题，并未超越社会主义和资本主义制度之间的对立，而是运用资产阶级观点，以本国利益为主论述中国抗战史问题，对纯历史与应用政治之间的微妙界限把控不严，片面化思维和意识形态歧见难以摆脱，正如俄国

---

① Чудодеев Юрий Владимирович: СССР И КИТАЙ НАКАНУНЕ И В ГОДЫ ВТОРОЙ МИРОВОЙ ВОЙНЫ, Общество и государство в Китае, 2015.

② В. И. Иванов, ВтылахКвантунскойармии: Правда о 88 – й китайско – корейскойбригад еДальневосточногофронта, Москва: иДв РАН, 2009, с229.

③ 伊香俊哉『満洲事変から日中全面戦争へ』吉川弘文館、2007。

学者在关于美军对中国战后危机评估的文章中提到的，"历史的许多方面都被扭曲了，以提高美国在世界舞台上的声誉，在当前形势下营造出高尚的道德感，使美国成为需要世界和平的单独的、正确的国家集团"，① 显示出美国政客的道德主义。部分学者在论述九一八事变时并未消除意识形态偏见。欧美学者索恩认为日本发动九一八事变是由于中国人不断破坏日本地位，此举旨在迫使中国政府解决许多在东北地区长期存在的争端。② 法国政治评论家表达了其对日本大陆殖民政策的看法，他一方面谴责中国国内的"无秩序"和苏联的"红色侵略"，另一方面将日本视为"秩序的代表"。③ 部分俄国学者虽然强调事变爆发后苏联政府对中国东北的同情及援助，但对损害中国主权的问题却极力回避。齐赫文斯基在论及日本侵占中国东北时，认为如果蒋介石停止反共反苏，日本就不敢占领中国东北，如果中苏关系不恶化，九一八事变就不会爆发，九一八事变的爆发与中苏关系转变密切相关。④ 此外，有些苏联及俄罗斯学者在对事变的论述、国联的评价等问题上存在明显的民族主义倾向。

三 研究九一八事变应注意的问题

全面收集和梳理国外学者对九一八事变的学术成果，以此反观国内学界的研究现状，不仅可以补充国内文献的空缺，加强国内外学术对话与对接，还可以推动国内研究更加国际化、多元化、学理化。国内学者在研究九一八事变时，应注意以下几个问题。

1. 加强对外文文献的翻译、挖掘和整理

目前，国内学者对九一八事变的研究，有相当多的成果问世，根据知网的检索结果，中国学者在改革开放后的 40 多年里，有关九一八事变的研究论文多达 1300 多篇，专著也不在少数。但也应当注意，国内研究者多数只注重本土史料的运用分析，对于国外文献的收集、翻译和整理仍是相对薄弱的环节，对国外最新动态的掌握也相对滞后，缺乏有效的关注、利用

① Д. Ю. Селифонтова, С. О. Буранок: ОЦЕНКА СРАЖАЮЩЕГОСЯ КИТАЯ 1931－1932 ГОДОВ ВОЕННЫМИ СОЕДИНЕННЫХ ШТАТОВ АМЕРИКИ, Известия Самарского научного центра Российской академии наук. 2020.

② Christopher G. Thorne, *the Limits of Foreign Poliey: The West, the League and the Far Eastern Crisis of 1931－1933.*

③ モロジャコフ，ワシーリー「フランス知識人が見た日本の大陸・植民地政策（一）―満洲事変前後を中心に―」『拓殖大学国際日本文化研究』2018、59－74 頁。

④ 京中：《九一八事变 60 周年国际学术讨论会综述》，《抗日战争研究》1992 年第 1 期。

和挖掘。例如在探究九一八事变时，中国学者从中国内部政治角度分析，欧美学者大都从西方经济危机角度论述，苏联（俄）学者则以中苏关系恶化角度论述，韩国学者则更多从日韩两国之间矛盾角度分析；又如在"不抵抗"政策是谁提出的问题上，美国学者陶涵认为张学良是不抵抗命令的提出者，俄国学者扎哈洛娃·加丽娜则指出蒋介石是不抵抗政策的发明者，日本大东文化大学教授鹿锡俊则认为蒋张对于不抵抗政策不谋而合，韩国学者朴宣泠则指出国民党并没有完全不抵抗，其在加紧对中共"围剿"时，又在暗地里支援东北义勇军，在经济、军事上都给予一定援助。由此看出，研究视角不同，研究结果也各有差异，积极收集和利用多个国家和地方史料，掌握各国研究动态和研究方向，从不同维度、不同侧面、不同视角对比分析它们之间的共性和个性、热点和争鸣之处，才能更加完整、客观地反映九一八事变的历史全貌，弥补国内文献的缺失和不足，形成互证或补证，这对于知"己"知"彼"、学术会通有很大益处。

2. 注重研究领域的拓展和研究手段的多样

国内外学者虽然对九一八事变的研究逐渐多样化，研究领域也不断扩大，但仍存在一些不足，对一些重要领域问题研究不够深入，甚至并未涉及，例如国民政府对日政策转变过程问题、苏联与蒋介石之间的关系对九一八事变进程影响问题、西方远东政策对中苏关系影响问题、九一八事变对日本安全决策和军民关系影响问题、国际外交局势与集体安全体制问题、九一八事变的历史定位等一系列问题，仍需进一步突破和挖掘，在综合分析中、日、韩、苏（俄）、美等各国史料的基础上进行全面论述。

在研究方法上，要积极借鉴国外学者研究九一八事变的范式、方法，重视比较史学、心理史学等方法的运用。国内外学者也要注重微观和宏观、区域与整体的结合，割裂二者之间的关联会导致研究片面化、碎片化，研究中日战争时，学者既要有望远镜式的研究，即要注意从国际化和全球化层面认识日本发动的战争，分析事变发动后产生的全局性后果，又要有显微镜式的研究，即要着力把握事变对某一特定区域甚至某一县、某一村庄或是对某一具体领域带来的直接影响，并在此基础上不断发现和充分利用各种新方法，才更有利于从学术史、专门史的角度理解抗日战争史甚至海外中国学的内在发展线索。除此之外，也要重视口述资料的挖掘，利用好当事人的回忆录、谈话录、日记等文献，通过亲自走访或调查考证的方式，加强史料的构建。

3. 在史料的判别及筛选上，要注意辨别真伪

"一切历史都是史料学"，翔实的史料是研究历史事实的基础，在参考

和引用国外文献资料时，不能笼统地全部拿来或者全部抛弃，而是要在辩证的基础上科学考证与鉴别。学者对于那些刻意歪曲和否认战争罪行的右翼分子，要做出有理有据的辩驳并敢于揭露抨击，坚持马克思主义史学理论和方法，用全面、发展的眼光正确认识抗战史的发展脉络，以实事求是的态度还原历史真相。除此以外，也要将国内资料与国外资料进行对比研究，做到批判性吸收、选择性利用、客观性评价。

结　语

九一八事变作为中国十四年抗日战争的开端，自爆发之日起就受到各界的高度关注，从 20 世纪 90 年代开始，国外学者对中国抗战史研究逐渐形成高潮，研究队伍也呈扩大态势，加大了新理论、新问题、新方法的持续性产出。从搜集整理的文献资料来看，国外学者对九一八事变的研究呈现出各自不同的动向、趋势和特点。以国外学者视角梳理、分析、探究九一八事变的整体脉络及价值取向，从某种程度上讲，既是对中国学者研究九一八事变的必要补充，克服中国学者"身在此山中"的局限，又是学习借鉴国外学者，以新视角、新材料、新思维重新审视和观察九一八事变整个历史的过程。

但也应该看到，国内外学者对九一八事变仍然有诸多探索空间，如对中共关于九一八事变及东北抗联问题涉及的并不多，中共满洲省委、中共中央和共产国际关于九一八事变的三边关系，二者之间的冲突导致中共决策变化，事变爆发后各方开展的抗日救亡运动，东北抗联活动，尤其是对东北抗日联军及朝鲜共产主义者记忆的口述资料，东北地区朝鲜族集体部落、亲日团体等，急需各国学者加以关注和研究。以中国东北地区抗日运动为例，中、朝、韩三国学者应开展更多的联合研究和实地考察工作，积极收集抗联战士及在中国东北朝鲜人对抗战记忆的口述资料，充分挖掘和利用相关历史遗迹并对其进行有效保护，以更好地还原历史真相。此外，在借鉴国外学者关于九一八事变的研究成果时，中国学者也要向国际社会推介本国的研究成果，通过国际化方式，扩大中国学界的学术影响力，以求共同推动抗日战争史研究向纵深发展。

七十年来关于民国时期历史语言研究所研究的回顾与前瞻[*]

刘承军[**]

提　要　1950 年以来，以中研院历史语言研究所学人为代表的港台学界不断撰文总结其学术成就。20 世纪 90 年代，大陆学界始以学术眼光关注历史语言研究所。2000 年后，学界对其研究的范围从学术成就和治学宗旨扩展到制度建设、运行机制和学术话语的建构，并日益走向专题化和多元化。不断发掘新材料和扩充研究工具，用新的理论、方法和视角研究历史语言研究所与中国学术的建构问题仍有广阔的研究空间和重要的现实意义。

关键词　民国时期　历史语言研究所　学术史　学术话语

成立于 1928 年的中央研究院历史语言研究所（以下简称史语所），虽在大陆只存在了短短的 20 年，但在这期间已成为中国现代人文学术研究的重镇。史语所不仅对中国学术的发展产生了重要影响，而且在确立现代人文学术研究的制度和范式，以及构建中国现代学术话语中发挥了重要作用。研究者从不同角度剖析其成就和影响，取得了丰硕的成果，但这些研究成果多为散见，笔者认为有必要对 70 年来的研究成果进行系统梳理，以发掘史语所研究中值得进一步探讨的问题，并借以管窥近年来学术机构研究的新进展。

　＊　本文系教育部人文社科基金青年项目"中央研究院历史语言研究所的制度建设研究（1928～1949）"（项目编号：16YJC770017）和国家社科基金项目"历史语言研究所与'史料学派'学术话语的建立"（项目编号：17BZS074）的阶段性成果。
＊＊　刘承军，山东师范大学马克思主义学院副教授。

一

　　最先揭示史语所学术成就的是在台的史语所学人。史语所迁台后，傅斯年身兼史语所所长和台湾大学校长之职，1950 年 12 月终因积劳成疾而猝逝。傅去世后，史语所学人结集出版了《傅所长纪念特刊》。在此书中，学人对史语所在史料收集、档案整理、语言调查、考古发掘、民族调查、图书室建设和著作期刊出版等方面取得的成绩进行了概括。①

　　20 世纪五六十年代，以史语所为首的台湾学界不断撰文总结该机构及其学人的治学成就。如董作宾在《大陆杂志》上撰文，就史语所 23 年来在历史学、语言学、考古学和民族学等领域的成就进行了总结。② 劳榦认为傅斯年领导下的史语所"决定了一个中国历史学研究的新方向，奠定了一个中国历史学研究的新基础"。③ 石璋如编订了《国立中央研究院历史语言研究所考古年表》，梳理了史语所 1928～1952 年的考古事迹与成绩。④

　　1968 年，史语所成立 40 周年，出版了《中央研究院历史语言研究所四十周年纪念特刊》。王懋勤依据史语所的档案文书编写了史语所成立 40 周年来的大事年表，辑录自成立以来研究人员的论文著作并考订研究所成立的日期。⑤ 后王氏又根据史语所的档案资料编订了《中研院史语所所史资料初稿》，此稿系学人首次尝试系统总结史语所学术成就的资料汇编。⑥

　　自 60 年代开始，随着西方社会科学的理论与方法引入台湾，社会科学治史的风气冲击了史语所提倡的实证式史学。史语所因为经费困窘，人才外流严重，几乎丢失台湾人文学术"武林盟主"的地位，其学术传统也遭遇冷落。在 70 年代和 80 年代，学人似乎遗忘了其以往辉煌的成就。直至80 年代台湾经济起飞，政府投入大笔预算支持学术研究，史语所因为经费

---

①　中研院傅故所长纪念筹备委员会编《中央研究院历史语言研究所傅所长纪念特刊》，台北：历史语言研究所，1951。参见李济《傅孟真先生领导的历史语言研究所》、李光涛《明清档案》、杨时逢《语言调查与语音实验》、石璋如《考古工作》、芮逸夫《民族调查与标本之搜集》、徐高阮《图书室》、劳榦《出版品概况与集刊的编印》。

②　董作宾：《历史语言研究所在学术上的贡献——为纪念创办人终身所长傅斯年先生而作》，《大陆杂志》第 2 卷第 1 期，1951 年。

③　劳榦：《傅孟真先生与近二十年来中国历史学的发展》，《大陆杂志》第 2 卷第 1 期，1951 年。

④　石璋如：《国立中央研究院历史语言研究所考古年表》，台北：历史语言研究所，1959。

⑤　《中央研究院历史语言研究所四十周年纪念特刊》，台北：历史语言研究所，1968。

⑥　《中研院史语所所史资料初稿》（未出版），现藏于历史语言研究所傅斯年图书馆。

充足，人才设备逐渐充实，学术研究日益活跃，气象为之一新。史语所毕竟是一个有重要影响力的学术机构，其优良传统也积淀下来，发挥着潜移默化的作用。

1998 年，史语所决定借 70 周年所庆之机，搜寻"天宝遗事"，发掘前辈学人的治学方法和成就，史语所征稿并出版了《新学术之路——中央研究院历史语言研究所七十周年纪念文集》。① 文集对 70 年来的史语所学人进行分代，并以回忆、叙述或研究在大陆时期的学人为主，共收录 86 篇文章，有浓厚的学术史意味，对深入研究史语所学人群体的人际交往、人才培养、治学方法、学术活动和成就等有重要的参考价值。另外，为"严肃地认识过去，客观地评估现在，以便有效地规划未来"，史语所邀请已独立的民族学研究所和语言学研究所召开学术研讨会，就史语所 70 年来在历史学、语言学、考古学、民族学等方面所取得的成绩进行学术史和方法论的反思。②

史语所在成立 75 周年时再次出版了纪念文集。③ 杜正胜检讨了史语所的旧传统如多学科组合"集众"研究中的结构性问题、辅助学科与历史解释的关系以及学术研究中的民族主义问题。④ 杜氏还在 70 周年和 75 周年纪念论文集中，尝试对史语所的发展历程进行分期：（1）1928～1929 年的筹备创立；（2）1930～1937 年的塑形鹰扬；（3）1938～1954 年的动荡困顿；（4）1955～1980 年的生息复苏；（5）1981～1997 年的开展多元；（6）1997 年至今的新结构。⑤ 其划分有利于从宏观上把握史语所的发展阶段与特征。

2008 年 10 月，史语所举办了 80 周年所庆学术研讨会，出版了"中国史新论"等丛书。史语所的王汎森和王明珂借此踏访李庄和昆明等史语所的故地。⑥ 80 周年研讨会"怀旧念旧"的气氛淡化了，杨宝成从领导人和学术团队等角度总结安阳发掘成功的原因，臧振华回顾了李济对殷墟考古

---

① 杜正胜、王汎森主编《新学术之路——中央研究院历史语言研究所七十周年纪念文集》，台北：历史语言研究所，1998。

② 《学术史与方法学的省思——中央研究院历史语言研究所七十周年研讨会论文集》，台北：历史语言研究所，2000。

③ 许倬云等：《中央研究院历史语言研究所七十五周年纪念文集》，台北：历史语言研究所，2004。

④ 杜正胜：《旧传统与新典范》，许倬云等：《中央研究院历史语言研究所七十五周年纪念文集》，第 15～41 页。

⑤ 杜正胜：《史语所的过去、现在与未来》，《学术史与方法学的省思——中央研究院历史语言研究所七十周年研讨会论文集》，代序，第 2 页；《旧传统与新典范》，许倬云等：《中央研究院历史语言研究所七十五周年纪念文集》，第 18 页。

⑥ 王汎森：《"把吴钩看了，栏杆拍遍"——重访史语所的旧迹》；王明珂：《寻访凌纯声、芮逸夫两先生的足迹：史语所早期中国民族调查问题》，《古今论衡》第 18 期，2008 年。

的贡献。[①] 2018 年史语所以"史语 90：回顾·反思·展望"作为其成立 90 周年的主题，杜正胜回忆前辈学者的志业，廓清对傅斯年和史语所史料学论述以及实证研究的误解，反思现今的传承与开拓，并展望未来学术之路。[②]

史语所学人王汎森总结了史语所的治学方法和风格。王氏通过对比新旧学者对史料不同的认识，勾勒出了以史语所为首的新学者的史料观和治学方式。[③] 他梳理了史语所的治学风格，在史料上重视新材料，不迷信官书；在历史解释上主张事实与价值的分离，"不要著史、不要史观、不要史论"，为历史解释注入发展变动的多元历史观念。[④] 因为利用了史语所的档案资料，王氏对史语所的治学风格和学术成就的论述与分析更为深刻和全面。

台湾学者还探讨了史语所取得成就的众多原因。刘龙心的硕士学位论文论证了以史语所为代表的史料学派，在承续清代考证学的基础上，吸收西方科学的方法和理论，从而实现了治史方法的科学化，通过扩充材料与更新工具，在疑古之后，凭借出现的新证据，重建了一个信而有征的古史系统，奠定了其在现代中国史学上的主流地位。[⑤] 杜维运指出自晚清迄今百年间的新史学，其创获辉煌成绩者，不是梁启超、何炳松所倡导的新史学，而是傅斯年所领导的新史学，傅氏找出了一个新方向，通过建立史语所，领导一个学术群体，共同从事史学研究，历久而不衰。[⑥]

潘光哲以"拒绝往来户"王世襄为例，讨论傅斯年关于史语所引进栽培人才的标准，最终"成就"了众多"少年学者"。[⑦] 苏同炳利用史语所的档案资料，勾勒了在傅斯年领导下史语所 20 多年的发展历程。[⑧] 张谷铭通过探讨 19 世纪至 20 世纪初欧洲 philology 的发展、敦煌研究与"东方学"的面目及传播的途径，理清了 philology 对史语所的开拓者傅斯年和陈寅恪的影响，认为正因为傅斯年兼重历史与 philology 的学术视野，史语所

① 李永迪主编《纪念殷墟发掘八十周年学术研讨会论文集》，台北：历史语言研究所，2015。

② 杜正胜：《从实证学风谈历史的表里与内外——史语所九十周年庆贺辞》，《古今论衡》第 32 期，2019 年。

③ 王汎森：《什么可以成为历史证据——近代中国新旧史料观念的冲突》，《新史学》第 8 卷第 2 期，1997 年。

④ 王汎森：《民国的新史学及其批评者》，罗志田主编《二十世纪的中国：学术与社会（史学卷）》，山东人民出版社，2001，第 31～130 页。

⑤ 刘龙心：《史料学派与现代中国史学之科学化》，硕士学位论文，台湾政治大学，1992。

⑥ 杜维运：《傅孟真与中国新史学》，《当代》第 116 期，1995 年。

⑦ 潘光哲：《何妨是书生：一个现代学术社群的故事》，广西师范大学出版社，2010，第 145～150 页。

⑧ 苏同炳：《手植桢楠已成荫——傅斯年与中研院史语所》，台北：台湾学生书局，2012。

才取得丰硕成果。[①] 香港学者许冠三认为史语所取得了重要的业绩，其著作成果示人以学术研究的新风格，"就学术影响而言，史语所的意义显得格外珍贵"。[②]

以史语所学人为首的港台学界不断总结史语所的学术成绩与贡献，并在 70 周年时形成高潮。因周年纪念活动的推动，关于史语所的档案史料得以整理上架。20 世纪 90 年代中期，《傅斯年档案》对外开放。21 世纪初，《史语所档案》也已编目，并能阅览了。在上述档案基础上，史语所还在 1995 年刊布了《傅斯年文物资料选辑》，2011 年出版了《傅斯年遗札》。2018 年史语所发行了《史语所旧档文书选辑》。另外，史语所是其学人赖以成就学问、安身立命的学术生命之家，王叔岷、石璋如、李孝定和许倬云等皆撰有回忆录，李济晚年撰写的最后一部英文专著《安阳》（*Anyang*）[③]，石璋如撰写的《殷墟发掘员工传》[④] 和《安阳发掘简史》[⑤] 等，皆对了解史语所的学术、人事和制度有重要的参考意义。[⑥] 学术新材料的发掘和史料的开放以及书信、回忆录的刊布为全方位、多视角地研究史语所提供了可能。[⑦]

① 张谷铭：《Philology 与史语所：陈寅恪、傅斯年与中国的"东方学"》，《历史语言研究所集刊》第 87 本第 2 分，2016 年。

② 许冠三：《新史学九十年》，岳麓书社，2003，第 252～259 页。

③ 余英时：《学术思想史的创建与流变——从胡适傅斯年说起》，《学术史与方法学的省思——中央研究院历史语言研究所七十周年研讨会论文集》。

④ 张光直：《考古学和中国历史学》，《中国考古学论文集》，三联书店，2013，第 25 页。

⑤ 许倬云：《傅孟真先生的史学观念及其渊源》，《献曝集：许倬云自选集》，上海人民出版社，2013，第 266～268 页。

⑥ 参见李孝定《逝者如斯》，台北：东大图书股份有限公司，1996；陈存恭等访问《石璋如先生访问记录》，台北：近代史研究所，2002；王叔岷《慕庐忆往——王叔岷回忆录》，中华书局，2007；陈永发等访问《家事、国事、天下事——许倬云院士一生回顾》，台北：近代史研究所，2010。

⑦ 需要说明的是，除港台地区以外，海外学人也在不断撰文揭示史语所在现代中国学术史上的地位和角色。如美籍华人余英时指出"一要到傅斯年创立历史语言研究所后，史学才奠定专业化的基础"（余英时：《学术思想史的创建与流变——从胡适傅斯年说起》，《学术史与方法学的省思——中央研究院历史语言研究所七十周年研讨会论文集》）。张光直提出了史语所的殷墟发掘在相当程度上塑造了现代中国的考古学，殷墟成为中国年轻考古学者的训练基地（张光直：《考古学和中国历史学》，《中国考古学论文集》，三联书店，2013，第 25 页）。许倬云论证傅斯年创建史语所，兼包历史与语言两个学门，是深受当时德国学术传统影响，其目的"当是以语言'判族'的想法，由判立族群，再考察中华民族形成的过程"，傅氏集合以求知识为职业的专业工作人员，使史语所成为中国自古以来第一个专业史学研究的学术单位（许倬云：《傅孟真先生的史学观念及其渊源》，《献曝集：许倬云自选集》，上海人民出版社，2013，第 266～268 页）。

二

大陆学界，在很长一段时间对史语所的成就语焉不详，称不上研究。直至 20 世纪 90 年代，学术环境的改善和学术风气的转向才使得史语所进入学人的视野。2000 年后，史语所学人的文集、日记和回忆录陆续出版，学术研讨会迭次举行，研究性成果不断刊布，学界对史语所的研究也从"险学"走向了"显学"。档案材料的开放与利用，研究方法和视野的转换，揭示了新问题，催生了新课题与新方向，研究的范围也从"人"（人物交往、活动、思想和成就等）扩展到"物"（学术刊物、制度建设、运行机制和学术话语的建构等），并不断向纵深迈进，日益走向多元化。这些年的研究成果，可以归纳为以下几个方面。

史语所的学术成就，目前学界对此亦有一定的研究。1991 年，李泉最早尝试概括史语所的成绩，① 其后学人又刊出几篇介绍性的文章。② 1999年，欧阳哲生以日记、文集和史语所的出版物为线索，揭示了胡适和史语所在人事上密切的联系，在经费筹措、对外交流等方面给予史语所的帮助以及双方在学风上的相互认同。③ 大陆学人开始把史语所作为严肃的学术研究课题。

欧阳哲生撰文总结了史语所成立初期的成就，指出傅斯年学术思想主要体现在《历史语言研究所工作之旨趣》（以下简称《旨趣》）中，其思想核心为"近代的历史学只是史料学，有一分材料出一分货""反对'国故''国粹'这类观念""提倡整理史料时'证而不疏'"。在傅氏的推动下，史语所成立初期即在档案整理和考古发掘等方面取得了举世公认的成果，并走上了与西方学术界接轨对话的科学化道路。④ 田彤和胡张苗认为史语所以《旨趣》为宗旨，标榜"科学史学"的方法论，广揽学术人才，创建集团研究模式，取得了为中外学术界所认同的重要成就，开创了新的学术典范。⑤

谢保成总结了史语所的业绩主要体现在以下三个方面：（1）考古组，

---

① 李泉：《创建领导历史语言研究所》，聊城师范学院历史系等编《傅斯年》，山东人民出版社，1991，第 102～110 页。
② 参见禹岩《台湾历史语言研究所少数民族语言研究简介》，《民族语文》1995 年第 2 期；王俊明《中央研究院历史语言研究所简介》《民国春秋》1998 年第 6 期。
③ 欧阳哲生：《胡适先生与中研院史语所》，《中国文化研究》1999 年第 4 期。
④ 欧阳哲生：《傅斯年学术思想与史语所初期研究工作》，《文史哲》2005 年第 3 期。
⑤ 田彤、胡张苗：《创建典范：历史语言研究所论析》，《广东社会科学》2006 年第 4 期。

使中国新石器时代的话语权逐渐回归国人，使甲骨学的发展由草创迈向成熟。（2）历史组，使简牍学、敦煌学、清史的众多史料不再"坐失毁亡"，并确定了中国古代史研究的基本路向，为20世纪的中国史研究做出了无可替代的贡献。（3）史语所20年间形成以追求"科学""客观"为目的，以扩充和整理材料为旨趣，以"求真"和"务实"为风格的研究集体，为历史语言研究规范化和科学化做出了不可磨灭的贡献。①

随着对史语所研究的深入，学者的关注点逐步从整体走向局部，从宏观至微观，日趋专题化。孔祥成认为史语所虽崇尚客观求真的治史方法，但在国家和民族受侵略的多事之秋，他们各以其长，用"心力救国"，从不同侧面、层面在学理上为民族的解放和复兴寻找深层的精神资源支持。②马晓雪的硕士学位论文总结了史语所在明清史料的抢救、整理、刊布上以及傅斯年、李晋华和李光涛等学人在明清史研究上的贡献。③庾向芳和汤勤福认为史语所在整理清代内阁档案史料的过程中，对档案史料的价值有革命性认识，他们提出了保持原貌、全面整理、开放研究三项原则，在保存档案方面也具有现代意识。④北京师范大学张峰的博士学位论文，从史学史的角度，通过论述史语所学人在断代史和专史上取得的成就，总结了史语所在史学上做出的学术贡献。⑤

陈洪波的博士学位论文，以史语所考古组最初20年的考古活动为中心，将其划分为4个阶段加以叙说和分析，全面总结了该组取得的成就、影响、特征与局限。⑥刘承军、贺辉考察了史语所以殷墟发掘为契机，通过推动立法、制度建设、自我规范、民众教育等措施不仅塑造了外部环境，更重要的是建立了现代考古学的规范。⑦张敏将史语所夏商周考古"一家独大"局面的形成归功于傅斯年的个人魅力，正如傅斯年所说："凡

---

① 谢保成：《历史语言研究所与"科学的东方学之正统在中国"》，《江海学刊》2011年第1期。
② 孔祥成：《史语所与抗战史学研究》，《河北学刊》2003年第1期。
③ 马晓雪：《史语所"明清史"研究述评》，硕士学位论文，云南师范大学，2007。
④ 庾向芳、汤勤福：《试论民国时期史语所对内阁大库档案史料的整理及贡献》，《历史教学》（高校版）2009年第24期。
⑤ 张峰：《历史语言研究所与中国现代史学（1928～1948）》，博士学位论文，北京师范大学，2012。
⑥ 陈洪波：《史语所的实践与中国科学考古学的兴起（1928～1949）》，博士学位论文，复旦大学，2008。陈氏的博士学位论文经过修改现已出版，参见陈洪波《中国科学考古学的兴起：1928～1949年历史语言研究所考古史》，广西师范大学出版社，2011。
⑦ 刘承军、贺辉：《历史语言研究所与现代考古学规范的建立——以历史语言研究所殷墟发掘为例》，《河南师范大学学报》（哲学社会科学版）2012年第3期。

事在人，人存政举，人亡政息。"① 另外，南爱峰认为因傅斯年重视图书馆
的建设，重"藏"更重"用"，史语所图书馆成为研究机构的专属图书馆，
尤其是在全面抗战时期成为大后方一座重要的学术图书馆。②

史语所学人群体学术思想和治学方法研究，目前学界对此已有较多成
果，总体来看，研究趋于全面、深刻。作为史语所成立宣言和工作纲领的
《旨趣》对现代中国人文学术发展产生很大的影响，在学界也惹来诸多争
议。桑兵认为傅斯年的《旨趣》作为近代中国学术转折的标志，主要针对
占据学术主流的章太炎门生，其主张的内容和路径与北大国学门的趋向一
脉相承。傅氏的贡献在于以新机构聚集一批志同道合者，在考古等领域取
得超越前人的成绩。但只找材料不读书的偏激，影响了主流学界走上窄而
偏的狭境，导致学术界长期陷入派分的纠葛。③ 随着近年来新见史料的增
加，桑兵又撰文论析了傅斯年口号式的宣言"史学只是史料学"的主张本
旨，将其放在傅氏史学思想的整体中加以更加全面的解读，对研究史语所
学人群体的学术精神和治学宗旨等无疑更有启发意义。④

孔祥成从史学理论的角度，对史语所学人的史料观念和史学方法进行
归纳，史语所在史料上"求新""求真"，采用分工合作的集团研究模式、
多学科联合和语言学治史方法，这些都是史语所学者治学的共性部分，体
现了史语所学人作为一个学术群体和派别的整体特色与造诣。⑤ 张峰认为
史语所学人治史虽各善其长，但作为一个现代学术社群，又彰显出共有的
治学风格，即重视发掘新史料以揭示被湮没的史实，在学术实践中蕴含着
"以小见大"的治史旨趣和求通而不锢于断的治史视野。⑥ 刘春强认为史语
所的全汉昇、劳榦和王崇武等青年学人撰写的中国社会经济史、制度史和
近世史的文章值得关注，这些文章在问题性质上有社会形态研究的特点，

① 张敏：《"凡事在人"——论1949年前史语所夏商周考古"一家独大"局面的形成》，
《南方文物》2015年第1期。
② 南爱峰：《傅斯年与中央研究院史语所图书馆》，《四川图书馆学报》2015年第2期。
③ 桑兵：《近代学术转承：从国学到东方学——傅斯年〈历史语言研究所工作之旨趣〉解
析》，《历史研究》2001年第3期。
④ 桑兵：《傅斯年"史学只是史料学"再析》，《近代史研究》2007年第5期。
⑤ 孔祥成：《历史语言研究所学人的史料观——解读1928～1948年的〈历史语言研究所集
刊〉》，《东方论坛》2002年第5期；孔祥成：《历史语言研究所方法创新初探——以〈历
史语言研究所集刊〉（1928～1948年）为线索》，《河北师范大学学报》（哲学社会科学
版）2003年第1期。
⑥ 张峰：《历史语言研究所学术群体治史风格述论》，《史学史研究》2016年第3期。

在方法上注重社会科学理论的采用，透露出历史组的社会科学面相。①

要对史语所进行学术定位，需要厘清其与其他学派的联系与区别，谢桃坊认为以史语所为代表的历史语言学派的兴起与发展同国学运动存在密切的内在联系。傅斯年个人的代表著作及史语所的论文，皆以科学考证方法研究中国历史与文献存在的若干狭小的学术问题，属于国学研究性质，其与古史辨派成为国学运动中的两个流派。②

学界对史语所学人群体的学术思想和治学方法多持赞成和肯定的立场，批评反思的研究有陈峰的相关文章，他以西方史学的演进为参照，认为20世纪上半期是西方史学从兰克式传统史学向"新史学"过渡的前夕，"新史学"与年鉴派不谋而合，代表着史学的新潮流，而傅斯年主持的史语所，注重史料搜考，倡导实证学风，高举科学的大旗，实与兰克史学同调，属西方史学之末流，绝非现代中国史学发展的新潮。③

史语所与当时学人、学术机构的交流与合作研究也已陆续开展。郑克晟考察了史语所与北大文科研究所在图书使用、研究生培养以及研究项目开展等方面的合作和交流。④ 尚小明论述了从20世纪30年代开始，史语所和北大史学系建立密切的学术关系。以傅斯年为首的史语所学人到北大史学系兼课，并对北大史学系课程进行改造，一方面使得北大"尖子生"被培养出来，并被选入史语所工作，北大史学系在某种程度上成了史语所的人才库；另一方面，史语所的学术精神也通过北大史学系，对现代中国史学发展产生持久性的影响。⑤ 另外，顾潮、黄铭崇、周武、周文玖和郑伟分别考察了顾颉刚、梁思成、张元济、朱希祖和伯希和等学人与史语所的交往。⑥

① 刘春强：《历史语言研究所史学研究的社会科学面相——以历史组为中心的探讨》，《近代中国》2020年第1期。

② 谢桃坊：《致中国历史语言之学于自然科学之境界中：论傅斯年与历史语言学派在国学运动中的意义》，《社会科学战线》2014年第9期。

③ 陈峰：《傅斯年、史语所与现代中国史学潮流的离合》，《清华大学学报》（哲学社会科学版）2010年第3期。

④ 郑克晟：《中研院史语所与北大文科研究所——兼忆傅斯年、郑天挺先生》，布占祥、马亮宽主编《傅斯年与中国文化》，天津古籍出版社，2006，第26~30页。

⑤ 尚小明：《中研院史语所与北大史学系的学术关系》，《史学月刊》2006年第7期。

⑥ 参见顾潮《顾颉刚先生与史语所》、黄铭崇《中国建筑史之父梁思成院士与史语所》、周武《从张、傅往来书信看张元济与傅斯年暨历史语言研究所之关系》（以上文章皆收录在《新学术之路》中）；周文玖《朱希祖与中央研究院史语所》，《史学史研究》2013年第4期；郑伟《高本汉与史语所的交往》（上、下），《语言文字周报》2016年5月5日，第4版，5月12日，第4版。

近代学术的发展与社会密切相关，学术与政治、中央与地方之间存在复杂的矛盾与纠葛，史语所通过与地方政府的合作成功地化解了上述困难。樊庆臣的博士学位论文考察了中原大战时，史语所不得不中断殷墟发掘，撤出河南，转往山东。为化解地方势力的矛盾，由史语所主导，与山东省政府合组山东古迹研究会。该会成立后，进行了一系列考古调查和发掘，取得了丰硕的成果，成为现代学术史上中央与地方为推进学术而成功合作的典范。① 刘承军等发掘出以史语所为代表的中央学术机关在河南的殷墟发掘遭遇了地方士绅势力的抵制，最终通过中央与地方合作的模式即成立河南古迹研究会，成功化解了与河南地方之间的矛盾，在河南的考古发掘取得了巨大成就。②

史语所的学术制度建设成为研究的新亮点。欧阳哲生依据史语所的工作报告并辅以书信、回忆录和出版物，对史语所进行制度性的考察，以探讨史语所取得巨大学术成就的原因，其所论富有启发性。③ 张峰认为史语所能成为现代中国学术的新典范与其运作机制密切相关，完善的组织大纲在制度层面规范了自身的发展，稳定的组别设置以及"集中研究"与"个人研究"相辅并行的运作模式奠定了史语所在现代学术史上的地位。④ 刘承军也从制度层面考察了史语所的人才培养，从进人唯才原则，至入所后严格管理，研究指导上实行"师徒制"，定期举行讲论会，学术上采用高标准要求，历史语言研究所形成了规范、完善的培养制度。其人才培养成效显著，影响深远。⑤

史语所与中国现代学术话语建构研究刚刚起步。胡成探讨了以史语所为代表的那一代学人为形塑史学专业精神和提升史学的专业地位而付出的努力，文章从三个方面论述了伴随着"科学史学"的不断推进，史学不只在学术建制上脱离了文学门，而且在专业意识上，试图与各自然科学同列；再以着重于细密专题论文的"科学规范"，开拓了新的研究领域，派

---

① 樊庆臣：《现代中国史学专业学会的创建与运作——以山东古迹研究会为中心》，博士学位论文，山东大学，2011。

② 刘承军、刘芳：《民初中央与地方关系下的学术机构探析——以河南古迹研究会为例》，《甘肃社会科学》2012 年第 5 期。

③ 欧阳哲生：《新学术的建构——以傅斯年〈历史语言研究所工作报告〉为中心的探讨》，《文史哲》2011 年第 6 期。

④ 张峰：《历史语言研究所运作机制的生成》，《广东社会科学》2015 年第 2 期。

⑤ 刘承军：《中央研究院历史语言研究所人才培养制度述论（1928～1949）》，《云南社会科学》2015 年第 3 期。

遣留学生并逐渐赢得国外学术界的尊敬，使史学在学术发展中脱颖而出。①

三

学界对于民国时期史语所的研究取得了长足进展，70 年来的研究呈现出由描述其主线到逐步揭示其深层含义的发展趋势。前期概论性研究较多，主要从整体和宏观上考察史语所学人的治学理念与学术成就，近 10 年来随着新材料的发掘和视野的转变，研究转向微观和专题方向，日趋精细，议题更加宽广与多元，关注角度出现新取向。史语所研究呈现出的新进展和新视野，或许能昭示未来的学术机构史研究指向，值得研究者关注、思考。

第一，以新材料开拓新议题、揭示新问题。近年来，《李济文集》、《傅斯年全集》、《傅斯年遗札》、《傅斯年档案》和《史语所档案》等资料的出版或开放极大地推动了史语所研究。但中国第二历史档案馆藏《中央研究院档案》、中研院近史所藏《朱家骅档案》、加州大学伯克利分校东亚图书馆藏《赵元任档案》仍未得到有效利用。可以档案资料为基础参以新近出版的史语所学人日记、回忆录、往来信函和学术论著等，通过整理、排比和相互参照，将新旧材料对勘，完成资料汇编、史事编年，庶几累积相关领域的大量素材，以新材料研求新问题，据此揭示未曾充分注意的史语所学术思想、活动和成就，进而勾勒出一幅贴近历史原貌的图像。②

第二，梳理史语所建立的学术交流网络仍是可深入探讨的领域且具有重要的学术价值。在以往的学术史研究中，学界更多着力于学术思想史的研究，我们可能对疑古学派、史料学派、学衡派、唯物史观派和战国策派等的思想比较熟悉，而忽视对大学、研究机构、图书馆、期刊发行机构和赞助者之间的关系网络的研究，而正是这些现代的学术网络支撑着学术共同体的发展，新的学术典范借助这些传播交流的机制在学人中达成了共识，最终演化为学科的"约定俗成"。作为现代最成功和最重要的人文学术研究机构，史语所在确立现代人文学术研究范式中发挥着重要的作用。但它究竟是怎样形成的，又给我们什么训练和影响？以史语所为观察基

---

① 胡成：《"科学史学"与现代中国史学专业地位的形塑（1917～1948）》，《史林》2014 年第 3 期。

② 学界对史语所学术成就的揭示主要集中在历史学、考古学两学科，史语所在众多领域和学科的开拓之功，如民族学、人类学、语言学、博物馆学、文籍考订、图书出版、档案文献的收藏与整理等方面仍有很大的研究空间。

点，深入探析其与国内重要学术机关如北京大学、清华大学、北平图书馆、故宫博物院、中央博物院筹备处，国内重要的出版机构如商务印书馆以及地方政府、国外学人和学术机构的合作与交流，才能更加清晰、完整地诠释现代史学研究典范建立的过程。

第三，史语所的制度建设与学术成就之关系仍是研究的关注点和生长点。正如学者陈以爱所言，国内学界在很长一段时间研究中国学术思想史时更多注重学术思想与世变之关系，同时亦注意到研究对象的家庭背景、求学过程、师友关系及人际脉络，以求索各种可能对研究对象的学术思想产生影响的因素。虽然在 20 世纪的中国，学术研究明显出现制度化的发展，然迄今尚未有一本专著，就研究机构之建立对推动学术成长所发挥的作用做深入细致的分析。[①] 陈氏对北大国学门的研究无疑是一次成功的尝试。而对胡适称赞为中国现代"规模最大成绩最好的学术研究团体"的史语所做一个案考察，探讨体制化和专业化的制度建设，如运作机制、经费筹措、书刊出版制度、人才培养制度、文献收藏与利用以及学术奖励和评价制度，对学术成长和发展带来怎样的助力，从科学社会学角度探讨制度化和组织化的学术建制对学术研究的影响，为考察中国近代学术的转变提供了新的角度。以上皆有待于学界去认真省思、着力探讨。

第四，史语所与中国现代学术话语建构研究将是今后的新议题。福柯（Michel Foucault）的"权力话语"、哈贝马斯（Jürgen Habermas）的"合法化"和安德森（Benedict Anderson）对印刷资本主义与思想概念传播的揭示，皆为研究史语所学术话语的拓展提供了理论基础和方法借鉴。史语所借助学术评价体制如中研院评议会、教育部学术审议委员会，基金会（中央研究院杨铨奖学金、中华教育文化基金董事会和管理中英庚款董事会）和传播媒介如出版机构（商务印书馆）、学术期刊（《史语所集刊》）将新学术价值和规范带到各个角落，进而成为学术研究的评价标准，形成一套衡量学术成果优劣的话语体系，并促使人们向它靠拢，模仿和接受它。史语所还利用大众传媒如《中央日报》和《东方杂志》等向社会公众宣传其学术活动和主张，传播学术理念，最终形塑了新的学风。对史语所与社会的互动、营造思想学术话语的探究还处于拓荒期。

综上所述，应将史语所放在中国学术史的传承脉络上检视其利弊得

---

① 陈以爱：《中国现代学术研究机构的兴起——以北大研究所国学门为中心的探讨》，江西教育出版社，2002，前言，第 3 页。

失，通过不断扩充新材料，比较不同的史料，而得其"近真"和"头绪"，[①] 探析文本背后学人的思想与活动以及所呈现的意义。将研究的视野从学人交往和学术思想及学派的特点与影响，扩展至支撑学术思想研究的制度和学术话语权的建立上。用新的理论、方法和视角研究史语所与中国学术的建构问题仍有广阔的空间和重要的现实意义。

---

① 傅斯年：《史学方法导论》，欧阳哲生主编《傅斯年文集》第 2 卷，中华书局，2017，第 323～368 页。

国民党政权一次失败的军事制度转型

——简评陈佑慎《"国防部"：筹建与早期运作（1946～1950）》

郭　洋[*]

　　解放战争爆发之初，国民党所掌握的武装力量，要远远强于中国共产党。然而短短三年多的时间，攻守之势大异。国民党从大陆溃败的诸多原因中，军事失利是极为关键的一点。国民党在抗战后实行了一次军事制度转型，以美国式的"国防部"制度取代军事委员会制度。蒋介石曾经慨叹："此次之失败最大原因，乃在于新制度未能适合现在之国情与需要，而且并未成熟与确立，而旧制度先已放弃崩溃。"[①] 蒋介石此处所言的新制度，指的就是仿效美国而行的"国防部"制度。因此，欲明晰解放战争时期国民党军队如何组织与运作，无法回避"国防部"这一军事中枢。遗憾的是，学界对于解放战争时期国民政府"国防部"的研究还很薄弱。

　　台湾学者陈佑慎于 2019 年出版的专著——《"国防部"：筹建与早期运作（1946～1950）》（以下简称陈著），[②] 全景勾勒了"国防部"制度的源起、初步组织与运作情况，意义不凡。笔者从新史料的挖掘与使用、解决的问题与提出的新问题、遗憾之处三个方面对陈著做一简评。

---

[*]　郭洋，南京理工大学马克思主义学院暨中国工业文化研究中心讲师。
[①]　《蒋介石日记》，1949 年 1 月 22 日，"上星期反省录"，美国斯坦福大学胡佛研究所藏。
[②]　陈佑慎：《"国防部"：筹建与早期运作（1946～1950）》，台北："民国"历史文化学社，2019。

一　新史料的挖掘与使用

新史料的挖掘与使用可谓是本书的最大特色。盖史学创新，新史料的搜集与运用当为首要之义。陈著对台北"档案管理局"所藏"国军"档案进行了深入挖掘。这些原始档案，多为"国防部史政局"所藏，一部分在1949年鼎革之际被带到台湾。留在大陆的那部分档案，便是今日中国第二历史档案馆所藏的"国防部史政局及战史编纂委员会档案"（全宗号七八七）。被带到台北的那部分档案，后来被移交给"国家发展委员会档案管理局"。目前这些档案大部分已经完成数位化，供学界使用。遗憾的是，此机构典藏的档案不对大陆与港澳开放。目前，中国第二历史档案馆中也开放有"国防部"档案（全宗号七八三），不过案卷数甚少。

从陈著的解读来看，"国军"档案中基本上囊括了国民政府"国防部"早期组织与运作的相关电文、报告、会议记录等文献。其中较为重要的如《"国防部"组织法资料汇集》《"国防部"与美军顾问团联席会议记录》以及"国防部"的工作报告，"国防部"下属各厅、局的工作报告等。此外，陈著还充分使用了"国史馆"与中国国民党党史馆所藏相关史料。彼时"国防部"运作的台前幕后绕不过蒋介石、何应钦、陈诚、白崇禧、李宗仁等军政要人。陈著广泛使用了相关人物的函电、日记、回忆录、口述史等资料，作为对"国军"档案的重要补充。总的来看，作为一本实证研究著作，陈著基本对研究主题所涉及的公私史料进行了系统整合，较好践行了论从史出的原则。

二　解决的问题与提出的新问题

陈著第一章，探讨的是"抗战前'国防部'改制案讨论"，从清末的军制改革谈起，对于尔后数十年间中国的军事体制与理念变迁，做了系统回顾。第二章，"'国防部'从筹组到编成"，则从全面抗战时期国民党军队内部关于平时兼用与三军一体的制度规划论起，对于"国防部"成立前的相关准备工作，进行了详细揭示。陈著在分析"国防部"组建原因时，进行了多元化解读。抗战后期关于军令、军政一元化的讨论，美国军事顾问的建议，来自中国共产党及其他党派的宪政呼吁，以及国民党自身进行军制改革的主观意愿等多种因素，形成合力促成了1946年国民党政权军事制度的转型。正如陈著所写："总之，政府当局重新研讨中央军事机构的改组，堪称势在必行，问题仅在实际改组的具体时间点、模式、范围。"①
第三章与第四章，集中探讨的是"国防部"在成立初期的运作情况，分军令
与军政、政军关系两个点进行观察。陈著犀利地指出了"国防部"在制度建
构与实际运作中暴露出的种种弊端，这对于中共党史学界从"敌方"视角思
考中国共产党取得解放战争胜利之原因，大有裨益。第五章，"'国防部'在大
陆的最后岁月"，叙述了 1949～1950 年，"国防部"从南京到广州再到重庆，
最后到台北的迁徙过程。1949 年底，"国防部"在台北落脚之时，工作人员仅
剩 473 人，相当于原有编制的 1/10。② 渡江战役之后，"国防部"实际发挥的
作用已经很小，已经无法正常运转，只能收拾残局，勉力维持。

　　陈著用五章的篇幅，展示了"国防部"筹组的详细过程、成立初期运
作以及在决战失败后的狼狈景象等内容。围绕"国防部"早期的组织与运
作，陈著探讨了国民党军事制度转型历程中对军令、军政一元化的孜孜追
求，以及在此过程中遇到的困局。陈著显示出抗战胜利后国民党政府效仿
美国开展的军制转型，总体而言是失败的。

　　陈著写道："'国防部'在 1946 年的成立，乃是中国自 19 世纪末以来
国家塑造大工程的一环，同时牵涉政治与军事部门的国家权力集中化、已
经制度化等过程。"③ 陈著抛出了若干在笔者看来值得进一步思索的新问
题。其一，中国近代的政军关系演变问题。政军关系，可以在狭义上理解
为政府与军队的关系，广义上理解为政治与军事的关系，英文中一般称为
Civil - Military Relations。就国民党政权的政军关系变迁历程而言，由于军
政—训政—宪政的特殊政体设计，国民党、国民政府与国民革命军的复杂
关系成为一个值得深入研究的课题。"国防部"制度，便是这个复杂链条
中的重要一环。

　　其二，域外移植来的制度与实际国情水土不服问题。中国近代军事制
度演变过程中，具有极强的国际化因素。从长时段来看，德国、日本、苏
联、美国这四个国家的军事制度与理念，在不同阶段对于中国军事的发展
产生过重要影响。陈著所关注的"国防部"，便是当时美国军事顾问强烈
建议下的产物。那么，由此而来的疑问是，解放战争期间，国民党的军事
制度是当时世界上最先进的，又有美国的强力支持，何以在军事交战中一
败涂地呢？是先进无法战胜落后，还是其他原因？陈著的研究显示，当时

---

① 陈佑慎：《"国防部"：筹建与早期运作（1946～1950）》，第 68～69 页。
② 陈佑慎：《"国防部"：筹建与早期运作（1946～1950）》，第 337 页。
③ 陈佑慎：《"国防部"：筹建与早期运作（1946～1950）》，第 344 页。

国民党军队在军官素质、士兵训练、军民关系、后勤保障等方面，根本无法适应美国顾问所设计的"国防部"制度。再者，蒋介石对军事权力的执迷，使得"国防部"在军事决策上始终无法做到军政、军令的一元化。"国防部"部长事实上无法驾驭"参谋总长"，而后者则不受"行政院""立法院"约束，直接听命于蒋介石。这种"双头制"领导体系，并非美国顾问的杰作，而是国民党政权自主设计。一言以蔽之，国民党政权根本不适应美国式"国防部"制度。

其三，国民党政权军事制度运作不良与中国共产党取得解放战争胜利的原因。长期以来，训政体制下的国民党通过军事委员会领导军事作战。到了抗战胜利之时，军事委员会已经发展成为一个巨大的军事机器，实际地位甚至凌驾于国民政府行政院之上，暴露出诸多弊端。在多种因素综合作用之下，"国防部"取代了军事委员会，成为新的"军队大脑"。在考量中国共产党取得解放战争胜利原因的时候，若转换视角，从"敌方"分析原因，或许能够更加深化此类课题的研究。诸如解放战争时期国民党军队的装备与训练、战略与战术、情报与保防、军民关系等，目前学界对这些内容的研究还很薄弱。

三　遗憾之处

正如治史者永远无法触摸到全部历史真相一样，任何一本史学研究作品也无法做到十全十美。在篇章设计上，陈著对"国防部"成立前的相关历史背景叙述稍显琐碎，不够精练。再者，陈著对"国防部"运作环节的研究，选取了军令与军政、政军关系两个切入点，其实还可以进一步扩充。一种制度、一个机构，评价它的优劣，主要还是考量实际运作情况。本书的读者可能希望看到更多"国防部"在运作层面的内容，如能就某一具体业务展开微观描述，还原更多历史细节，自是更好。最后，考虑到"国防部"在组建完成后不久，即接受了一系列战役、战斗的考验。如能用比较的视野，适当增加国共两党在军事决策与指挥环节上的对比，或许对于全面评价"国防部"制度有所帮助。如可以以淮海战役为案例，探讨国共两党的军事中枢是如何围绕这场战役进行战略布局、战术指导与具体指挥的。作为一部精深的学术专著，未能看到相关内容，不免有些遗憾。

总之，瑕不掩瑜，陈著运用大量原始资料，整合其他各类已刊资料，深入研究了"国防部"在1946～1950年的组织与运作情况。陈著展现了丰富多元的历史图景，是一部值得一读的军事史力作。

稿　　约

　　《民国研究》系教育部哲学社会科学重点研究基地南京大学中华民国史研究中心主办的学术专刊。创办20余年来，在国内外民国史研究专家学者的关注与支持下，产生了良好的社会影响与学术效应，现为CSSCI来源集刊。

　　为适应民国史研究学科发展的需要，本刊现改由社会科学文献出版社每半年出版一辑。本刊主要刊载关于1949年前之中华民国时期相关史实与理论的研究文章，注重实证，提倡探索。热诚欢迎海内外专家、学者赐稿。

　　来稿要求文风朴实、论从史出、观点新颖、逻辑严密、引文准确、注释规范。本刊采用社会科学文献出版社的投稿格式和注释体例，请各位作者投稿前务必参照改妥，并校订无讹，否则恕不受理。

　　由于人力所限，对于来稿不能一一回复。作者自投稿之日起一个月未接到本刊备用通知者，请自行处理。本刊对决定采用的稿件，有权进行修改、删节。

　　根据著作权法规定，凡向本刊投稿者皆被认定遵守上述约定。

　　本刊专用电子邮箱：minguoyanjiu06@ sina. com

　　电话（兼传真）：025 - 83594638

南京大学中华民国史研究中心

《民国研究》编辑部

图书在版编目（CIP）数据

民国研究 . 2021 年 . 春季号：总第 39 辑 / 朱庆葆主
编 . --北京：社会科学文献出版社，2023.2
　ISBN 978 - 7 - 5228 - 1345 - 5

Ⅰ . ①民… 　Ⅱ . ①朱… 　Ⅲ . ①中国历史 - 现代史 - 研
究 - 民国 　Ⅳ . ①K258.07

　中国版本图书馆 CIP 数据核字（2022）第 253739 号

民国研究（2021 年春季号　总第 39 辑）

主　　编／朱庆葆

出 版 人／王利民
责任编辑／李丽丽
文稿编辑／郭锡超 等
责任印制／王京美

出　　版／社会科学文献出版社·历史学分社（010）59367256
　　　　　地址：北京市北三环中路甲 29 号院华龙大厦　邮编：100029
　　　　　网址：www. ssap. com. cn
发　　行／社会科学文献出版社（010）59367028
印　　装／唐山玺诚印务有限公司

规　　格／开 本：787mm×1092mm　1/16
　　　　　印 张：16.75　字 数：296 千字
版　　次／2023 年 2 月第 1 版　2023 年 2 月第 1 次印刷
书　　号／ISBN 978 - 7 - 5228 - 1345 - 5
定　　价／98.00 元

读者服务电话：4008918866